Einführung in die Gender Studies

Akademie Studienbücher

Literaturwissenschaft

Herausgegeben von
Iwan-Michelangelo D'Aprile

Franziska Schößler

Einführung in die Gender Studies

Akademie Verlag

Die Autorin:
Prof. Dr. Franziska Schößler, Jg. 1964, Professorin für Neuere Deutsche Literaturwissenschaft an der Universität Trier.

Bibliografische Information der Deutschen Nationalbibliothek
Die Deutsche Nationalbibliothek verzeichnet diese Publikation in der Deutschen Nationalbibliografie; detaillierte bibliografische Daten sind im Internet über http://dnb.d-nb.de abrufbar.

ISBN 978-3-05-004404-0

www.akademie-studienbuch.de
www.akademie-verlag.de

Einband- und Innenlayout: milchhof : atelier, Hans Baltzer Berlin
Einbandgestaltung: Kerstin Protz, Berlin, unter Verwendung der Ölpastellzeichnung
    EVA&ADELE: Close-Up (1998). Bilddatei: EVA&ADELE. Courtesy Galerie Jérôme de Noirmont, Paris. – Rechte: VG Bild-Kunst, Bonn 2008.
Satz: Druckhaus „Thomas Müntzer" GmbH, Bad Langensalza
Druck und Bindung: CS-Druck CornelsenStürtz GmbH, Berlin

Printed in Germany

MIX
Papier aus verantwortungsvollen Quellen
FSC
www.fsc.org
FSC® C016439

Einführung in die Gender Studies

1 Was sind Gender Studies?

Abbildung 1: Gustave Moreau: *Ödipus und die Sphinx* (1864)

Das Gemälde des symbolistischen Malers Gustave Moreau zeigt die Frau in einer Art und Weise, wie sie in der Kunst überaus beliebt ist: als Sphinx, als Rätsel, als Monstrum zwischen Tier und Mensch. In dem berühmten antiken Mythos über den Vatermörder Ödipus, den Moreau in seinem Gemälde aufgreift, tötet der findige Mann dieses bizarre Wesen, indem er das Rätsel der Sphinx löst. Die bürgerliche Kultur – von Goethe bis Freud – stilisiert die Frau ganz in diesem Sinne zum Anderen der Vernunft, zur verschlingenden Medusa, zur Femme fatale, ohne das Rätsel selbst zum Sprechen zu bringen. Das Bild Moreaus lässt jedoch auch die Abhängigkeit der Geschlechter bzw. ihrer Geschlechterprojektionen in Erscheinung treten: Die Vernunft (von Ödipus verkörpert) bedarf des Monströsen, um sich als (männliche) Ratio definieren zu können.

Das einleitende Kapitel möchte an diejenige Wissenschaft heranführen, die sich ausdrücklich mit dem ‚Rätsel' Weiblichkeit (als männliche Projektion) beschäftigt: an die Gender Studies. Dieser Ansatz, der vielfältige theoretische und methodische Positionen umfasst, geht insgesamt davon aus, dass Geschlecht eine universale Kategorie ist und kulturell-gesellschaftliche Akte in grundsätzlicher Weise prägt. Zunächst sollen Grundbegriffe wie „Gender" und „Sex" sowie das Verhältnis von Gender und Feminismus geklärt werden, um im Anschluss daran Entwicklungstendenzen zu skizzieren, die sich unter den Stichworten „Pluralisierung" und „Dynamisierung" bündeln lassen. Nicht mehr von „der Frau" als Einheitskategorie ist die Rede, sondern von relational definierten Weiblichkeits- und Männlichkeitspositionen. Gender ergibt sich, so die Auffassung seit den 1990er-Jahren, aus performativen Verhandlungen zwischen diversen Geschlechterentwürfen. Abschließend wird der akademische Ort der interdisziplinären Geschlechterstudien beschrieben.

1.1 Feminismus und Gender Studies
1.2 Entwicklungstendenzen der Geschlechterforschung
1.3 Gender Studies und die Wissenschaften

1.1 Feminismus und Gender Studies

Die Gender Studies, die seit den 1990er-Jahren an deutschsprachigen Universitäten verstärkt Fuß fassen, setzen dasjenige Projekt fort, das feministische Ansätze seit den 1970er-Jahren verfolgen: die Analyse und Kritik asymmetrischer Geschlechterverhältnisse. Allerdings bestehen zwischen feministischen Theorien und Gender Studies einige markante Unterschiede, die sich über folgendes Schema von Marie-Luise Angerer und Johanna Dorer präzisieren lassen:

Unterschiede und Anschlüsse

	Frauenforschung	Genderforschung
Prämissen	Natürliche Geschlechterdifferenz ist Ausgangsbasis	Geschlechterdifferenz wird sozial / kulturell hergestellt
	Geschlechterdifferenz ist Ergebnis des Patriarchats und der Sozialisation	Differenz wird in Interaktionen zwischen Mann und Frau ständig konstruiert und aufrechterhalten
	Stabilität der Geschlechteridentität	Fragilität der Geschlechteridentität
	Rollentausch von Gender ist nicht möglich	Rollentausch von Gender ist möglich
Focus der Forschung	Frau, das Weibliche, das Ausgeschlossene	Konstruktionsmechanismen und Regelsystem von „doing gender"
	Die Norm	Differenz der Differenz
	Abweichung von der Norm	Vielheit von Genderidentities
Forschungsziele	Transparenz der Differenz	Analyse der Konstruktionsprozesse
	Aufzeigen der Konsequenzen für die Frau und die Gesellschaft	Analyse der Geschlechteridentität und ihrer Vielfältigkeit (diversity)
		Analyse der Prozesse der Um- und Neudeutung der Differenz
	Aufdecken und Sichtbarmachen	Rekonstruktion und Dekonstruktion

Abbildung 2: Feminismus und Gender Studies im Vergleich (Angerer / Dorer 1994, S. 11)

Der Feminismus konzentriert sich also eher auf (unterdrückte) Weiblichkeit, wobei Geschlecht tendenziell als invariable Natur betrachtet wird, und er geht von *einer* weiblichen Identität aller Frauen aus.

Geschlecht als Kultur

Die Gender Studies hingegen legen den Fokus auf das soziale Geschlecht: „Gender" bezeichnet im Englischen die kulturell vorgegebenen Geschlechterrollen, die eine Gesellschaft bereitstellt und durch Verbote, Strafen und Belohnungen für verbindlich erklärt. Der Gegenbegriff zu „Gender" ist „Sex", das anatomische Geschlecht – dieses Begriffspaar hatte Gayle Rubin 1975 in einer inzwischen klassischen Abhandlung entwickelt (vgl. Rubin 1975). Die Gender Studies beschäftigen sich also mit Geschlecht als sozialer Konstruktion, denn es sind allem voran kulturelle Akte, die einen Mann zum Mann (eine Frau zur Frau) machen.

Geschlecht als Handeln

Insbesondere Kleidercodes, Verhaltensrepertoires (eine Frau betrinkt sich nicht in der Öffentlichkeit), Mimik und Gestik (lautes Lachen galt lange Zeit als unweiblich) stellen Männlichkeit und Weiblichkeit her. Diese Verhaltensnormen müssen unablässig reinszeniert werden, so dass Geschlecht als ein Prozess zu beschreiben wäre. Geschlecht ist, um mit Simone de Beauvoir zu sprechen, ein Handeln, oder – nach Judith Butler – ein Effekt performativer Akte. Indem der Einzelne agiert (sich kleidet, spricht etc.), produziert er ein Geschlecht nach Maßgabe der gesellschaftlichen Vorgaben, die als variable, sich verändernde Normen aufgefasst werden. Jede Kultur definiert Geschlechtlichkeit und die Geschlechtergrenzen anders, weshalb sich die Gender Studies vornehmlich mit „Prozessen der Um- und Neudeutung der Differenz" auseinandersetzen (Angerer / Dorer 1994, S. 11).

Geschlecht als Spiel oder Vorschrift

Die Auffassung, Geschlecht sei Handeln, wirft allerdings die Frage auf, in welchem Maße Gender tatsächlich frei bestimmbar ist, ob sich der Einzelne je nach Belieben in spielerischen Entwürfen zum Mann oder zur Frau erklären kann. Insbesondere die Men's Studies, die den Blick auf Männlichkeitskonstruktionen richten, weisen – entgegen dieser optimistischen Einschätzung – auf die strikten Verbote und Anreize hin, die das soziale Geschlecht organisieren und für die Einhaltung der Normen sorgen. Schwule, Lesben und Transsexuelle bewegen sich auch heute noch vielfach an den Rändern der Gesellschaft, die sehr genau darüber wacht, dass die binäre Matrix, das heißt die klare Opposition von Mann und Frau, eingehalten wird – etwas Drittes darf es nicht geben.

Sex und Gender

Der Gegenbegriff zu „Gender" ist „Sex", der das anatomische Geschlecht bezeichnet und mit Gender identisch sein kann, nicht aber sein muss: Eine Frau in anatomischer Hinsicht kann auf sozialer Ebene als Frau erscheinen, jedoch auch männliche Rollenangebote für sich in Anspruch nehmen. Das Begriffspaar Sex / Gender ermöglicht es, die Naturalisierung von Geschlecht – also die Auffassung, es sei die Natur, die uns festlegt – zu verabschieden und sich auf soziale Prozesse zu konzentrieren, die grundsätzlich veränderbar sind.

Die Gender Studies betonen zudem, dass sich Weiblichkeit und Männlichkeit gegenseitig definieren, das heißt Männlichkeit bestimmt sich über das, was Weiblichkeit ist und umgekehrt. Ergibt sich Geschlecht mithin aus relationalen Bezügen, so rücken die Gender Studies, der Theorie nach jedenfalls, auch Männlichkeit in den Blick. Tatsächlich aber untersuchen sie weit häufiger Weiblichkeit, und zwar aufgrund der immer noch problematischen Geschlechterordnung, die ökonomische Ressourcen, politische Macht und symbolisches Kapital ungleichgewichtig, also zu Ungunsten der Frauen, verteilt. *Relationale Definition*

Die zunächst überaus produktive Unterscheidung von Sex und Gender, die die scheinbare Natürlichkeit von Geschlecht in Frage stellt, wird in den 1990er-Jahren problematisiert, als Judith Butler in Anlehnung an den Poststrukturalisten Michel Foucault auch das anatomische Geschlecht (Sex) zu einer sozialen Konstruktion erklärt (→ KAPITEL 7). Entscheiden vornehmlich Naturwissenschaften wie Biologie und Medizin darüber, welche Organe für welches anatomische Geschlecht entscheidend sind, so reproduzieren diese Disziplinen trotz ihres ungebrochenen Objektivitätsanspruchs herrschende kulturelle Normen und zementieren die geltenden Geschlechterverhältnisse. Nach Judith Butler ist selbst die Anatomie ein soziales Konstrukt, das die gesellschaftlichen Machtverhältnisse und damit die Geschlechterordnung festschreibt. Die heute selbstverständliche Auffassung, die Menschheit teile sich in zwei völlig unterschiedliche Anatomien auf, in Männlichkeit und Weiblichkeit, entsteht tatsächlich erst um 1800 im Kontext der sich etablierenden bürgerlichen Gesellschaft (→ KAPITEL 2). *Sex als Gender*

1.2 Entwicklungstendenzen der Geschlechterforschung

Arbeiteten die feministischen Ansätze der 1970er-Jahre noch mit dem Kollektivsingular „die Frau", der das politische Engagement und die Bündelung von Interessen erleichterte, so zeichnet sich seit den 1980er-Jahren eine umfassende Pluralisierung dieser Kategorie ab. Afroamerikanerinnen und Frauen aus ökonomisch schwächeren Ländern machten darauf aufmerksam, dass der (amerikanische) Fe-

Gender, Race und Class

minismus ausschließlich auf die weiße intellektuelle Mittelstandsfrau zugeschnitten ist und die Unterdrückungserfahrungen der Coloured people nicht berücksichtigt. Um den ethnischen Differenzen Rechnung zu tragen, wird seitdem Gender durch Race, also Ethnizität, ergänzt, wobei die beiden Kategorien in einem komplexen Austauschverhältnis stehen: Ethnisch Fremde werden in der Kunst, aber auch in wissenschaftlichen Berichten meist verweiblicht, Frauen umgekehrt zu ,Fremden in der Nähe' stilisiert. Und nicht nur die ethnische Herkunft unterscheidet Frauen, sondern auch ihre Klassenzugehörigkeit (Class). Um also die Situation von Frauen und Männern in ihrer Differenziertheit zu erfassen, werden für die Analyse von Gender auch Race- und Class-Determinanten berücksichtigt (→ KAPITEL 9.1).

In den heutigen Gesellschaften dominiert gemeinhin eine binäre Ordnung, in der es lediglich Mann und Frau sowie das heterosexuelle Begehren zu geben scheint (Frau liebt Mann und umgekehrt). Die Gender Studies haben diese Binarität jedoch als normatives Ausschlussverfahren kenntlich gemacht, denn die strikte Zweiteilung der Geschlechter sowie die Festlegung auf ein gegengeschlechtliches Begehren als scheinbar ,natürliche' oder gar gottgewollte Lebensform grenzt die vielfältigen Varianten eines anderen Begehrens aus und lässt diese unsichtbar werden. Der Psychoanalytiker Sigmund Freud, der für die Gender Studies eine zentrale Rolle spielt, ist entsprechend davon ausgegangen, dass der Mensch grundsätzlich bisexuell sei und allein der kulturelle Druck zu einer Abspaltung des homosexuellen Begehrens führe. Im Anschluss an diese Heterosexualitätskritik konzentrieren sich die Gender Studies auf minoritäre Formen des Begehrens und suchen ihre verborgenen Orte in der herrschenden Kultur auf. Die zu Beginn der 1990er-Jahre entstehenden Queer Studies, die zum Teil mit den Gender Studies zusammenfallen und die Gay und Lesbian Studies in sich aufnehmen, beschäftigen sich entsprechend mit queerem, das heißt schrägem, ,quer' zur Norm stehendem Begehren (→ KAPITEL 8).

Queer Studies

Die Gay, Lesbian und Queer Studies fokussieren dabei vor allem Sexualität, die sie nicht etwa als freiheitlichen Trieb begreifen, sondern als Produkt zivilisatorischer Zurichtungen. Kulturelle Verbote und Vorschriften werden – so die Überzeugung – den Leibern eingeschrieben und organisieren die sexuellen Praktiken, und zwar in historisch variierenden Konstellationen. Auch Sexualität hat eine Geschichte, wie Michel Foucault, ein zentraler Bezugsautor der Queer Studies, betont.

Die Geschichtlichkeit von Sexualität

Zu der Pluralisierung der Geschlechterforschung, die sich aus der Berücksichtigung von Minoritäten und der Historisierung von Geschlecht bzw. Begehren ergibt, tragen darüber hinaus die Men's Studies bei. Diese Forschungsrichtung entstand zwar bereits in den 1970er-Jahren, doch erst in den 1990ern wird sie in verstärktem Maße von den Gender Studies wahrgenommen. Während sich diese eher auf Weiblichkeit konzentrieren, auch weil Männlichkeit immer noch als unmarkiertes, unsichtbares Geschlecht gilt – allein die Frau scheint für Geschlechtlichkeit zuständig –, machen die Men's Studies auf dieses Manko aufmerksam und gehen den Inszenierungen von Männlichkeit in unterschiedlichen Räumen nach. Sie beschäftigen sich sowohl mit hegemonialer Männlichkeit im globalen Wirtschaftssystem als auch mit der Sozialisation von Männlichkeit in der bürgerlichen Familie (→ KAPITEL 10).

Men's Studies

Diese Ausdifferenzierung der Positionen in den letzten Jahrzehnten hängt eng mit der grundlegenden Infragestellung von übergreifenden, abstrakten Kategorien, von großen Erzählungen und Sinneinheiten zusammen, also mit dem, was mit dem Sammelbegriff „Poststrukturalismus" zu bezeichnen wäre. Diese Forschungsperspektive, die sich seit Ende der 1960er-Jahre vor allem in Frankreich entwickelte, verabschiedet das autonome Subjekt (auch als politischen Akteur), begreift den Sprecher als Spielball von diskursiven Mächten (Michel Foucault) und kündigt jegliche Geschichtsutopie auf, also die Fantasie einer sich verbessernden Menschheit sowie den Glauben an große Erzählungen (François Lyotard). Das aufklärerische (männliche) Subjekt sowie die Geschichte als Fortschritt und Zusammenhang werden grundsätzlich in Frage gestellt (vgl. Milich 1998, S. 48f.). Zwischen Gender Studies und dem Poststrukturalismus lassen sich deshalb Gemeinsamkeiten ausmachen: die Absage an das universelle Subjekt, das gemeinhin das männliche ist, ebenso die Absage an Autonomie und Objektivität, also an die Überzeugung, dass jegliches Wissen (auch das der Wissenschaften) von Interessen bestimmt sei. Ebenso wie die Gender Studies, die die fixierende Dichotomie von Mann und Frau problematisieren, unterläuft auch der Poststrukturalismus binäre Systeme wie Wahrheit / Lüge, Normalität / Wahnsinn etc. (vgl. Klinger 1998, S. 25). Und er führt vor, dass diese binären Strukturen zwar Realitätseffekte haben, also den Eindruck von Realität evozieren, nichtsdestoweniger aber kulturelle, normalisierende Konstrukte sind.

Poststrukturalismus

Die poststrukturalistische Wende lässt allerdings das politische Engagement, dem sich der Feminismus verschrieben hatte, zum Problem werden. Der Feminismus wollte die Frau als politische Akteurin ge-

Politisches Engagement als Problem

winnen und bestand deshalb auf der Einheit der Kategorie „Frau". Der poststrukturalistische Subjektbegriff jedoch, wie ihn beispielsweise Judith Butler zu Beginn der 1990er-Jahre entwickelt, scheint politischen Einsatz und das Sprechen im Namen einer Gruppe unmöglich werden zu lassen. Denn nach Butler ist das Subjekt (das männliche wie das weibliche) immer schon den Diskursen der Macht unterworfen, so dass es niemals autonom sein kann und seine Forderungen nach Freiheit und Unabhängigkeit die Unterwerfung lediglich bestätigen (zu diesem Paradox → KAPITEL 7.2).

Theorie versus Praxis

Der Konflikt zwischen politischer Partizipation und Poststrukturalismus wird zuweilen durch die explizite Trennung von Theorie und Praxis gelöst. Bedarf die politische Aktion einer gewissen Geschlossenheit der Interessengruppe, um Forderungen durchsetzen zu können, so lassen sich im theoretischen Feld gleichwohl die poststrukturalistischen Konsequenzen für das Subjekt und für die binäre Geschlechterordnung jenseits praktischer Fragen überdenken. Eine weitere Lösung stellt der Begriff „agency" dar, der die partielle Handlungsmöglichkeit politischer Subjekte bezeichnet, die auch dann besteht, wenn diese nicht als autonom, nicht als souverän gedacht werden. Die poststrukturalistischen Tendenzen ändern jedoch nichts daran, dass die Kategorie Geschlecht als universal gilt, als unhintergehbare Grundkonstante kultureller Ordnungen (vgl. Klinger 1998, S. 35).

1.3 Gender Studies und die Wissenschaften

Die feministischen Theorien sowie die Gender Studies gehen davon aus, dass alle gesellschaftlich-kulturellen Akte – Literatur, Filme, Feste, Riten bis hin zur Architektur – Aussagen über das Geschlechterverhältnis treffen. Ob ein Bildungsroman oder ein TV-Melodram, ein Gedicht oder eine Statue – alle Kunstformen, aber auch Distributions- und Produktionsverfahren von Kunst (Verlage, Theater, Schulen

Universalität von Geschlecht

etc.) können aus der Geschlechter-Perspektive betrachtet werden. Die Kategorie Geschlecht gilt mithin als universal und als Fundament jeglichen Wissens (vgl. Braun/Stephan 2005, S. 18).

„Feminismus braucht als politische Theorie die Anerkennung der Tatsache, daß Geschlecht bzw. Geschlechtszugehörigkeit eine – in der bisherigen Geschichte der Menschheit – für so gut wie jede Gesellschaftsformation relevante, mit anderen Worten: universale Kategorie gewesen ist." (Klinger 1998, S. 35)

Diese fundamentale Bedeutung von Geschlecht wird jedoch vielfach verschleiert – unter anderem im universitären Bereich –, und zwar deshalb, weil über die herrschende Geschlechterordnung Macht verteilt wird und die profitierenden Gruppen an der Unsichtbarkeit dieses Systems interessiert sind. Der Geschlechterdiskurs regelt den Zugang zu Ressourcen, zu Einfluss, Kapital sowie kultureller Macht, und behauptet diese Verteilung als Normalität bzw. als natürlich. Frauen galten beispielsweise lange Zeit aufgrund ihrer geschlechtlichen Ausstattung als untauglich für öffentliche Arbeitsfelder, für Politik und Wirtschaft, konnten also keinen Anspruch auf Partizipation erheben, ohne gegen ihre ‚Natur‘ zu verstoßen. In Systemen, die Männlichkeit und Weiblichkeit hierarchisieren und unterschiedlich bewerteten Feldern zuordnen (privat / öffentlich; Reproduktion / Produktion), wird dieser Zusammenhang von Macht und Geschlecht im Interesse der herrschenden Gruppen tendenziell nicht wahrgenommen. Die Gender Studies hingegen versuchen, Geschlecht als universale Kategorie gesellschaftlicher Macht sichtbar werden zu lassen. „Die Frage nach der [...] Gender-Konfiguration, nach den Weiblichkeitsrepräsentationen kann mithin nicht als zufällig angesehen werden, sondern ist grundlegend für die Verfasstheit der symbolischen Ordnung" (Liebrand 1999a, S. 393), also für alle gesellschaftlichen Vorgänge.

Geschlecht und Macht

Aufgrund der Universalität von Geschlecht bearbeiten die Gender Studies einen überaus extensiven Gegenstandsbereich, zu dem hochkulturelle Äußerungen (zum Beispiel der literarische Kanon) ebenso gehören wie populäre Ausdrucksformen, Werbung, Fernsehsendungen, Blockbuster etc. Damit lassen sich die Gender Studies den in den 1960er-Jahren in England entstandenen Cultural Studies annähern, die sich ebenfalls auf Medien und Populärkultur konzentrieren. Das Verhältnis von Gender Studies und Kulturwissenschaften ist deshalb wiederholt diskutiert worden (vgl. Liska 2002, S. 19f.; Kimmich 2003, S. 31f.), denn gemeinsam sind den Ansätzen das Interesse an Alltagskulturen sowie die kultursemiotische Prämisse, dass auch Filme, Werbung etc. als Zeichensysteme (wie ein Buch) gelesen werden können. Aus der Perspektive der Semiotik (Zeichentheorie), wie sie unter anderen Roland Barthes entwickelt hat, ist selbst die Architektur einer Stadt, ein Stadtplan oder auch Mode als Zeichenensemble lesbar. Die Gender Studies sowie die Kulturwissenschaften erweitern über dieses semiotische Modell ihren Textbegriff und fassen Kultur insgesamt (nicht lediglich literarische Texte) als ihren Gegenstand auf.

Gender Studies und Kulturwissenschaften

Interdisziplinarität

Die Gender Studies sind grundsätzlich interdisziplinär angelegt, überschreiten also die traditionellen Disziplinengrenzen, und zwar notgedrungen deshalb, weil Männlichkeit und Weiblichkeit in einem Netzwerk aus biologischem, medizinischem, anthropologischem Wissen und kulturellen Riten definiert werden. Diese Interdisziplinarität kann als Chance begriffen werden, weil sie im Sinne einer kritischen Wissenschaftsreflexion die Disziplinengrenzen überdenkt und als Setzungen bzw. Ausschlüsse in Frage stellt. Manchen Forscher/inne/n gilt Interdisziplinarität jedoch als Gefährdung, weil sie die wissenschaftliche Landschaft zu zersplittern droht und (scheinbar) Dilettanten produziert, wenn sich beispielsweise Literaturwissenschaftler/innen mit Biologie oder Anthropologie beschäftigen.

Naturwissenschaften

Allerdings sind die Naturwissenschaften ganz maßgeblich an der Konstitution der bürgerlichen Geschlechterordnung beteiligt: Die sich um 1800 spezialisierenden Disziplinen beglaubigen den zeitgenössischen bürgerlichen Geschlechterdiskurs als ‚wissenschaftliche Wahrheit‘. Gerade weil der primäre Gegenstand der Naturwissenschaften die Natur ist und Weiblichkeit seit Beginn des 19. Jahrhunderts mit Natur identifiziert wird, treffen Disziplinen wie Biologie und Medizin notwendigerweise auch Aussagen über die Geschlechterordnung. Es setzt sich in dieser Zeit zunehmend die Auffassung durch, die Frau sei ein Stück Natur, damit passiv, rezeptiv, empfangend (→ KAPITEL 2). Der Wissenschaftler hingegen, der die Natur untersucht, ausmisst und archiviert, gilt als aktiv und verändernd. Die Gender Studies beschäftigen sich demgemäß auch mit den Naturwissenschaften, mit der Biologie, der Medizin, der Physik. Wissenschaftler/innen aus diesen Bereichen arbeiten die jeweilige Geschichte der Disziplin auf und legen ihre verborgenen Geschlechterfantasien frei. Die vorliegende Einführung stellt die Gender-Orientierung in den Naturwissenschaften am Ende vor (→ KAPITEL 14.2), konzentriert sich sonst jedoch auf eine kulturwissenschaftliche Literaturwissenschaft.

Internationalität

Die Gender Studies sind nicht nur ein interdisziplinäres, sondern auch ein internationales Phänomen mit regen Theorieimporten und -exporten zwischen Ländern und ihren unterschiedlichen akademischen Landschaften. Für die deutschen Gender Studies der 1990er-Jahre sind beispielsweise die Untersuchungen der amerikanischen Forscherin Judith Butler einschlägig (→ KAPITEL 7.2). Die amerikanischen Women's Studies der 1970er-Jahre werden hingegen, um ein weiteres Beispiel zu nennen, von der französischen feministischen Theorie, von der Écriture feminine Julia Kristevas, Luce Irigarays und Helen Cixous' beeinflusst (→ KAPITEL 6.2). Die vorliegende Einführung berücksichtigt auch die amerikanischen, französischen sowie englischen Einflüsse und versucht zu zeigen, auf welche Weise eine (germanistische) Literaturwissenschaft, die in der deutschen Wissenschaftstradition steht, von diesen Erkenntnissen profitieren kann.

Das internationale Spektrum der Gender Studies erweitert sich durch die neueren postkolonialen Ansätze, zumal die feministischen Positionen in den USA seit den 1980er-Jahren die ethnische Herkunft von Frauen berücksichtigen. Forscher/innen machen zunehmend auf die spezifische Situation von Männern und Frauen in Ländern mit kolonialer Vergangenheit aufmerksam (Indien, Afrika etc.) und stellen die eurozentrische, westliche Perspektive der Gender Studies in Frage (→ KAPITEL 9).

Postkoloniale Perspektiven

Der Feminismus und die Gender Studies nehmen grundsätzlich eine ideologiekritische Haltung ein und üben Kritik an ungleichen Geschlechterstrukturen in Gegenwart und Vergangenheit. Aus diesem Grund wurde den Ansätzen lange Zeit ideologische Verblendung vorgeworfen. Inzwischen allerdings gilt Parteilichkeit, wie sie Inge Stephan und Sigrid Weigel – zwei Pionierinnen der deutschen feministischen Forschung – ausdrücklich für sich reklamieren (vgl. Stephan / Weigel 1983, S. 11), als unhintergehbare Bedingung von wissenschaftlicher Arbeit überhaupt. Edward Said, ein wichtiger Denker der Postcolonial Studies, und der Neuhistoriker Stephen Greenblatt beispielsweise bestehen darauf, dass wissenschaftliche Erkenntnis immer schon interessiert sei, dass ein/e Wissenschaftler/in das ihm / ihr vertraute Wertesystem nicht völlig zu durchschauen vermöge und objektives Wissen eine Fiktion sei. Die Gender Studies hinterfragen also den Objektivitätsanspruch von Wissenschaft und weisen darauf hin, dass auch das akademische Wissen Teil der geltenden Machtordnung ist und herrschende Tabus reproduziert. Was trotz dieser Relativierung Wissenschaftlichkeit garantiert, ist das Nachdenken über eigene Interessen und die Parteilichkeit, das die Gender Studies zu ihrem Programm gemacht haben.

Parteilichkeit der Wissenschaft

Auch für die Lehrerausbildung ist die Kategorie Gender zentral. Die curricularen Richtlinien der Bundesländer verlangen gemeinhin eine Sensibilisierung für die herrschende Geschlechterordnung und ihre Geschichte. Vielfach mangelt es jedoch auch heute noch an didaktischen Überlegungen, wie die wissenschaftlichen, zum Teil hoch abstrakten Gender-Theorien für die Unterrichtspraxis tauglich zu machen seien. Noch immer gilt, was bereits Mitte der 1990er-Jahre beklagt wurde, nämlich die Distanz der täglichen Unterrichtspraxis zur Fachwissenschaft.

Schule und Didaktik

„Oft noch fehlen die entsprechenden, für die Schulen erreichbaren Textunterlagen, um die Forschungen der Frauen in der Sprach- und Literaturwissenschaft umzusetzen; teils wird immer wieder insbesondere eine feministische Literaturdidaktik eingefordert, die den engagierten Lehrerinnen und Lehrern Rückendeckung geben können." (Kublitz-Kramer / Neuland 1996, S. 6f.)

Didaktisch-methodische Probleme

Zudem ist davon auszugehen, dass das Engagement für Geschlechterfragen „bei Schülern und Schülerinnen auf erhebliche didaktisch-methodische Probleme [stößt]: Sie reagieren z. T. mit Ressentiment gegen Fragestellung (Untersuchung des Frauenbildes bzw. der Geschlechterbeziehung in …) und Textauswahl (schon wieder eine Frau!), fühlen sich aufgrund ihrer geringen Lebenserfahrung überfordert, Geschlechterbeziehungen kritisch zu untersuchen oder gar frauenpolitische Forderungen zu übernehmen" (Kublitz-Kramer / Neuland 1996, S. 6). Gleichwohl können die virulenten Geschlechterfragen in der Schule nicht schlicht ignoriert werden, zumal die suggestiven Geschlechterimagines in den Medien, die attraktiven Bilder von „wahrer" Männlichkeit und Weiblichkeit, den Druck auf Jugendliche verstärken. Die (medial vermittelten) Geschlechterikonen als problematische Vorbilder zu erkennen, die das Versagen an der Norm strukturell einfordern, wäre ein wichtiges Ziel des Schulunterrichts.

Zusammenfassung

Die Gender Studies schließen – so wurde gezeigt – an die feministischen Forschungen an, von denen sie in hohem Maße profitieren. Eine eindeutige Grenzziehung ist kaum möglich, doch lässt sich vielleicht als Differenz festhalten, dass die Gender Studies eher als feministische Positionen von einem relationalen Verhältnis kultureller Geschlechterrepräsentationen ausgehen und die Einheitskategorie „die Frau" pluralisieren. Männlichkeit und Weiblichkeit bestimmen sich demnach gegenseitig und entstehen in permanenten performativen Aushandlungsprozessen, zumal Ethnizität (Race) und Klassenzugehörigkeit (Class) zu berücksichtigen sind. Zudem weisen die Gender Studies auf die Normierungs- bzw. Reglementierungsprozesse hin, die der binären Matrix sowie dem verbindlichen heterosexuellen Begehren zugrunde liegen, und interessieren sich für alternative Kulturen. Die Gender Studies sind parteilich und befragen in einer wissenschaftskritischen Reflexion auch die traditionellen Grenzziehungen zwischen den Disziplinen. Als universale Kategorie ist Gender ein ebenso interdisziplinäres wie international zu behandelndes Phänomen.

Im Folgenden sollen zwei historische Zeiträume in den Blick genommen werden, die Jahrhundertwenden 1800 und 1900, um die sozialgeschichtlichen Prozesse in diesen Phasen aus der Gender-Perspektive zu reformulieren und einschlägige kulturwissenschaftliche Studien vorzustellen.

Fragen und Anregungen

- Rekonstruieren Sie die Differenzen zwischen feministischen Fragestellungen und Gender Studies.
- Beschreiben Sie das Begriffspaar Gender/Sex in seiner historischen Entwicklung.
- Welche Phänomene können von den Gender Studies untersucht werden?
- Diskutieren Sie die Probleme, die die Interdisziplinarität des Ansatzes mit sich bringen kann.
- Überlegen Sie, in welchen Alltagsbereichen Geschlecht eine Rolle spielt und inwieweit Gender durch Handeln hervorgebracht wird.
- Untersuchen Sie eine Zeitschrift Ihrer Wahl daraufhin, welche Geschlechterbilder vermittelt werden.

Lektüreempfehlungen

- **Hadumod Bußmann/Renate Hof (Hg.): Genus. Zur Geschlechterdifferenz in den Kulturwissenschaften, Stuttgart 1995.** *Versammelt Aufsätze aus unterschiedlichen Disziplinen von einschlägigen Wissenschaftlerinnen wie Elisabeth Bronfen, Cornelia Klinger, Ina Schabert etc.*
- **Walter Erhart/Britta Herrmann: Feministische Zugänge – ‚Gender Studies',** in: Heinz Ludwig Arnold/Heinrich Detering (Hg.), Grundzüge der Literaturwissenschaft, München 1996, S. 498–515. *Konziser Überblick über die Entstehung der Gender Studies und die zentralen Modelle.*
- **Jutta Osinski: Einführung in die feministische Literaturwissenschaft, Berlin 1998.** *Problemgeschichtliche Darstellung, die die Tendenzen seit den 1970er-Jahren in den USA, der Bundesrepublik, der DDR und Frankreich rekapituliert.*

- **Joan W. Scott: Gender: Eine nützliche Kategorie der historischen Analyse,** in: Nancy Kaiser (Hg.), Selbst Bewusst. Frauen in den USA, Leipzig 1994, S. 27–75. *Geschichtswissenschaftlicher Aufsatz, der die Reichweite und Funktion der Kategorie Gender verdeutlicht.*

2 Zur Geschichte der Geschlechter um 1800

Der Mann muß hinaus
Ins feindliche Leben,
Muß wirken und streben
Und pflanzen und schaffen,
Erlisten, erraffen,
Muß wetten und wagen,
Das Glück zu erjagen.
Da strömet herbei die unendliche Gabe,
Es füllt sich der Speicher mit köstlicher Habe,
Die Räume wachsen, es dehnt sich das Haus.
Und drinnen waltet
Die züchtige Hausfrau,
Die Mutter der Kinder,
Und herrschet weise
Im häuslichen Kreise,
Und lehret die Mädchen
Und wehret den Knaben,
Und reget ohn Ende
Die fleißigen Hände,
Und mehrt den Gewinn
Mit ordnendem Sinn,
Und füllet mit Schätzen die duftenden Laden,
Und dreht um die schnurrende Spindel den Faden,
Und sammelt im reinlich geglätteten Schrein
Die schimmernde Wolle, den schneeichten Lein,
Und füget zum Guten den Glanz und den Schimmer,
Und ruhet nimmer.

Friedrich Schiller: *Das Lied von der Glocke* (Auszug) (1799)

Schillers berühmte Verse bringen eine spezifische Form der Arbeitsteilung zum Ausdruck, die sich ab 1800 in der bürgerlichen Familie (zumindest ihrer Ideologie nach) durchzusetzen begann: Wird der Frau die Reproduktion, das heißt die Aufzucht der Kinder, ihre Erziehung etc. im häuslichen Bereich zugeordnet, so dem Mann die Produktion, die weitaus vielfältigere Arbeit jenseits des Hauses. Diese ‚erste' Arbeitsteilung in der bürgerlichen Familie beglaubigten Wissenschaften wie die Biologie und die Anthropologie als natürliche Ordnung. Sie entwickelten im Verlauf des 19. Jahrhunderts eine Differenztheorie, die Männlichkeit von Weiblichkeit physisch wie psychisch voneinander abtrennte und die Gleichheitspostulate der Aufklärung bzw. der Französischen Revolution zurücknahm. Die Literatur war, wie das Gedicht Schillers verdeutlicht, an der Popularisierung der neuen Geschlechterordnung maßgeblich beteiligt.

Die Wissenschaften entwickelten im 19. Jahrhundert Modelle, um Männer und Frauen in anatomischer Hinsicht zu unterscheiden, wobei die physische Ausstattung den Geschlechtscharakter bestimmt. Frauen sind demnach ‚von Natur aus' passiv, häuslich, sozial und zur Erziehung prädestiniert, so dass die Privatsphäre als ihr ‚natürliches' Aktionsfeld erscheint. Der Mann hingegen gilt seinem Geschlechtscharakter nach als aktiv, expansiv und unbeständig, so dass er der öffentlichen Welt zugeordnet werden kann. Diese binäre Geschlechterordnung ist mithin recht jungen Datums, erscheint gleichwohl nicht als historisches Konstrukt, sondern als Natur.

Im Folgenden werden zentrale Texte vorgestellt, die die sozialgeschichtlichen Entwicklungen um 1800 aus der Perspektive der Geschlechterforschung rekonstruieren und die diskursiven Vernetzungen der sich spezialisierenden Wissenschaften vorführen, die gemeinsam die Vision eines männlichen und weiblichen ‚Wesens' entstehen lassen.

2.1 Aufklärung und Französische Revolution
2.2 Die bürgerliche Geschlechterordnung
2.3 Wissenschaft und Gesellschaft

2.1 Aufklärung und Französische Revolution

Die im ersten Drittel des 18. Jahrhunderts einsetzende Frühaufklärung, die die Gleichheit aller Menschen vertrat, war der Emanzipation von Frauen grundsätzlich nicht schlecht gesinnt. Weibliche Gelehrsamkeit war eine logische Konsequenz aus den Prinzipien der Frühaufklärung, denn das Programm der Vollkommenheit sollte sowohl für jeden einzelnen Menschen als auch für die Menschheit insgesamt gelten (vgl. Bovenschen 1979, S. 83). Silvia Bovenschen verdeutlicht in ihrer einschlägigen Studie *Die imaginierte Weiblichkeit* (1979), dass der Typus der gelehrten Frau in dieser Zeit überaus beliebt war und neue Räume des Selbstausdrucks eröffnete. Johann Christoph Gottsched beispielsweise, der durch seine rationalistische Regelpoetik bekannt wurde (→ ASB D'APRILE / SIEBERS), beschäftigte sich in der Zeitschrift *Die vernünftigen Tadlerinnen* von 1725 / 26 wiederholt mit weiblicher Gelehrsamkeit und steckte ihre Grenzen ab, indem er weibliches Wissen eng an Tugendhaftigkeit knüpfte.

Die gelehrte Frau

Ab Mitte des 18. Jahrhunderts begann sich jedoch ein ganz anderes Weiblichkeitsbild zu etablieren: die empfindsame Frau, die den Mann ergänzt und ausschließlich auf Gefühl bzw. Natur festgelegt ist. Diese Aufwertung des Gefühls nimmt, so hält Bovenschen fest, die „Denk- und Sprecherlaubnis im Zeichen einer anderen Bewertung des Weiblichen wieder weitgehend zurück" (Bovenschen 1979, S. 118). Insbesondere Jean Jacques Rousseau fixierte Weiblichkeit in seinen einflussreichen Schriften auf Empfindsamkeit – eine Definition, die bis heute spürbar ist (Frauen seien emotionaler als Männer) – und entwickelte ein Differenzprogramm der Geschlechter. Julie, die Protagonistin in Rousseaus wirkmächtigem Roman *Lettres de deux Amans, habitans d'une petite ville au pied des Alpes*, auch *Julie ou la nouvelle Héloise* genannt (1761; *Julie oder Die neue Heloise. Briefe zweier Liebender aus einer kleinen Stadt am Fuße der Alpen*), hält programmatisch fest:

Die empfindsame Frau

> „Das vollkommene Weib und der vollkommene Mann dürfen sich weder in Ansehung des Geistes noch in der Gesichtsbildung gleichen; die eitlen Nachäffungen der Geschlechter sind höchste Stufe der Unvernunft, sie machen die Weisen lachen und verscheuchen die Liebesgötter." (Rousseau 1969, S. 175f.)

Dass diese Differenz zwischen Mann und Frau die Unterordnung des Weiblichen mit sich bringt, verdeutlicht Rousseaus Erziehungsschrift *Émile ou de l'éducation* (1762; *Émile oder Über die Erziehung*), die die Ausbildung eines jungen Mannes zum autonomen flexiblen Sub-

Unterordnung des Weiblichen

jekt vorführt. Anders jedoch sieht die Erziehung der jungen Frau Sophie aus, denn an die Stelle von Autonomie tritt in diesem Falle die Anerkennung von Zwang: Bereits die jungen Mädchen müssten, so **Selbstbeherrschung** heißt es in *Émile*, „an Zwang gewöhnt werden, damit er sie nie et**und Zwang** was kostet; sie müssen daran gewöhnt werden, alle ihre Launen zu beherrschen, um sie dem Willen der anderen unterzuordnen" (Rousseau 1970, S. 744). Es heißt weiter:

> „Aus diesem gewohnheitsmäßigen Zwang entsteht eine Gefügigkeit, deren die Frauen ihr ganzes Leben bedürfen, da sie niemals aufhören, unterworfen zu sein, sei es einem Mann oder dem Urteil der Männer, und es ihnen nie erlaubt ist, sich über dieses Urteil zu erheben. Die erste und wichtigste Qualität einer Frau ist die Sanftmut." (Rousseau 1970, S. 733)

Der Elevin Sophie kommt einzig und allein die Funktion zu, die Erziehung des jungen Mannes zu vollenden, während ihre eigene Vollkommenheit nicht auf dem Programm steht. Dieser Unterschied zwischen Männlichkeit (Autonomie) und Weiblichkeit (Unterordnung) **,Natürliche'** entspricht nach Rousseau der Natur, die damit die bürgerliche Ar**Differenz** beitsteilung zwischen intimer Welt der Familie und Öffentlichkeit rechtfertigt. Rousseau orientiert sich am Frauenleben im antiken Sparta, um die ‚natürliche' und deshalb ideale Lebensweise des Bürgertums zu skizzieren:

> „Sobald diese Mädchen verheiratet waren, sah man sie nicht mehr in der Öffentlichkeit; eingeschlossen in ihren Häusern kümmerten sie sich ausschließlich um ihren Haushalt und ihre Familie. Dies ist die Lebensweise, die dem weiblichen Geschlecht von Natur und Vernunft vorgeschrieben wird." (Rousseau 1970, S. 736)

Rousseau entfaltete in seinen Schriften dasjenige Geschlechtermodell, das bis weit in das 20. Jahrhundert hinein Geltung besitzen wird und die Reichweite männlicher/weiblicher Aktivität definiert: Steht im Zentrum der bürgerlichen Ordnung die emotionalisierte Kleinfamilie, die als befriedeter Raum – so will es zumindest die Ideologie – der **Produktion und** feindlichen Außenwelt trotzt, so werden die produktiven und repro**Reproduktion** duktiven Tätigkeiten auf die beiden Geschlechter aufgeteilt und diese Arbeitsteilung als natürlich erklärt. Es entsteht ein (scheinbar) durch die Natur beglaubigtes binäres System, das Räume und Tätigkeiten geschlechtlich codiert: Der Mann steht der Frau gegenüber, der öffentliche (männliche) Bereich dem (weiblichen) Haus. Die geschichtswissenschaftliche Forschung der letzten Jahre hat allerdings nachgewiesen, dass insbesondere im frühen 19. Jahrhundert die Grenzen zwischen den abgetrennten Sphären Familie und Arbeitswelt weitaus durchlässiger waren als gemeinhin angenommen (vgl. Martschukat/ Stieglitz 2005, S. 108f.). Problematisch an diesem binären Modell ist, dass die häusliche Reproduktionsarbeit nicht als Leistung gilt, weibliche Arbeit also unsichtbar gemacht und politisch nicht repräsentiert wird. Problematisch ist zudem, dass eine Hälfte der Bevölkerung auf eine bestimmte Tätigkeit fixiert wird, die unterschiedlichen Potenziale und Begabungen von Frauen also nicht berücksichtigt werden. Problematisch ist zum Dritten, dass das Argument, die Arbeitsteilung entspräche der Natur der Geschlechter, diese gesellschaftliche Organisationsform nahezu unangreifbar macht.

Problematik der Arbeitsteilung

Das wirkmächtige Modell Rousseaus konnte selbst durch die Gleichheitsansprüche, die die Französische Revolution nach 1789 formulierte, nicht in Frage gestellt werden. Vielmehr bestätigte die sich etablierende bürgerliche Gesellschaft auch in ihrer rechtlichen Kodifizierung während der Revolutionsjahre die Unterordnung des Weiblichen, genauer: den Ausschluss aus dem Bereich des Menschseins und der politischen Entscheidungen. In der französischen „Verfassung von 1793, die nie in Kraft getreten ist, ist jeder männliche Erwachsene stimmberechtigt. In dieser Zeit kam auch die Frage auf, warum eigentlich die Frauen vom Stimmrecht ausgeschlossen sind. In einer Demokratie bzw. Republik sollten schließlich und endlich alle erwachsenen Bürger ein Stimmrecht haben." (Sauerland 1989, S. 20) Doch das Frauenwahlrecht verwarfen selbst fortschrittliche Denker wie Immanuel Kant, der immerhin das Leitwort der Aufklärung, „Habe Mut, dich deines eigenen Verstandes zu bedienen", zu verantworten hat (Kant 1784, S. 481). Der Philosoph schließt in seiner einflussreichen Schrift *Zum ewigen Frieden* (1795) Frauen und Besitzlose dezidiert vom Wahlrecht aus, das allein den über Eigentum verfügenden Bürgern zukomme. Das Gleichheitspostulat der Aufklärung und die scheinbar universale Kategorie „der Mensch" produzieren also Ausschlüsse.

Ausschlüsse

Friedrich Schlegel allerdings weist in seinem *Versuch über den Begriff des Republikanismus* (1796) Kants Trennung in aktive und passive Staatsbürger zurück und erklärt auch Frauen wie Arme zu Stimmberechtigten:

> „Armut und *vermutliche* Bestechbarkeit, Weiblichkeit und *vermutliche* Schwäche sind wohl keine rechtmäßigen Gründe, um vom Stimmrecht auszuschließen." (Schlegel 1966, S. 17)

Friedrich Schlegels traditionsbildender Roman *Lucinde* (1799) jedoch folgt dem asymmetrischen bürgerlichen Geschlechtermodell ohne Einschränkung und stilisiert die Geliebte sowohl zur Erlöserin des

Die Frau als Erlöserin

geknechteten Mannes als auch zur reinen Natur. Während Lucinde die ganze, ungeteilte Natur verkörpert und sich deshalb weder ausbilden noch verändern kann, durchläuft der Protagonist eine stufenhafte Entwicklung bis hin zur Perfektion – ähnlich wie Rousseaus Émile und die Helden der beliebten Bildungsromane. Die Natur wie die Frau gelten als geschichtslos, sie kennen lediglich Entwicklungszyklen und können sich nicht durch Bildung perfektionieren (vgl. Weigel 1983a, S. 75f.).

Entwicklung des Helden

2.2 Die bürgerliche Geschlechterordnung

Ein zentraler Begriff, der die Essentialisierung von Geschlecht ermöglicht – Geschlecht entspringt dieser Auffassung nach dem physischen Wesen des Menschen und ergibt sich nicht aus kulturellen Regeln –, ist der Geschlechtscharakter, den Karin Hausen Ende der 1970er-Jahre in einem einflussreichen Aufsatz untersucht. Dieser Begriff aus dem 18. Jahrhundert bezeichnet „die mit den physiologischen korrespondierend gedachten psychologischen Geschlechtsmerkmale" (Hausen 1978, S. 363), das heißt er verknüpft Körper und Psyche, so dass die weibliche / männliche Physis eine entsprechende weibliche / männliche Psyche festlegt. Nach diesem Modell entscheidet also die Anatomie über psychische Dispositionen und Eigenschaften wie Aktivität / Passivität, Rationalität / Gefühl etc.

Geschlechtscharaktere

Hausen wirft zunächst einen Blick auf die vorbürgerliche Gesellschaft, die Geschlecht als soziales Handeln, als kulturell definiertes Verhalten bestimmt hatte. Das Frausein definierte sich vornehmlich über die Rechte und Pflichten der Hausmutter, nicht aber über den Charakter:

Charakterdefinitionen

„[Seit] dem ausgehenden 18. Jahrhundert treten [jedoch] an die Stelle der Standesdefinitionen Charakterdefinitionen [Geschlechtscharaktere]. Damit aber wird ein partikulares durch ein universales Zuordnungsprinzip ersetzt: Statt des Hausvaters und der Hausmutter wird jetzt das gesamte männliche und weibliche Geschlecht und statt der aus dem Hausstand abgeleiteten Pflichten werden jetzt allgemeine Eigenschaften der Personen angesprochen. Es liegt nahe, diesen Wechsel des Bezugssystems als historisch signifikantes Phänomen zu interpretieren, zumal der Wechsel mit einer Reihe anderer Entwicklungen korrespondiert." (Hausen 1978, S. 370f.)

Das (uns heute noch vertraute) polare Definitionsprinzip des (bürgerlichen) Menschen als Mann oder Frau ersetzte insofern das ausdifferenzierte Ständesystem und versah beide Geschlechter mit ‚typischen‘ Eigenschaften.

Auch der Brockhaus von 1815 definiert die Geschlechter über dieses oppositorische System, das im 19. Jahrhundert auf geradezu obsessive Weise beschworen wurde:

Geschlechterstereotype

> „Der Geist des Mannes ist mehr schaffend, aus sich heraus in das Weite hinwirkend, zu Anstrengungen, zur Verarbeitung abstracter Gegenstände, zu weitaussehenden Plänen geneigter; unter den Leidenschaften und Affecten gehören die raschen, ausbrechenden dem Manne, die langsamen, heimlich in sich selbst gekehrten dem Weibe an. Aus dem Manne stürmt die laute Begierde; in dem Weibe siedelt sich die stille Sehnsucht an. Das Weib ist auf einen kleinen Kreis beschränkt, den es aber klarer überschaut; es hat mehr Geduld und Ausdauer in kleinen Arbeiten. Der Mann muß erwerben, das Weib sucht zu erhalten; der Mann mit Gewalt, das Weib mit Güte oder List. Jener gehört dem geräuschvollen öffentlichen Leben, dieses dem stillen häuslichen Circel. [...] Der Mann stemmt sich dem Schicksal selbst entgegen, und trotzt schon zu Boden liegend noch der Gewalt. Willig beugt das Weib sein Haupt und findet Trost und Hilfe noch in seinen Tränen." (Brockhaus 1815 in: Hausen 1978, S. 366)

Wenn heutzutage immer noch gerne von der größeren Emotionalität der Frauen oder aber ihren sozialen Kompetenzen gesprochen wird, so stammen diese Zuschreibungen aus dem binären Differenzsystem des 19. Jahrhunderts, das auch über die Arbeitsbereiche entscheidet:

Emotionalität und Soziales

> „Den als Kontrastprogramm konzipierten psychischen ‚Geschlechtseigenthümlichkeiten‘ zu Folge ist der Mann für den öffentlichen, die Frau für den häuslichen Bereich von der Natur prädestiniert. Bestimmung und zugleich Fähigkeiten des Mannes verweisen auf die gesellschaftliche Produktion, die der Frau auf die private Reproduktion.

> Als immer wiederkehrende zentrale Merkmale werden beim Manne die Aktivität und Rationalität, bei der Frau die Passivität und Emotionalität hervorgehoben, wobei sich das Begriffspaar Aktivität–Passivität vom Geschlechtsakt, Rationalität und Emotionalität vom sozialen Betätigungsfeld herleitet." (Hausen 1978, S. 367)

Rationalität versus Emotionalität

Wie zählebig diese Stereotype sind, zeigt sich beispielsweise an der auch heute noch bestehenden Schwierigkeit, Frauen für Mathematik zu interessieren und Professoren von deren Kompetenzen zu überzeugen. Das bürgerliche Modell grenzt Weiblichkeit als Empfindsamkeit prinzipiell aus dem Bereich der Rationalität aus, so dass Mathematik als Inkarnation der ‚Rechenhaftigkeit' weiblicher Emotionalität zu schaden scheint. Allein eine gezielte Informationspolitik an Schulen und Universitäten kann diese veraltete Auffassung durchbrechen.

Das Geschlecht definiert sich also seit dem 19. Jahrhundert nicht mehr über soziales Handeln, nicht über eine gesellschaftliche, ständisch organisierte Rolle (als Hausmutter, als Hausvater), sondern **Anatomie als** über die physische Ausstattung des Menschen. Der Körper allein ent-**Schicksal** scheidet über das Geschlecht – eine Auffassung, die heute selbstverständlich scheint und doch erst im 19. Jahrhundert entstanden ist. Nicht von der Hand zu weisen ist, dass dieses physische Differenzprogramm dazu eingesetzt wurde und wird, um die Entfaltungsmöglichkeiten von Frauen zu beschneiden und sie aus relevanten gesellschaftspolitischen Systemen auszuschließen. Carl Theodor Welcker beispielsweise hält in seinem Artikel *Geschlechterverhältnisse* aus dem *Staatslexikon* (1838) die Forderung nach bürgerlicher Gleichheit in Hinblick auf die Frauen für problematisch:

> „Kaum bedarf es nun wohl noch besonderer Beweisführung, daß bei solchen Verschiedenheiten der Geschlechter, bei solcher Natur und Bestimmung ihrer Verbindung, eine völlige Gleichstellung der Frau mit dem Manne in den Familien- und in den öffentlichen Rechten und Pflichten, in der unmittelbaren Ausübung derselben, der menschlichen Bestimmung und Glückseligkeit widersprechen und ein würdiges Familienleben zerstören würde." (Welcker 1838 in: Hausen 1978, S. 376)

Das biologisch verankerte Modell einer physisch-psychischen Geschlechterdifferenz rechtfertigt hier ganz augenscheinlich die Dominanz des Mannes.

2.3 Wissenschaft und Gesellschaft

Der einschneidende Umbruch, der das neue Geschlechtermodell der **Die Wissenschaften** bürgerlichen Moderne im 19. Jahrhundert etablierte, fand in unter-**vom Menschen** schiedlichsten Bereichen wie Politik, Philosophie, Pädagogik und Naturwissenschaften statt, beispielsweise auch in der Biologie, der sich Thomas Laqueur in seiner einschlägigen Studie *Auf den Leib geschrieben. Die Inszenierung der Geschlechter von der Antike bis Freud* (1992) widmet. Ähnlich wie die Queer Studies im Anschluss an Michel Foucault betonen, dass Sexualität eine Geschichte habe, also nicht naturhafte Triebhaftigkeit sei (→ KAPITEL 8), rekonstruiert

Laqueur die sich wandelnden Definitionen von Anatomie, denn auch der Körper des Menschen hat eine Geschichte.

Laqueur geht von einer grundlegenden wissenschaftskritischen Voraussetzung aus: Die Naturwissenschaften erkennen nicht etwa die Wahrheit an sich, wie auch die Medizinerin Anne Fausto-Sterling unterstreicht (vgl. Fausto-Sterling 1985), sondern sie konstruieren kompatibles Wissen, das anderen gesellschaftlichen Systemen zuarbeitet. In der Biologie lassen sich demnach ähnliche interpretatorische Prozesse ausmachen wie in der Literaturwissenschaft (vgl. Laqueur 1992, S. 30), denn auch empirische Daten bedürfen der Auslegung. Das heißt aber, dass auch die Anatomie ein Produkt von Interpretationen ist und Aspekte des sozialen Geschlechts in sich aufnimmt. Das Wesen des Geschlechtsunterschieds sei, so Laqueur, von „biologischen Tatsachen logisch unabhängig, weil in der Sprache der Wissenschaft – jedenfalls dann, wenn sie sich irgendeinem kulturell resonanten Konstrukt sexueller Differenz zuwendet – die Sprache des sozialen Geschlechts bereits einlagert. Mit anderen Worten, alle Aussagen über biologisches Geschlecht, nur die engstumschriebenen ausgenommen, sind von Anfang an mit der Kulturarbeit belastet, die von diesen Vorgaben geleitet worden ist." (Laqueur 1992, S. 176f.) Sex ist also Gender, Anatomie ein kulturelles Produkt – eine Aussage, die auch für das um 1800 entstehende Zwei-Geschlechter-Modell gilt und sich insbesondere mit Blick auf den historischen Wandel bestätigen lässt.

Wissenschaft als Konstruktion

Denn das uns heute vertraute Zwei-Geschlechter-Modell löst ein ganz anderes, überaus traditionsreiches Konzept ab: das Ein-Geschlecht-Modell, das über Jahrtausende hinweg Geltung besaß. Seit der Antike wurde davon ausgegangen, dass das weibliche Genital dem männlichen *en détail* gleiche, lediglich nach innen gestülpt sei – Ausdruck des defizienten Entwicklungsstands der Frau. Galen, ein im zweiten Jahrhundert geborener griechischer Arzt und Naturforscher, hält fest: „Kehre die [Organe] der Frau nach außen, kehre die des Mannes gleichsam zweifach gewendet nach innen, und du wirst entdecken, daß sie beide in jeder Hinsicht gleich sind." (Galen in: Greenblatt 1993, S. 106). Diese Auffassung basiert auf dem Denkmodell der Ähnlichkeit, das für vormoderne Weltbilder zentral ist.

Das Ein-Geschlecht-Modell

Gibt es der älteren Auffassung nach lediglich ein einziges Geschlecht, so gilt dieses als grundsätzlich wandelbar – eine Veränderung vom Mangelhaften (Weiblichen) zum Perfekten (Männlichen) ist jederzeit möglich. Zahlreiche Geschichten erzählen entsprechend von merkwürdigen Phänomenen wie Milch spendenden Männern

Wandelbarkeit und Reglementierung

und von Frauen, die sich bei einem Sprung über einen Bach durch die entstehende Reibung in Männer verwandeln. Das Ein-Geschlecht-Modell lässt also Eindeutigkeiten nicht zu, ordnet allerdings in einer klaren Hierarchie das Weibliche dem Männlichen unter und verfügt über ein normatives Gender-System, das durch restriktive Kleiderordnungen und strenge Verhaltensvorschriften stabilisiert wird.

Geschlecht als Weltanschauung

Die vormoderne Definition von Geschlecht bestätigt, dass Sex bzw. Anatomie eine kulturelle Größe ist und den jeweils herrschenden weltanschaulichen Bedeutungssystemen entspricht. Gegen die festgefügten Weltbilder kann eine isolierte anatomische Information, wie sie die zunehmend legalisierten Autopsien liefern, keinen Einspruch erheben. Obgleich man also schon vor dem 18. Jahrhundert über abweichendes biologisches Wissen verfügte, vermochte dieses das geltende Ein-Geschlecht-Modell nicht in Frage zu stellen. Empirie wird – so lässt sich aus diesem historischen Umstand schließen – erst dann wahrgenommen und tradiert, wenn sie mit gängigen gesellschaftlichen Deutungsmustern in Kongruenz gebracht werden kann. Erst die bürgerliche Geschlechterideologie lässt ein bestimmtes biologisches Wissen zu und nutzt dieses zur Stabilisierung der neuen Ordnung.

Dieser Beobachtung entspricht, dass das Zwei-Geschlechter-Modell zu Beginn des 19. Jahrhunderts gerade *nicht* durch einschneidende wissenschaftliche Entdeckungen vorbereitet wurde (vgl. Laqueur 1992, S. 193) – die Embryologie der Zeit betonte vielmehr die androgyne Ausstattung des Fötus. Es muss mithin von mikrostrukturellen Machtkämpfen, von endlosen Konfrontationen ausgegangen werden, um die Etablierung des neuen Differenzmodells zu erklären, die nicht auf revolutionäre wissenschaftliche Erkenntnisse zurückzuführen ist.

Mikrostrukturelle Machtkämpfe

Das Verschwinden der Lust

Das Zwei-Geschlechter-Modell stabilisierte die bürgerlichen Geschlechterimagines, legte beispielsweise die Frau auf Reinheit und Passivität fest, indem Lust von Fortpflanzung abgetrennt wird. Hatte das Ein-Geschlecht-Modell Passion, Leidenschaft und Hitze zur Bedingung der Fortpflanzung erklärt, so behauptet die Biologie des 19. Jahrhunderts eine passionslose, lustfreie Empfängnis, die mit dem bürgerlichen Frauenbild korrespondiert. Der naturwissenschaftliche Diskurs bestätigt mithin die bürgerlichen Weiblichkeitskonstruktionen, die die Frau einerseits entsexualisieren – sie fühlt keine Lust mehr –, andererseits sexualisieren – sie wird auf Empfängnis und Mutterschaft festgelegt.

Den Paradigmenwechsel in der Geschlechterordnung trieb jenseits der Biologie auch die Anthropologie voran, mit der sich Claudia Honegger in ihrer Studie *Die Ordnung der Geschlechter. Die Wissenschaften vom Menschen und das Weib 1750–1850* (1991) auseinandersetzt. Honegger geht davon aus, dass die ‚Entdeckung des Menschen' – ein Kollektivsingular, der den Mann meint – den Ausschluss von Frauen aus dem öffentlichen Bereich und bestimmten Wissensfeldern mit sich brachte. Den Naturwissenschaften, die sich um 1800 zu spezialisieren und zu professionalisieren begannen, kommt in diesem Prozess eine zentrale Funktion zu:

> „An die Stelle der Moraltheologie (und spekulativen Geschlechterphilosophien) schob sich als zentrale kulturelle Definitionsmacht eine durch die ‚harte' Wissenschaft der vergleichenden Anatomie legitimierte Moralphysiologie. Damit wurden vor allem die Mediziner zu neuen Priestern der menschlichen Natur, zu Deutungsexperten, die sowohl für die Orthodoxie wie für den alltäglichen Moralkodex verantwortlich zeichneten." (Honegger 1991, S. IX)

Eine Konsequenz dieser Verwissenschaftlichung war die im 19. Jahrhundert feststellbare „Redundanz im Herzen der kulturellen Moderne" (Honegger 1991, S. 3), denn eine Flut von Studien propagierte und popularisierte die neue Geschlechterordnung in vereinfachter Form (Passivität versus Aktivität etc.).

Frauen wurden um 1820 darüber hinaus zum Gegenstand einer Spezialwissenschaft, nämlich der Gynäkologie, die sich von der Anthropologie abspaltet. Mit dieser Spezialisierung verschwindet Geschlechtlichkeit insgesamt „aus dem hehren Kosmos der sich ausdifferenzierenden Wissenschaften [...]. Der Mann der Moderne scheint endgültig zum modernen Menschen der Humanwissenschaften verallgemeinert." (Honegger 1991, S. 6) Geschlecht ist seit diesem Zeitpunkt ausschließlich ein Thema der Gynäkologie und aus dem ‚neutralen' Raum des Wissens ausgegrenzt. Deshalb gelten auch heute noch Forschungsgegenstände wie Körper, Geschlecht und Sexualität als geradezu anrüchig in einer Wissenschaftslandschaft, die sich dem reinen Geist verschrieben hat.

Honegger rekonstruiert den Paradigmenwechsel um 1800 auch jenseits der naturwissenschaftlichen Entwicklungen, berücksichtigt beispielsweise die Äußerungen von Frauen über ihre gesellschaftliche Position, über Umgangsformen der Geschlechter und über die Ehe, wie sie Wilhelmine Karoline von Wobeser in ihrer Schrift *Elisa oder das Weib, wie es seyn sollte* (1795) behandelt. Honegger entwirft das Bild einer „diffusen Phase des kulturellen Umbruchs" (Honegger 1991, S. 14), in der Sehnsüchte nach der ‚guten alten Zeit' neben Ästhetisierungen des Weiblichen, Forderungen nach Gleichberechtigung

Anthropologie

Die Geschlechtslosigkeit der Wissenschaft

Weibliche Selbstreflexion

31

und Hymnen auf die ideale Ergänzung von Mann und Frau stehen. Die Betonung weiblicher Tugendhaftigkeit, wie sie auch Frauen propagieren, ließe sich dabei als Reaktion auf die zunehmende Ausgrenzung des Weiblichen aus der öffentlichen Sphäre deuten. Denn auch die tugendhafte Frau vermag dem verbindlichen bürgerlichen Ethos der Leistung, des Erfolgs und der systematischen Lebensführung zu entsprechen, ohne dass ihr (öffentliches) Handeln möglich ist. Tugend wäre also die weibliche Form, um dem bürgerlichen Leistungsethos gerecht zu werden – dieses Ethos ist für die bürgerliche Gesellschaft fundamental, weil der Einzelne seinen Wert und Verdienst ausschließlich über die eigene Leistung bestimmt, nicht aber über das Erbe, den Namen und die Familiengenealogie wie in der Aristokratie.

Frauenfeindlichkeit und Emanzipation

Grassierten um 1800 einerseits frauenfeindliche Äußerungen, wie in Ernst Brandes Ausführungen *Ueber die Weiber* (1787), so wurde andererseits, vor allem im Zusammenhang mit der Französischen Revolution, über die Emanzipation von Frauen nachgedacht, wie in Theodor Gottlieb von Hippels Schrift *Ueber die bürgerliche Verbesserung der Weiber* (1782). Zunehmend jedoch verdrängte die Biologisierung des Geschlechts diese ebenso lebhaften wie vielfältigen Diskussionen. Voraussetzung der neuen Wissenschaftsdoktrin war die materialistische Auffassung vom Menschen, wie sie in Frankreich der radikale Materialist Julien Offray de La Mettrie vertrat. Denn allein wenn der Mensch ist, was seine ‚Körpermaschine' vorgibt, kann die „Verschiedenheit der Organisation", wie es damals hieß, wesenhafte Verschiedenheit im Geist bedeuten. Pierre Roussel kommt in seiner einflussreichen Studie *Système physique et moral de la femme* (1775) zu dem Fazit:

> „Bei den Frauen überwiegen aus organischen Gründen die Empfindungen vor Ideen und körperlichen Bewegungen. Daraus resultieren ihre größere Empfindlichkeit, ihre hyperdominante *sensibilité*, ein zärtliches Grundgefühl, die Unfähigkeit zu ‚hohen Wissenschaften' einerseits, die Liebe zum Detail und die Anlage zur ‚practischen Moral' andererseits." (Roussel 1755 in: Honegger 1991, S. 148)

Unterlegenheit als Naturgesetz

Die Gynäkologie – um 1820 erscheint das erste systematische Lehrbuch von Carl Gustav Carus – schreibt diese Naturalisierung der Geschlechterdifferenz endgültig fest. Schlaffere Muskeln bedeuten demnach einen schlafferen Willen, die kleineren Lungen der Frauen künden von größerer Furcht, die ‚Unvollkommenheit' des Geschlechtsapparats von Schamgefühl. Honegger kommentiert:

„Der Leib ist umgarnt von Bedeutungsbahnen, die vom verschärf-
ten induktiven Blick der neuen Frauenforscher endgültig in ihren
Interdependenzen zur sozialen Organisation hin verlängert werden
können." (Honegger 1991, S. 206)
Die Unterlegenheit der Frau ist Naturgesetz geworden und offenbart
sich in ihrem Körper. Diese fatale Vernetzung von Biologie und Kultur „hat bis heute tiefe Furchen in den kognitiven Grundarrange-
ments der Humanwissenschaften wie in den alltäglich handlungsrele-
vanten Deutungsmustern hinterlassen" (Honegger 1991, S. 212).

Bovenschen, Hausen, Laqueur und Honegger umkreisen, wie ge- **Zusammenfassung**
zeigt wurde, aus unterschiedlichen Perspektiven und mit Fokus auf
diverse Disziplinen den einschneidenden Wandel, der sich im Verlauf
des 18. und 19. Jahrhunderts in mikrostrukturellen Entwicklungen
vollzog. Geschlecht wurde – so das neue Modell – über die Anatomie des Körpers definiert, nicht mehr über soziales (Stände-)Verhal-
ten. Und der Körper, also die ‚Natur' (für die Gender Studies allerdings die Kultur) definiert die Psyche sowie die sozialen Rollen und
Tätigkeiten. Dieses Differenzmodell, das Frau und Mann, Familien-
und Arbeitswelt dezidiert voneinander abtrennt, ist das Produkt einer
engen Zusammenarbeit von Natur- und Geisteswissenschaften, von
Bildungssystemen und Kultur.

Fragen und Anregungen

- Rekonstruieren Sie das Modell der empfindsamen Frau, wie es
  Rousseau entwirft.

- Was versteht Karin Hausen unter Geschlechtscharakteren?

- Warum vermochte das anatomische Wissen das Ein-Geschlecht-
  Modell nicht zu widerlegen und was lässt sich daraus für das
  Zwei-Geschlechter-Modell schließen?

- Beschreiben Sie die Konsequenzen der Biologisierung von Geschlecht im Kontrast zu den ständischen Bestimmungen von Geschlechtlichkeit.

- Lesen Sie die Einleitung von Laqueurs Studie und fassen Sie die
  zentralen Gedanken zusammen.

- Schlagen Sie in einem Lexikon die Geschichte der Anthropologie und Gynäkologie nach.

Lektüreempfehlungen

- Karin Hausen: Die Polarisierung der „Geschlechtscharaktere" – Eine Spiegelung der Dissoziation von Erwerbs- und Familienleben, in: Werner Conze (Hg.), Sozialgeschichte der Familie in der Neuzeit Europas, Stuttgart 1978, S. 363–393. *Skizziert die Entstehung der Geschlechtscharaktere und ihre Popularisierung.*

- Claudia Honegger: Die Ordnung der Geschlechter. Die Wissenschaften vom Menschen und das Weib 1750–1850, Frankfurt a. M./New York 1991. *Rekonstruiert die Debatten um Weiblichkeit in diesem Zeitraum und verfolgt die Biologisierung des Geschlechts samt ihrer Konsequenzen.*

- Thomas Laqueur: Auf den Leib geschrieben. Die Inszenierung der Geschlechter von der Antike bis Freud, Frankfurt a. M./New York 1992. *Beschreibt die Ablösung des Ein-Geschlecht-Modells durch das Zwei-Geschlechter-Modell.*

- Sigrid Weigel: Wider die romantische Mode. Zur ästhetischen Funktion des Weiblichen in Friedrich Schlegels *Lucinde*, in: Inge Stephan/dies. (Hg.), Die verborgene Frau. Sechs Beiträge zu einer feministischen Literaturwissenschaft, Berlin 1983, S. 67–82. *Beleuchtet die literarischen Weiblichkeitsrepräsentationen um 1800.*

3 Zur Geschichte der Geschlechter um 1900

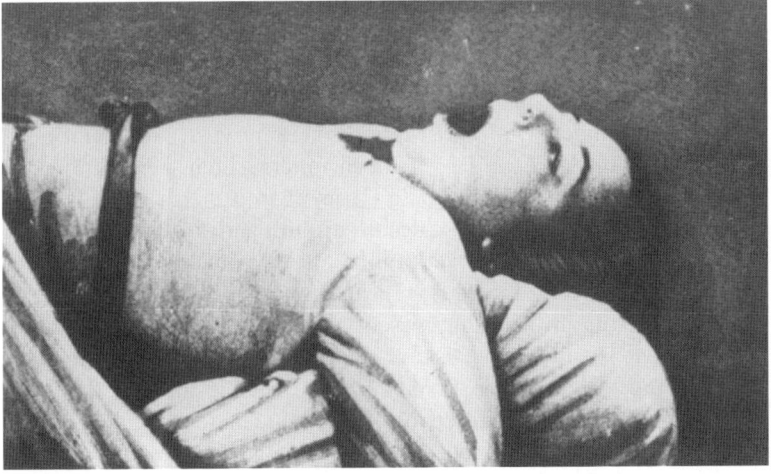

Abbildung 3: Paul Régnard: Fotografie der Hysterie-Patientin Augustine, *Beginn der Attacke, Schrei* (1876/77)

Die Fotografie von Paul Régnard zeigt eine Patientin des berühmten französischen Hysterieforschers Jean Martin Charcot in typisch hysterischer Pose. Um 1900 – eine Zeit, die sich durch die Krise der bürgerlichen Moderne und einen zum Teil hoch aggressiv geführten Geschlechterkampf auszeichnet – dominierte das Krankheitsbild der Hysterie, das Ärzte primär Frauen zuschrieben; Weiblichkeit wurde pathologisiert. Über dieses Pathogramm, das die Frau zur unberechenbaren Rollenspielerin stilisiert und den Fotografien von Charcot einen theatralischen Anstrich verleiht, artikulieren die ‚Kranken‘ zugleich ihr Unbehagen an einer repressiven Kultur, die das sexuelle Begehren ebenso beschneidet wie die weiblichen Bewegungsspielräume.

Das folgende Kapitel stellt zentrale Positionen des Geschlechterdiskurses um 1900 vor, insbesondere die Schriften Otto Weiningers und Sigmund Freuds, mit denen sich die Gender Studies wiederholt auseinandergesetzt haben. Darüber hinaus wird die Kollaboration verschiedener Disziplinen wie Sexualwissenschaft, Psychoanalyse, Kriminologie und Medizin in den Blick genommen, die gemeinsam bestimmte Weiblichkeits- und Männlichkeitsentwürfe für abnorm erklärten und mit Vorliebe Perversionen untersuchten. Sexualität wurde in dieser Zeit in hohem Maße normiert und durch rigide Grenzziehungen bestimmt, der Geschlechterdiskurs zudem mit den starken antisemitischen Tendenzen verknüpft, also Weiblichkeit und Judentum als stigmatisierte Existenzen gleichgesetzt. Frauen wie Juden galten als unbestimmte Gattungswesen, als wandelbar und theatralisch und wurden so aus dem Diskurs männlicher Identität ausgegrenzt. Die um 1900 entstehende Psychoanalyse, wie sie insbesondere Sigmund Freud entwirft, schrieb die herrschenden Geschlechtermuster fest, unterlief sie jedoch auch.

3.1 Die Krise der Moderne und die Hysterie
3.2 Weiblichkeit und Judentum
3.3 Die Psychoanalyse

3.1 Die Krise der Moderne und die Hysterie

Um 1900 scheint die bürgerliche Gesellschaft in eine Krise zu geraten, die die Forschung gemeinhin auf die sich radikalisierende Modernisierung – auf den Monopolkapitalismus, die Globalisierung, den Verkehr etc. – zurückführt. Die beunruhigenden Aspekte des zu Ende gehenden Jahrhunderts wie Flüchtigkeit, Beschleunigung, Raum- und Zeitverlust werden bevorzugt innerhalb des überdeterminierten Geschlechterdiskurses – also in verschobener Weise – thematisiert und bearbeitet.

Krise und Geschlechterordnung

„[Das] vordringliche Interesse der Wissenschaft des ausgehenden 19. Jahrhunderts [besteht] in der Beseitigung des Chaos und der Wiederherstellung von Ordnung, als Kampf gegen die Mehrdeutigkeit. Den Modernisierungsprozeß begleitende und irritierende Eigenschaften wie Undefinierbarkeit, Inkohärenz, Unvereinbarkeit, Irrationalität, Unlogik, Widersinnigkeit und Ambivalenz werden abgespalten. Wir finden sie wieder im Rahmen des Geschlechterverhältnisses als Repräsentanzen des Weiblichen." (Lamott 2001, S. 19) Diese Abspaltungen und Verschiebungen führen zu einer Radikalisierung und (Re-)Mythisierung des Geschlechterverhältnisses, und zwar auch in den Wissenschaften, wie sich in den Schriften Sigmund Freuds zeigt. Der Psychoanalytiker stellte dem ‚Rätsel' Weiblichkeit die Gestalt des Ödipus als Rätsellöser und Inkarnation des männlichen Forschers gegenüber (vgl. Stephan 1997, S. 16f.).

Insbesondere das Krankheitsbild der Hysterie, das aufgrund seiner variierenden Symptome medizinisch kaum in den Griff zu bekommen ist, trieb diese Mythisierung bzw. Stigmatisierung von Weiblichkeit voran. Zwar kannte bereits die Antike die Hysterie (als Wandern der Gebärmutter), doch erst zum Ausgang des 19. Jahrhunderts entwickelte sich ein überaus differenziertes, gleichwohl diffuses Krankheitsbild (vgl. Braun 1985; Bronfen 1998), das physische und psychische Symptome umfasst, also Zitter- und Ohnmachtsanfälle, sensorische Störungen wie halbseitige Nerventaubheit, plötzliche Stimmungsumschwünge und die nahezu bühnenreife Inszenierung widersprüchlicher Rollen. Die Hysterikerin kann in einem Moment die zerbrechliche Frau ‚spielen', im nächsten als zerstörerische, begehrende Femme fatale auftreten.

Hysterie und Weiblichkeit

Der zeitgenössische Arzt Otto Ludwig Binswanger führte über die irritierende Symptomatik der Hysterie aus:

Diffuse Symptomatik

„Bald sind es vereinzelte, degenerative, psychopathische Merkmale, welche dem Krankheitsbild der Hysterie gewissermaßen aufgepfropft sind, so das Heer von Phobien oder auch motivlose Angstzustände, Zwangshandlungen, comödienhafte oder ernsthaft gemeinte Selbstbeschädigungen oder Selbstmordversuche u. a. m., bald sind es ausgeprägte Charakteranomalien auf der Grundlage einseitiger egocentrischer Gefühlsreactionen mit grotesken, bizarren Gefühlsausbrüchen des Zornes, der Verzweiflung, aber auch der leidenschaftlichen Liebe und Hingebung; auch perverse Gefühlsreactionen mit raffinierter wollüstiger Grausamkeit gehören hierher; endlich begegnen wir excessiven Phantasiewucherungen mit zahllosen Erinnerungsfälschungen oder mit der bewußten Tendenz zur Intrige und Heuchelei, zu Lug und Betrug." (Binswanger 1904 in: Lamott 2001, S. 78f.)

Hysterie als Projektionsfläche

Das Krankheitsbild zeichnet sich mithin durch seine Unschärfen aus, die es zur Projektionsfläche für Geschlechterfantasien in besonderem Maße tauglich machen.

Die Theatralik der Hysterie

Die Symptomatik der Hysterie weist zudem eine große Affinität zum Schauspiel auf – bereits Friedrich Nietzsche, der für die geistigen Strömungen der Jahrhundertwende überaus bedeutsam ist, hatte die Frau zur Schauspielerin erklärt, zur Rollendarstellerin ohne fixen Kern, und sie damit aus der (männlichen) Identitätsordnung ausgeschlossen. Die medizinische Pathografie bestätigte über den Topos des Schauspiels, der auch in den Hysterie-Diskurs eingeht, diese Exklusion der Frau aus dem Identitätsdiskurs. Die wissenschaftlichen und populären Texte des 19. Jahrhunderts hatten Weiblichkeit ganz in diesem Sinne als Gattungswesen ohne individuelle Züge beschrieben.

Die neuere Gender-Forschung ordnet die Theatralität der Hysterie jedoch in einer eleganten Inversion nicht den Patientinnen, sondern der Wissenschaft selbst zu. Insbesondere die Salpêtrière, wo der bekannte Hysterieforscher Jean Martin Charcot praktizierte – Sigmund Freud hospitierte 1885 in seiner Klinik – gleicht demnach einer „große[n] Bühne" (Lamott 2001, S. 73), auf der der Arzt hysterische Zustände inszeniert: Charcot agiert bei seinen eindrücklichen Vorführungen als Regisseur, die Frauen als Schauspielerinnen. Ein Beobachter der berühmten öffentlichen Dienstagslektionen berichtete:

Das Krankenhaus als Bühne

„Die Szenen im Hörsaale der Salpêtrière sind von dramatischer Wirkung. Nicht ohne Grauen sehen die Schüler, wie der kleine Mann im weiten Talare die Weiber in Krämpfen – Femmes en attacques – auftreten läßt, wie dann ein leiser Druck seiner zarten Hand genügt, um einen wilden Paroxysmus auszulösen [d. i. ein Krampf], und wie der Sturm allmählich sich verzieht, wenn der

Beherrscher der dämonischen Gewalten es befiehlt." (Styerthal 1911 in: Lamott 2001, S. 73)

Aus der Perspektive der damaligen Wissenschaft erscheint freilich nur die Hysterikerin als unberechenbare Schauspielerin.

Die Hysterikerin ist jedoch nicht nur Tragödin, sondern auch – so lassen unter anderem die Ausführungen von Otto Ludwig Binswanger deutlich werden – eine notorische Lügnerin, für die sich auch die zeitgenössische Kriminologie interessierte. Ihr wurde eine unbändige Neigung zur Unwahrhaftigkeit attestiert, ähnlich wie Friedrich Nietzsche die Frau prinzipiell aus dem Reich der Wahrheit ausgeschlossen hatte. Diese unüberwindbare Lügenhaftigkeit hat Folgen für die Therapie. In medizinischen Studien heißt es, man könne „sich der Angaben über den seelisch-körperlichen Zustand zum Tatzeitpunkt keinesfalls sicher sein, denn schließlich sei eine retrospektiv gewandte Simulation nicht auszuschließen" (Lamott 2001, S. 50). Das Krankheitsbild der Hysterie schreibt also traditionsreiche Weiblichkeitsstereotype fest – das ‚Nicht-Identische', die Lügenhaftigkeit der Frau und die Gleichsetzung von Weiblichkeit mit Sexualität, an der das gesamte 19. Jahrhundert gearbeitet hatte. Denn die Hysterie gilt vor allem als Ausdruck eines nicht domestizierbaren weiblichen Begehrens, das scheinbar in der Proletarierin seinen reinsten Ausdruck findet. Die bürgerlichen Forscher projizierten ihre Fantasien exzessiver Sexualität in einer signifikanten Verknüpfung von Gender und Class (→ KAPITEL 9.1) auf den Typus der jungen proletarischen Frau, wie er um 1900 überaus beliebt war. Die Wiener Hetärenbiografie *Josefine Mutzenbacher* (1906) von Felix Salten beispielsweise erfreut sich an der Vision kindlicher Hysterie in einem proletarischen Ambiente – die Protagonistin Pepi ist eine Lolita der Vorstädte. Und auch der strafrechtliche sowie der psychoanalytische Diskurs der Zeit greifen das Bild des promisken hysterischen Mädchens aus armen Verhältnissen auf. Das Pathogramm der Hysterie fungiert in vielerlei Hinsicht als Projektionsfläche für verbindliche Weiblichkeitskonstruktionen. Die Irritationen der Moderne werden auf das Weibliche verschoben und als (wissenschaftliches) Krankheitsbild beobachtet.

Sigmund Freud begann seine medizinische Laufbahn ebenfalls mit Hysteriestudien – 1895 legte er zusammen mit Josef Breuer die Bruchstücke einer Hysterieanalyse vor. Der Psychoanalytiker Freud nahm anfänglich einen traumatischen Ursprung der Hysterie an, das heißt er ging von einer traumatischen Urszene (einem Missbrauch) aus, die die Patientin unablässig in chiffrierter und damit unkenntlicher Form wiederholt – Elisabeth Bronfen rekonstruiert dieses erste

Die Frau als Lügnerin

Die Sexualisierung der Frau

Freuds Hysteriestudien

Erklärungsmodell in ihrer umfänglichen Studie *Das verknotete Subjekt* (1998). In späteren Entwürfen hingegen führte Freud die Hysterie auf sexuelle Fantasien der Frauen zurück, entschärfte also seine Ausgangsthese vom Missbrauch (der Tochter durch den Vater). Bemerkenswert ist an den Ausführungen des Psychoanalytikers, dass er das hysterische Elend grundsätzlich als ein allgemeines Unglück der Epoche begreift, das Krankheitsbild also entindividualisiert und zu einem ernst zu nehmenden Ausdruck grundlegender kultureller Defizite erklärt.

Hysterie als Kulturkritik

Freuds Hysteriestudien lassen sich deshalb auch als Kulturkritik lesen. Die hysterische Frau agiert in ihren theatralischen Ausbrüchen die Schwachstellen und Verbote der patriarchalen Kultur aus. Indem die Hysterikerin in immer neue Rollen schlüpft und ihr (verbotenes) Begehren körperlich artikuliert, verweist sie auf den gesellschaftlichen Un-Ort weiblicher Identität in einer männlich dominierten Gesellschaft, macht also kulturelle Verbote kenntlich. Das Krankheitsbild bringt zum Vorschein, dass die Kultur das Begehren, insbesondere das weibliche, in hohem Maße domestiziert, zum Beispiel durch die strikte Norm der Heterosexualität und das Ideal der Keuschheit. Die Hysterie reagiert auf die unzähligen Tabus, die vor allem die weibliche Sexualität im bürgerlichen Zeitalter regeln, und ist Ausdruck eines massiv unterdrückten Begehrens.

Hysterie und Literatur

Der Hysteriediskurs ist auch für Literaturwissenschaftler/innen einschlägig, denn die Texte der Jahrhundertwende greifen dieses Krankheitsbild häufig auf, um ihre Frauen- und Männerfiguren zu gestalten. So setzen sich beispielsweise Theodor Fontanes Romane *Cécile* (1887) und *Effi Briest* (1896) mit diesem Pathogramm auseinander und übertragen es auch auf männliche Protagonisten, so dass die medizinisch festgeschriebene Geschlechtergrenze unterlaufen wird. Der betrogene Ehemann in *Effi Briest*, der sich nur mühsam zum Duell durchringt, gibt während seiner Entscheidungsfindung einem kurzen Anfall von Nervosität nach – ein Begriff, der eng mit dem Hysteriediskurs verbunden ist – und zerstört so sein Lebensglück. Hysterikerinnen sind zudem als Dramenfiguren überaus beliebt: Hugo von Hofmannsthal, der sich intensiv mit den Schriften Freuds beschäftigte, entwirft mit Elektra, der Hauptfigur seines gleichnamigen Dramas und Librettos (1903/04), eine Figur ganz nach Maßgabe des medizinischen Hysteriekonzepts.

3.2 Weiblichkeit und Judentum

Um 1900 überlagern sich die verbindlichen Weiblichkeitsbilder mit den grassierenden antisemitischen Stereotypen, wie sie der Rassismus im letzten Drittel des 19. Jahrhunderts entwickelte. Insbesondere nach der deutschen Reichsgründung 1871 produzierte der dominante Nationaldiskurs einen aggressiven Antisemitismus, der das Jüdischsein in die Körper einschreibt. Wurde das Judentum bisher über seinen Glauben oder den Nationaldiskurs definiert, so entscheidet jetzt die Physis – der Brustumfang, die ‚gelbliche‘ Haut, die Nase etc. – über die Zugehörigkeit zur Ethnie. Anatomie wird zum Schicksal, ähnlich wie die Physis im 19. Jahrhundert das weibliche/männliche ‚Wesen‘ determiniert. Eine geläufige Strategie (auch literarischer Texte), um die rassistisch definierte jüdische Männlichkeit zu stigmatisieren, besteht entsprechend in ihrer Verweiblichung, in der Übertragung weiblicher ‚Eigenschaften‘ auf den jüdischen Mann (vgl. Garber 1993).

    Diese Überlagerung von Weiblichkeit und stigmatisierter Ethnizität zeigt sich eindringlich in Otto Weiningers ebenso faszinierender wie erschreckender Studie *Geschlecht und Charakter* (1903). Der umfangreiche Text verbindet das binäre Frauenbild Mutter/Hure mit zählebigen jüdischen Klischees, wobei zu berücksichtigen ist, dass der Philosoph Weininger selbst Jude war – sein Œuvre lässt sich im Kontext des vieldiskutierten jüdischen Selbsthasses lesen (vgl. Gilman 1986). Die Untersuchung, die das Geschlechterproblem abstrakt-philosophisch zu lösen versucht – Weininger spricht von den Prinzipien W (Weiblichkeit) und M (Männlichkeit) –, ist deshalb so einschlägig, weil sie in präziser Weise Auskunft über die herrschenden Stereotype der Zeit gibt und auch für die Literatur vorbildlich geworden ist. Geht Weininger beispielsweise davon aus, dass das Prinzip W, also die Frau, in „Henniden" spreche, das heißt unzusammenhängend, fragmentarisch, konfus, so orientiert sich Elias Canetti in seinem Roman *Die Blendung* (1936) an dieser Zuschreibung, um die furchterregende Verführerin Therese zu gestalten (vgl. Liebrand 2001). Darüber hinaus lassen sich die jüdischen Figuren in Theodor Fontanes Börsenroman *L'Adultera* (1882), in Heinrich Manns antisemitischer Gesellschaftssatire *Im Schlaraffenland* (1900) und Thomas Manns Kaufmannsroman *Buddenbrooks* (1901) vor dem Hintergrund von Weiningers Judenbildern lesen.

    Frauen und Juden ähneln sich nach Weininger darin, dass sie beide über keinerlei Identität verfügen, also konturlos bzw. Gattungswesen und Rollenspieler sind. Weininger formuliert apodiktisch:

Antisemitismus

Otto Weininger

Nicht-Identität

„Daß der Jude nicht erst seit gestern, sondern mehr oder weniger von jeher staatsfremd ist, deutet bereits darauf hin, daß dem Juden wie dem Weibe die Persönlichkeit fehlt [...]." (Weininger 1997, S. 411)

Der ‚echte Jude' habe kein Ich und damit auch keinen Eigenwert, weshalb es ihm, ebenso wie der Frau, grundsätzlich an Vornehmheit und Größe fehle. Weder die Frau noch der Jude können deshalb je Genie sein (vgl. Weininger 1997, S. 414, 424). Und wird die Frau generell **Sexualisierung** sexualisiert, so auch der Jude, den Weininger als „stets lüsterne[n], geile[n], wenn auch merkwürdigerweise, vielleicht im Zusammenhange mit seiner nicht eigentlich antimoralischen Natur, sexuell weniger potent als de[n] arische[n] Mann" bezeichnet (Weininger 1997, S. 417). Frauen wie Juden gelten mithin als Inbegriff der Wandelbarkeit und Identitätslosigkeit, woraus sich die Eignung für bestimmte Berufe ableiten lässt (jedenfalls für den jüdischen Mann):

„Die Kongruenz zwischen Judentum und Weiblichkeit scheint eine völlige zu werden, sobald auf die unendliche Veränderungsfähigkeit des Juden zu reflektieren begonnen wird. Das große Talent der Juden für den Journalismus, die ‚Beweglichkeit' des jüdischen Geistes, der Mangel an einer wurzelhaften und ursprünglichen Gesinnung – lassen sie nicht von den Juden wie von den Frauen es gelten: sie sind nichts, und können eben darum alles werden?" (Weininger 1997, S. 429)

Weiningers Ausführungen verdeutlichen, mit welcher Entschiedenheit Frauen und Juden aus der männlichen Ordnung ausgeschlossen wurden, und sie nutzen eine geläufige Strategie der Diffamierung, die zugleich Aufschluss über den sozialen Status des Weiblichen (nicht nur **Verweiblichung** um 1900) gibt: Eine überaus wirksame Form, um Männer anderer **als Abwertung** Ethnien zu stigmatisieren, ist ihre Verweiblichung, ihre Effeminierung. Ob Afroamerikaner oder Afrikaner, Chinesen oder Juden – durch ihre Effeminierung werden sie aus dem Raum weißer Männlichkeit ausgeschlossen und dieser untergeordnet. Weiblichkeit symbolisiert diese Exklusion bzw. das Andere der herrschenden Ordnung geradezu, wie auch die Schriften Sigmund Freuds verdeutlichen, der Frauen grundsätzlich aus der Sphäre der Kultur ausschließt.

3.3 Die Psychoanalyse

Kritik und Der Wiener Psychoanalytiker Sigmund Freud, der für die Geschlech-
Übernahmen terforschung von entscheidender Bedeutung ist, hat die Feministinnen

wiederholt auf die Barrikaden getrieben; er hat jedoch auch Einsichten formuliert, die für die Gender Studies wegweisend sind. Im Folgenden sollen zwei seiner Texte im Vordergrund stehen: die Vorlesung *Die Weiblichkeit* (1933), an der sich Forscher/innen wiederholt abgearbeitet haben, und die Studie *Das Unbehagen in der Kultur* (1930), die die gesellschaftliche Repression von Sexualität fokussiert.

In seiner Vorlesung *Die Weiblichkeit* skizziert Freud die Entwicklung der Frau, die anders als die des Mannes verläuft und ihren prinzipiellen Ausschluss aus der kulturellen Ordnung zu begründen scheint. Gleich in den ersten Zeilen spricht Freud vom Rätsel Weiblichkeit und greift damit einen beliebten Topos der Jahrhundertwende auf – die Frau als Sphinx, als undurchschaubares und gefährliches Wesen (→ ABBILDUNG 1). Das Nachdenken über die rätselhafte Weiblichkeit erklärt Freud zu einem dezidiert männlichen Geschäft, so dass die Frau von vornherein zur Stummheit verurteilt ist – genau diese Sprachlosigkeit aber lässt sie überhaupt erst zum Rätsel werden. Freud erklärt, dass die „Menschen" (gemeint sind offensichtlich die Männer) zu allen Zeiten über Weiblichkeit gegrübelt hätten. „Auch Sie werden sich von diesem Grübeln nicht ausgeschlossen haben, insoferne Sie Männer sind; von den Frauen unter Ihnen erwartet man es nicht, sie sind selbst dieses Rätsel." (Freud 1969, S. 545) Frauen sind also an dem Nachdenken über Frauen nicht beteiligt, wie der Schluss der Vorlesung bestätigt; Freud regt an:

> „Wollen Sie mehr über Weiblichkeit wissen, so befragen Sie Ihre eigenen Lebenserfahrungen, oder wenden Sie sich an die Dichter, oder Sie warten, bis die Wissenschaft Ihnen tiefere und besser zusammenhängende Auskünfte geben kann." (Freud 1969, S. 565)

Das ‚Rätsel' selbst zu befragen, kommt dem Analytiker nicht in den Sinn.

Freud rekapituliert nach dieser Eröffnung die Entwicklung des Knaben, die durch seine Kastrationsangst und den Ödipuskomplex maßgeblich beeinflusst wird. Der Knabe ist anfänglich (wie auch das kleine Mädchen) stark auf die Mutter bezogen, bildet mit ihr zusammen eine präödipale Dyade, das heißt eine Einheit jenseits eindeutiger Subjektgrenzen. Dann jedoch tritt der Vater als Rivale im Kampf um die Mutter auf, und es entsteht eine ödipale Konstellation – Freud orientiert sich für sein Familiendrama bekanntlich an der antiken Tragödie, in der Ödipus seinen Vater unwissentlich tötet und seine Mutter heiratet; Elisabeth Bronfen entdeckt in dem Ödipus-Drama allerdings auch einen zumindest imaginierten Muttermord (vgl. Bronfen 1998, S. 39f.).

Das Rätsel der stummen Frau

Kastrationskomplex und Kultur

Der Sohn erkennt nach Freud mit plötzlichem Schrecken, dass die Mutter, anders als der Vater, keinen Penis besitzt und entwickelt einen Kastrationskomplex bzw. Kastrationsangst.

Kastrationsangst

> „[Beim Knaben] entsteht der Kastrationskomplex, nachdem er durch den Anblick eines weiblichen Genitales erfahren hat, daß das von ihm so hoch geschätzte Glied nicht notwendig mit dem Körper beisammen sein muß. Er entsinnt sich dann der Drohungen, die er sich [in der genitalen Phase; Anm. d. Verf.] durch seine Beschäftigung mit dem Glied zugezogen, fängt an, ihnen Glauben zu schenken, und gerät von da an unter den Einfluß der *Kastrationsangst*, die der mächtigste Motor seiner weiteren Entwicklung wird." (Freud 1969, S. 555)

Denn allein die Kastrationsangst befähigt zur Sublimation von Triebenergien, zu ihrer Vergeistigung als Bedingung von kulturellen Leistungen. Die sexuelle Entwicklung des Knaben ermöglicht ihm also in genuiner Weise den Zugang zu kulturellen Äußerungen.

Ganz anders sieht die Entwicklung des kleinen Mädchens aus, denn auf die Phase der intensiven Mutterbindung folgen ihre plötzliche Abwehr und eine klare Hinwendung zum Vater. Auch das weibliche Kind erkennt, dass die Mutter keinen Penis besitzt und entwickelt sowohl den Penisneid als auch den Kastrationskomplex, nicht jedoch die überaus wichtige Kastrationsangst. Denn es verfügt nicht über einen Penis, sondern über ein Geschlecht, das letztlich keines ist. Freud vertritt einen Geschlechtermonismus, der nur das männliche Geschlecht anerkennt, das weibliche hingegen als Nichts, als abwesend bezeichnet. Der sich unweigerlich einstellende Penisneid der Frau kann allein durch das Gebären eines Kindes kompensiert werden, und zwar eines „Knäbleins" (Freud 1969, S. 559) – Freud legt Weiblichkeit mithin auf Mutterschaft als einzige Form befriedigender weiblicher ‚Produktion' fest.

Penisneid und Mutterschaft

> „Die weibliche Situation ist aber erst hergestellt, wenn sich der Wunsch nach dem Penis durch den nach dem Kind ersetzt, das Kind also nach alter symbolischer Äquivalenz an die Stelle des Penis tritt." (Freud 1969, S. 558)

Frauen, die sich einer intellektuellen Tätigkeit widmen, haben nach Freud ihrem Penisneid nachgegeben, denn sie versuchen sich eine männlich codierte kulturelle Aktivität anzueignen – ein Projekt, das nach Freud per se zum Scheitern verurteilt ist.

Kennt die heranwachsende Frau also lediglich den Kastrationskomplex, nicht aber die Kastrationsangst, so kann nach Freud weibliche Triebsublimation und damit kulturelle Leistung nicht stattfinden.

Der Ausschluss der Frau aus der Kultur

„Mit dem Wegfall der Kastrationsangst entfällt das Hauptmotiv, das den Knaben gedrängt hatte, den Ödipuskomplex zu überwinden. Das Mädchen verbleibt in ihm unbestimmt lange, baut ihn nur spät und dann unvollkommen ab. Die Bildung des Über-Ichs muß unter diesen Verhältnissen leiden, es kann nicht die Stärke und die Unabhängigkeit erreichen, die ihm seine kulturelle Bedeutung verleihen [...]." (Freud 1969, S. 559f.)
Ausgestattet mit einem schwachen Über-Ich vermag die Frau nicht kulturschaffend zu sein. Allein durch die Genese ihrer Weiblichkeit, wie sie Freud konstruiert, ist sie aus dem Bereich der Kunst, der Bildung, der Politik, der Öffentlichkeit ausgeschlossen.

Die unterschiedliche Entwicklung von Männlichkeit und Weiblichkeit führt darüber hinaus zu bestimmten Wesenszügen: Frauen zeichnen sich nach Freud durch ihren Narzissmus aus, durch ihre Eitelkeit, weil sie ihre „sexuelle Minderwertigkeit" körperlich wettzumachen versuchen, und durch die Scham über den „Defekt des Genitales" (Freud 1969, S. 562). Da Freud das weibliche Geschlecht mithin als Nichts, als Defekt definiert und die Frau generell vom kulturellen Leben ausschließt, ist nicht verwunderlich, dass feministische Forscher/innen diese Argumentation wiederholt kritisiert und demontiert haben.

Weibliche Eigenschaften

Freud entwickelt jedoch auch Modelle und Überzeugungen, an die die Geschlechterforschung unmittelbar anzuknüpfen vermag. So geht der Psychoanalytiker von der grundsätzlichen Bisexualität des Menschen aus, die die Zivilisation jedoch nicht zulässt und durch die Vereindeutigung zum Mann/zur Frau eliminiert bzw. ins Unbewusste verschiebt. Eindeutige Weiblichkeit und Männlichkeit ergeben sich nach Freud aus der Verdrängung einer ursprünglichen Bisexualität; allein die kulturellen Zwangsmaßnahmen und Lustverbote lassen das Regime der Heterosexualität entstehen, wie Freud in seinem Text *Das Unbehagen in der Kultur* (1930) ausführt.

Kulturelle Regulierung von Begehren

Dass Kultur Lust und Begehren unterdrückt, bestätigen schon die frühen Formen menschlichen Zusammenlebens, die den Inzest, also den sexuellen Verkehr mit Verwandten, grundsätzlich verbieten. Kultur fußt damit auf der vielleicht „einschneidendste[n] Verstümmelung, die das menschliche Liebesleben im Laufe der Zeiten erfahren hat", nämlich auf dem Inzest-Verbot (Freud 1994, S. 69). Doch auch die moderne Kultur dämmt die sexuellen Lüste ein, indem sie ihre Mitglieder auf ein heterosexuelles Begehren festlegt, das heißt die Sehnsucht nach einem gleichgeschlechtlichen Liebesobjekt prinzipiell verdrängt. Freud schreibt in *Das Unbehagen in der Kultur*:

Die Normierung der Sexualität

„Die in diesen Verboten [das Inzest- und Homosexualitätsverbot; Anm. d. Verf.] kundgegebene Forderung eines für alle gleichartigen Sexuallebens setzt sich über die Ungleichheiten in der angeborenen und erworbenen Sexualkonstitution des Menschen hinaus, schneidet eine ziemliche Anzahl von ihnen vom Sexualgenuß ab und wird so die Quelle schwerer Ungerechtigkeit." (Freud 1994, S. 69f.)

Normative Verknüpfungen

Die Kultur homogenisiert das Sexualleben des Einzelnen, indem Sexualität, Reproduktion und Ehe normativ verknüpft, Abweichungen bestraft, manche Ausnahmen jedoch heimlich gebilligt werden: Dass ein verheirateter Mann eine Geliebte hat, wird damals wie heute vornehmlich als Beweis seiner Potenz gewertet, nicht jedoch als Regelverstoß. Kultur ist für Freud also gleichbedeutend mit einer schweren Schädigung des Sexuallebens.

Die Bändigung der Aggression

Kultur als Gemeinschaftsbildung zieht insbesondere den isolierten Organisationsformen, das heißt den sexuell orientierten Zweierbeziehungen, Energien ab, um diese der Gruppe zuzuführen. Die erotischen Einzelverbindungen werden tendenziell in Freundschaften überführt, die ihrerseits die fundamentale Aggression des Menschen bannen – für Freud ein anthropologischer Grundzug. Damit aber wird Kultur, obgleich sie den Menschen schädigt, unerlässlich, denn sie baut den unhintergehbaren Aggressionstrieb ab, indem sie libidinöse Energien in zielgehemmte positive Bindungen verwandelt. Die Kultur verlangt demnach nicht nur der Sexualität, sondern auch der Aggressionsneigung des Menschen große Opfer ab, doch allein auf diesem Wege ist ein friedliches Zusammenleben denkbar (vgl. Freud 1994, S. 79). Kultur produziert deshalb ein Unbehagen – wie es im Titel von Freuds Studie heißt –, weil sie den Sexual- und Aggressionstrieb des Menschen unterdrückt. Die Gender Studies, unter anderem Judith Butler, werden diesen Gedanken einer verdrängten Bisexualität in einem Ansatz, der dem homosexuellen Begehren Rechnung trägt, aufgreifen (→ KAPITEL 7.2).

Zusammenfassung

Um 1900 radikalisierte sich der Geschlechterantagonismus, Weiblichkeit wurde mythisiert und in binäre Bilder aufgespalten, zudem über das Krankheitsbild der Hysterie pathologisiert. Dieses Pathogramm verwissenschaftlichte beliebte Zuschreibungen, die die Frau als Schauspielerin, als Lügnerin und verkörperte Sexualität definieren. Schließen die Imagines Weiblichkeit aus dem Raum männlicher Identität aus, so bezeichnet der weit verbreitete Antisemitismus der Zeit auch Juden als ‚Nicht-Ich‘ und damit als weiblich. Frausein stellt insofern eine beliebte Exklusionsstrategie dar, wie sich auch in

Sigmund Freuds Texten zeigt: Die Frau ist das stumme Rätsel, über das allein der männliche Wissenschaftler Aussagen trifft, und ihre frühkindliche Genese verbietet ihr künstlerisch-kulturelle Beiträge. Allein die Reproduktion steht Frauen als befriedigende Lösung (ihres Penisneids) und als ‚Produktionsform‘ zur Verfügung. Allerdings profiliert Freud zugleich die kulturellen Reglementierungen, denen Geschlechtlichkeit generell unterworfen ist. Die Kultur domestiziert das vielfältige Begehren und zwingt die Subjekte in die binäre Geschlechtermatrix bzw. die heterosexuelle Norm.

Fragen und Anregungen

- Rekapitulieren Sie die einschlägigen Symptome der Hysterie und überlegen Sie, welche Weiblichkeitsstereotype auf diese Weise reproduziert werden.

- Welche Konnotationen bringt die behauptete Theatralität des Weiblichen mit sich?

- An welchen Stellen überschneiden sich antisemitischer Diskurs und gängige Weiblichkeitsrepräsentationen um 1900?

- Rekonstruieren Sie Freuds Auffassung von Weiblichkeit wie sie in der gleichnamigen Vorlesung entwickelt wird.

- Warum produziert die Kultur nach Freud notwendigerweise Unbehagen?

- Lesen Sie Fontanes Roman *Cécile* und stellen Sie die Hysteriesymptome der Protagonistin zusammen.

Lektüreempfehlungen

- **Christina von Braun: Nicht ich: Logik, Lüge, Libido,** Frankfurt a. M. 1985. *Die Studie geht der Geschichte der Hysterie, ihrer Funktion und diskursiven Organisation nach.*

- **Elisabeth Bronfen: Das verknotete Subjekt. Hysterie in der Moderne,** Berlin 1998. *Die psychoanalytische Untersuchung analysiert mit Bezug zur medizinischen Hysterie literarische Texte (Ann Radcliffe, Gustave Flaubert), Filme (Alfred Hitchcock, David Cronenberg) und bildende Kunst (Cindy Sherman).*

- Sigmund Freud: Das Unbehagen in der Kultur. Und andere kultur-theoretische Schriften [1930], Frankfurt a. M. 1994. *Profiliert die kulturellen Normierungen von Sexualität.*

- Sigmund Freud: Die Weiblichkeit [1933], in: ders., Studienausgabe, hg. v. Alexander Mitscherlich, Angela Richards und James Strachey, Bd. 1: Vorlesungen zur Einführung in die Psychoanalyse, Frankfurt a. M. 1969, S. 544–565. *Der zentrale Text definiert Weiblichkeit als stummes Rätsel und entwirft eine problematische weibliche Entwicklungsgeschichte.*

- Franziska Lamott: Die vermessene Frau. Hysterien um 1900, München 2001. *Nimmt die kriminologischen sowie medizinischen Debatten bis zum Ersten Weltkrieg in den Blick.*

- Otto Weininger: Geschlecht und Charakter. Eine prinzipielle Untersuchung [1903], München 1997. *Führt die diffamatorische Verbindung von Judentum und Weiblichkeit exemplarisch vor.*

4 Pionierinnen des Feminismus

Abbildung 4: Virginia Woolf (um 1918)

Abbildung 5: Simone de Beauvoir (1945)

Im letzten Drittel des 19. Jahrhunderts setzten sich zahlreiche Gruppen für die Emanzipation von Frauen ein – dieses Aufbegehren hat das Krisenbewusstsein um 1900 wohl verschärft. Pionierinnen wie Virginia Woolf und Simone de Beauvoir überdachten die Möglichkeiten freiheitlicher weiblicher Existenz auch in theoretischer Hinsicht. Die englische Autorin Virginia Woolf verwies in den 1920er-Jahren auf die notwendigen Ressourcen weiblichen Schreibens und Denkens: Frauen benötigen Geld und einen eigenen Raum, um literarisch produktiv sein zu können. Sie sollten von der Geschichtsschreibung repräsentiert werden und an der literarischen Tradition partizipieren, denn allein diese Integration ermöglicht Schreiben. Die Existenzialistin Simone de Beauvoir, die für die Geschlechterforschung ebenfalls einschlägig ist, forderte in den späten 1940er-Jahren die freie Entscheidung von Frauen über ihre Lebensform und prägte den einflussreichen Satz, dass man keine Frau sei, sondern zur Frau werde. Zudem beschäftigte sie sich mit dem Frauenbild der Psychoanalyse, die seit den 1970er-Jahren das Profil des Feminismus wesentlich bestimmt.

Das folgende Kapitel stellt die beiden Denkerinnen Woolf und Beauvoir vor und rekonstruiert die intensive Auseinandersetzung der Feminist/inn/en mit Sigmund Freud seit den 1970er-Jahren. Die Forscher/innen kritisierten die Psychoanalyse, wandten Freud gegen Freud und verdeutlichten seine eigenen Projektionen. Sie legten seine Verdrängungen, die Mythisierungen des Weiblichen sowie das binäre Frauenbild seiner Studien frei, denn Freud stellt neben die ohnmächtige, kastrierte Frau die verschlingende, wie sie prototypisch die antike Medusa-Gestalt verkörpert. Der Feminismus schärfte in der intensiven Reflexion der Psychoanalyse sein Profil und entwickelte die eigenen Positionen weiter.

4.1 Die materialistische Kunsttheorie Virginia Woolfs
4.2 Der Existenzialismus Simone de Beauvoirs
4.3 Die Auseinandersetzung mit Sigmund Freud

4.1 Die materialistische Kunsttheorie Virginia Woolfs

Virginia Woolf setzt sich in ihrem Essay *A Room of One's Own* (1929; *Ein Zimmer für sich allein*, 1978), auf den sich Feminismus und Gender Studies wiederholt beziehen, mit dem gesellschaftlichen Status von Frauen sowie ihren produktiven Möglichkeiten auseinander. Es handelt sich bei diesem Text über das Thema „Frauen und Fiktion" („fiction" bezeichnet im Englischen die Gattung Roman) um einen wissenschaftlichen Vortrag, der sich gleichwohl durch seinen erzählerisch-illustrativen Duktus auszeichnet – Woolf erzählt von Dinner-Parties und Speisefolgen, von Wohnungseinrichtungen und Bibliotheksbesuchen. Diese Anschaulichkeit weist bereits ins Zentrum ihrer Argumentation: Der englischen Autorin, deren Romane wie *To the Lighthouse* (1927; *Die Fahrt zum Leuchtturm*, 1931), *Orlando. A Biography* (1928; *Orlando. Die Geschichte eines Lebens*, 1929) und *The Waves* (1931; *Die Wellen*, 1959) in die Weltliteratur eingegangen sind, geht es ganz wesentlich darum, die materiellen Bedingungen von Kunst und Bildung zu verdeutlichen. Der Bereich der künstlerischen Produktion und des Wissens ist nach Woolf kein autonomer, rein geistiger, der von den gesellschaftlichen und das heißt von den geschlechtlichen Verhältnissen abgetrennt wäre, sondern Kunst ist auf fundamentale Weise mit materiellen Phänomenen verknüpft – allem voran mit Geld und Raum, beides Ressourcen, über die Frauen zu Woolfs Zeiten gemeinhin nicht verfügten. Woolfs zentrale Forderung lautet: „[E]ine Frau muß Geld haben und ein Zimmer für sich allein, wenn sie Fiction schreiben will" (Woolf 1981, S. 8). Denn ohne Geld bleibt sie der männlichen Ordnung verpflichtet und damit der Reproduktion, oder aber sie muss auf wenig attraktive Berufe innerhalb der männlichen Arbeitswelt zurückgreifen.

Frauen und Produktivität

Geld und Raum

In einem reich ausgestatteten College, in dem ein gewisser Luxus herrscht, wären die selbstverständlichen Gesprächsstoffe von Frauen „Archäologie, Botanik, Anthropologie, Physik, der Aufbau der Atome, Mathematik, Astronomie, Relativitätstheorie, Geographie" (Woolf 1981, S. 27) – Gesprächsstoffe, die ihnen sonst verschlossen blieben. Genie ist für Virginia Woolf allein möglich in einem gediegenen Ambiente von Luxus und Macht, und das heißt auch von Tradition und Geschichte.

Luxus, Macht und Wissen

Damit ist ein weiterer Umstand benannt, der die künstlerische Produktion von Frauen erschwert: Sie verfügen nicht über eine eigene literarische Tradition (weiblichen Schreibens), und sie finden in der traditionellen Geschichtsschreibung keinerlei Berücksichtigung. Woolf fordert deshalb eine Form von Geschichte, die auch Frauen sichtbar werden lässt. Gegenstand dieser Geschichte ,von unten' wären unter anderem die häuslichen Verhältnisse, wobei auch in diesem Zusammenhang die Leitfrage zu beantworten wäre: „[H]atte sie ein Zimmer für sich allein?" (Woolf 1981, S. 53) Woolf plädiert sogar für eine imaginäre Geschichte, um weibliche Lebensverhältnisse zu veranschaulichen. In der wohl berühmtesten Partie des Essays entwirft die Autorin die Vita einer hochbegabten Schwester Shakespeares, die an ihrem Talent zugrunde geht, weil sie keinerlei Ausdrucksmöglichkeiten findet (vgl. Woolf 1981, S. 54f.).

Scheinbar unvereinbar mit dieser Unsichtbarkeit von Frauen in der (Literatur-)Geschichte ist die Tatsache, dass sie als Objekte von wissenschaftlichen Untersuchungen und künstlerischen Darstellungen überaus beliebt sind. Woolf hält in lapidarem Ton fest und beschreibt damit ein Phänomen, mit dem sich die Gender Studies wiederholt beschäftigt haben: „Im Reich der Phantasie ist sie [die Frau; Anm. d. Verf.] von höchster Bedeutung; praktisch ist sie völlig unbedeutend." (Woolf 1981, S. 51) Der auffälligen Präsenz von Frauengestalten in Schriften von Männern, die sich der ,ewigen Sphinx' Weiblichkeit mit obsessiver Akribie nähern, steht die geringe Partizipation von Frauen an gesellschaftspolitischen Prozessen gegenüber. Woolf nimmt damit vorweg, was seit den 1970er-Jahren Forscherinnen wie Silvia Bovenschen, Christa Rohde-Dachser, Elisabeth Bronfen und Cornelia Klinger differenzieren werden: Dass nämlich Weiblichkeit (in Kunst und Wissenschaft) eine imaginierte Größe ist, „ein Gefäß" (Woolf 1981, S. 52), ein ,Reservoir' für männliche Zuschreibungen, die allein der narzisstischen Selbstversicherung dienen – Ziel ist nach Woolf die Vergrößerung des Mannes: „Frauen haben über Jahrhunderte hinweg als Spiegel gedient mit der magischen und köstlichen Kraft, das Bild des Mannes in doppelter Größe wiederzugeben." (Woolf 1981, S. 43)

Woolf entwirft in ihrem Essay darüber hinaus das Projekt einer Literaturgeschichte ausschließlich von Autorinnen – eine Idee, die Wissenschaftler/innen mehrfach aufgegriffen haben, um die Ausschlüsse weiblichen Schreibens aus dem etablierten Kanon rückgängig zu machen. Woolfs Leitfrage für diese Rekanonisierung ist, ob sich weibliche Schreibversuche, die per se als gesellschaftliches Ärgernis gelten, von den Repressionen und Verboten freizumachen vermögen, ob also ein autonomer Ausdruck gelingt, oder aber ob den Texten der Zorn, die Sehnsucht und die Wut über die ungleichen

Verhältnisse anzumerken ist – für Woolf ein Akt der Verstümmelung auf Kosten der ästhetischen Qualität weiblicher Texte.

Im Kontext ihrer Vision einer weiblichen Literaturgeschichte beantwortet Woolf auch die Ausgangsfrage nach einer besonderen Affinität von Frauen und „fiction", also Roman. Allein die Romanproduktion ertrage, so Woolf, Unterbrechungen und Pausen.

Frauen und die Gattung Roman

„Wenn eine Frau schrieb, dann mußte sie im gemeinsamen Wohnraum schreiben, und dort, wie Miß Nightingale so heftig klagte, ,haben Frauen niemals eine halbe Stunde …, die ihnen ganz allein gehört'. Jedenfalls war es leichter, dort Prosa oder Fiction zu schreiben als Gedichte oder ein Stück." (Woolf 1981, S. 75f.) Der Roman mit seinen offenen Formen komme den problematischen Produktionsbedingungen von Frauen weit eher entgegen als Lyrik oder Dramatik.

Virginia Woolf betont in ihrem Essay also mit Nachdruck, dass sich Geist und Bildung nicht in einem geschlechtsneutralen Reich des Immateriellen bewegen, sondern eng mit den ökonomischen und geschlechtlichen Verhältnissen verklammert sind. Geist, Bildung und Autorschaft haben eine unhintergehbare materielle Basis und nur dann, wenn diese auch Frauen zur Verfügung steht, ist ihre Partizipation an (hoch-)kulturellen Ausdrucksformen möglich.

4.2 Der Existenzialismus Simone de Beauvoirs

Simone de Beauvoir, eine weitere Pionierin des Feminismus, legte 1949 die umfassende Untersuchung *Le deuxième sexe* (1949; *Das andere Geschlecht. Sitte und Sexus der Frau*, 1968) vor, eine Studie zum ,zweiten (auch im Sinne von nachgeordneten) Geschlecht' der Frau. Dieser Klassiker der feministischen Theorie diskutiert zunächst die geläufigen Aussagen über das ,typisch Weibliche' und seine kulturellen Repräsentationen, um dann die Forderung nach Transzendenz und freiheitlicher Lebensführung zu stellen. Beauvoir analysiert biologische, psychoanalytische sowie marxistische Erklärungsversuche des Weiblichen und bezeichnet sie allesamt als unzureichend. So würden biologische Aussagen über das Geschlecht zwar auf Fakten basieren; welche Bedeutung diesen beigemessen werde, darüber entschieden jedoch allein die sozialen Kontexte – ein zentrales Argument der Gender Studies.

Das andere Geschlecht

In ihrer Auseinandersetzung mit der Psychoanalyse bedient sich die Existenzialistin eines ähnlichen Arguments: Der begehrte Phallus symbolisiere lediglich die gesellschaftliche Machtposition des Mannes, sei aber nicht das anatomische Zeichen einer biologischen Überlegenheit, wie es Freud konzipiert hatte. Das psychoanalytische Modell bestätigt in Beauvoirs Augen das Patriarchat, wiederholt die gesellschaftliche Hierarchie bzw. die Dominanz des Mannes in anderer Sprache, ohne die Genese der Machtverhältnisse herzuleiten. Beauvoir setzt also grundsätzlich an die Stelle von Fakten Interpretationen, die die Empirie nach Maßgabe der eigenen Interessen auslegen.

Beauvoirs umfängliche Analysen bestätigen, was Virginia Woolf angedeutet hatte, dass nämlich der gesellschaftlichen Unsichtbarkeit der Frau ihre phantasmagorisch aufgeladene Präsenz in einer männlich dominierten Kultur gegenüberstehe. Beauvoir hält fest, dass Frauen innerhalb des traditionellen Repräsentationssystems vor allem das sind, was Männer aus ihnen machen, „daß die Frau sich nicht als Eigenexistenz kennt und wählt, sondern als das, was sie in den Augen des Mannes ist. Wir müssen sie also [...] so beschreiben, wie die Männer sie träumen, da ihr ‚Für-den-Mann-da-sein' einer der wesentlichsten Faktoren ihrer wirklichen Lage ist" (Beauvoir 1968, S. 151) – diese Worte leiten das Kapitel über das „Rätsel Weib" in der Kunst ein.

Die Frau als Traum des Mannes

Beauvoir argumentiert in ihrer Studie, von Hegels abstraktem Identitätskonzept ausgehend, grundsätzlich existenzialphilosophisch. Identität entstehe – so Beauvoir mit Hegel –, indem sie sich entgegensetzt und dieses Entgegengesetzte als Anderes aus dem Radius des Selbstseins ausschließt. Das Ich konstruiert also ein Nicht-Ich, ein Anderes, von dem es sich abgrenzt. Das „Subjekt setzt sich nur, indem es sich entgegensetzt: es hat das Bedürfnis, sich als das Wesentliche zu bejahen und das Andere als das Unwesentliche, als Objekt zu setzen" (Beauvoir 1968, S. 11). Übertragen auf die Ordnung der Geschlechter ergibt sich daraus folgende Struktur: Das (männliche) Subjekt setzt sich als Zentrum der symbolischen Ordnung und grenzt aus dieser aus, was seine Identität irritiert, also Tod, Wahnsinn, Geburt als Erfahrung von Abhängigkeit sowie die unkalkulierbare Natur.

Existenzial-philosophie

Indiz dieses Ausgrenzungsverfahrens, das männliche Identität erst entstehen lässt, ist die paradoxale Anlage von Weiblichkeitskonstruktionen, wie sie vielfach auch in literarischen Texten herrscht. Die Frau wird als Heilendes und Verschlingendes zugleich imaginiert; sie „ist Idol und Magd, Quell des Lebens und Macht der Finsternis; sie ist das urhafte Schweigen der Wahrheit selbst und dabei unecht, geschwätzig,

Die Frau als Natur

verlogen; sie ist Hexe und Heilende; sie ist die Beute des Mannes und seine Verderberin, sie ist alles, was er nicht ist und was er haben will, seine Verneinung und sein Daseinsgrund." (Beauvoir 1968, S. 155)

Der gesellschaftliche Zustand, in dem die Frau allein als ambivalentes Bild existiert, kann jedoch überwunden werden, denn nach Hegel bedeutet sein werden. Auch Frausein stellt eine dynamische Kategorie dar, wie Beauvoir in einem vielzitierten Satz formuliert:

Die Performanz von Geschlecht

„Man kommt nicht als Frau zur Welt, man wird es. Kein biologisches, psychisches, wirtschaftliches Schicksal bestimmt die Gestalt, die das weibliche Menschenwesen im Schoß der Gesellschaft annimmt." (Beauvoir 1968, S. 265)

Diese Aussage, die Geschlecht als Doing gender begreift, als Ergebnis von sozialen Verhaltensnormen und performativen Akten, weist auf konstruktivistische Entwürfe von Geschlecht voraus, wie sie später Judith Butler vorgelegt hat (→ KAPITEL 7.2).

Aus Beauvoirs dynamischem Konzept, das Geschlecht auf kulturelle Praktiken zurückführt, ergibt sich die Forderung nach einer Entwicklung des Weiblichen. Der existenzialistischen Ethik gemäß, wie sie auch Jean Paul Sartre vertritt, versteht Beauvoir das Subjekt als Transzendenz, als Wahl und sich ständig revidierende Setzung.

Das Subjekt als Transzendenz

„Jedes Subjekt setzt sich konkret durch Entwürfe hindurch als eine Transzendenz; es erfüllt seine Freiheit nur in einem unaufhörlichen Übersteigen zu anderen Freiheiten, es gibt keine andere Rechtfertigung der gegenwärtigen Existenz als ihre Ausweitung in eine unendlich geöffnete Zukunft. Jedesmal, wenn Transzendenz in Immanenz verfällt, findet ein Absturz der Existenz in ein Ansichsein statt, der Freiheit in Faktizität; dieser Absturz ist ein moralisches Vergehen, wenn er vom Subjekt bejaht wird; ist er ihm auferlegt, so nimmt er die Gestalt einer Entziehung und eines Druckes an; in beiden Fällen ist er ein absolutes Übel." (Beauvoir 1968, S. 21)

Was Beauvoir einklagt, ist der Ausgang der Frauen aus ihrer (selbstverschuldeten) Immanenz, um in die ‚lichten Sphären' der Transzendenz, der Subjektwerdung und Selbstüberschreitung zu gelangen.

Diese Forderung lässt jedoch die Problematik von Beauvoirs emanzipatorischem Ansatz kenntlich werden bzw. die immanenten Widersprüche, wie sie auch Toril Moi in ihrer Biografie über die Existenzialistin betont (vgl. Moi 1996). Beauvoir legt ihrer Utopie der Selbstsetzung eine binäre Struktur zugrunde, genauer: die Opposition von (weiblicher) Immanenz als Natur und (männlicher) Transzendenz. Um frei zu werden, muss sich die Frau (als Immanenz) in einen Mann verwandeln, denn allein er repräsentiert Transzendenz.

Die Frau als Mann

In den Schlussfolgerungen der Studie heißt es: Die Frau „sucht nicht mehr, ihn [den Mann; Anm. d. Verf.] in die Region der Immanenz hineinzuziehen, sondern selbst in das Licht der Transzendenz emporzutauchen" (Beauvoir 1968, S. 669). Der Mann „eröffnet die Zukunft, zu der auch sie emporsteigen will" (Beauvoir 1968, S. 72). Diese Utopie vergisst jedoch, dass Transzendenz allein der Effekt eines Ausschlusses ist, nämlich von Immanenz. Verlangt das Andere (die Frau) einen Platz innerhalb der symbolischen Ordnung, innerhalb der Sphäre der Transzendenz (des Mannes), so kollabiert das gesamte Identitätssystem, das Beauvoir ihrer Utopie zugrunde legt (vgl. Lindhoff 1995, S. 7f.).

Überwindung der Immanenz

Beauvoir entwirft also die Vision einer Befreiung, die die Gleichsetzung von Männlichkeit und Transzendenz beibehält, diesen privilegierten Ort jedoch auch Frauen zugänglich machen möchte. Insbesondere die Aussage, dass Geschlecht kein Sein, kein Wesen sei, sondern ein Tun, ein Effekt kultureller Praktiken, sowie Beauvoirs Kritik an der Psychoanalyse sind für spätere feministische Positionen bedeutsam geworden, und zwar auch für die Konfrontation mit Sigmund Freud, die das akademische Profil des Feminismus wesentlich geprägt hat.

Kritik an der Psychoanalyse

4.3 Die Auseinandersetzung mit Sigmund Freud

Kate Milletts Freudkritik

Als unerbittliche Freud-Gegnerin erweist sich Kate Millett in ihrer umstrittenen Studie *Sexual Politics* (1969; *Sexus und Herrschaft. Die Tyrannei des Mannes in unserer Gesellschaft*, 1971), die das Patriarchat und seine Literatur angreift – Millett analysiert die Autoren D. H. Lawrence, Henry Miller und Norman Mailer. Sie geht davon aus, dass Sexualität nicht schlicht der triebhaften Begegnung von Körpern entspringt, sondern patriarchalen Strukturen folgt, also immer schon Politik ist. Millett konzentriert sich deshalb auf die gesellschaftliche Produktion von Geschlecht, also auf Gender bzw. Genus, das sie vom anatomischen Geschlecht (Sex) ablöst. Die Genus-Identität stelle die erste entscheidende Identifizierung des jungen Menschen dar, „die erste wie auch die dauerhafteste und weitesttragende" (Millett 1971, S. 39). Freud jedoch, so ihr Vorwurf, blende die Bedeutung von Kultur völlig aus und verankere die Geschlechterdifferenz im biologisch-physiologischen Bereich. Nach Millett ist der Psychoanalytiker deshalb ein „Konterrevolutionär"; er habe die sexuelle Revolution verzögert, ja aufgehalten.

Allerdings lässt sich das Verhältnis von Feminismus und Psychoanalyse nicht nur als Verwerfung, sondern auch als umdeutende Rehabilitierung beschreiben, wie Juliet Mitchells Untersuchung *Psychoanalysis and Feminism. Freud, Reich, Laing and Women* (1974; *Psychoanalyse und Feminismus. Freud, Reich, Laing und die Frauenbewegung*, 1976) verdeutlicht. Nach Mitchell hätte eine grundsätzliche Verabschiedung der Freudschen Theorie bedenkliche Folgen für die Frauenbewegung, denn seine Psychoanalyse stelle keine „Verklärung der patriarchalischen Gesellschaft [dar], sondern deren Analyse" (Mitchell 1976, S. 11), und auf diese könne die Emanzipation nicht verzichten. Die Psychoanalyse beschreibt nach Mitchell diejenigen psychisch-symbolischen Prozesse, die Weiblichkeit und Männlichkeit *produzieren*. Nicht also um Biologie gehe es – wie Millett behauptet –, nicht darum, dass Anatomie Schicksal sei, sondern die Psychoanalyse verdeutliche, in welcher Weise anatomische Differenzen psychisch repräsentiert und damit bedeutsam werden. Freuds Theoreme lassen sich also offensichtlich aus einer biologischen *und* einer sozial-kulturellen Perspektive lesen.

Die Rehabilitierung Freuds

Mitchell hält zudem fest, dass Freud die Ohnmacht der Frau konsequent herleite, nicht aber (re-)produziere. „Daß Freuds Frauenbild pessimistisch war, zeugt weniger von seiner reaktionären Einstellung als von der Situation der Frau" (Mitchell 1976, S. 414), zeugt nämlich von ihrer gesellschaftlichen Stellung, die sich über Jahrtausende hinweg kaum verändert und im Unbewussten gravierende, schwer auszulöschende Spuren hinterlassen hat. Das Unbewusste archiviert aufgrund eines Parallelismus von Phylo- und Ontogenese, also von kollektiver und individueller Menschheitsgeschichte, die Ideologien und Mythen der Vergangenheit, das heißt auch die gesellschaftliche Unterwerfung der Frau. Ihrem Unbewussten ist die permanente Unterlegenheit eingeschrieben, und nur deshalb spielen in der Entwicklung des Mädchens Mangel und Neid eine Rolle. Mitchell betont, dass nicht Biologie die dichotome Geschlechtermatrix generiere, sondern der gesellschaftlich determinierte Apparat des Unbewussten.

Das weibliche Unbewusste

Der Feminismus hat Freud zudem mit Freud gelesen, seine Lehre also einer Psychoanalyse unterzogen. Renate Schlesier zum Beispiel beschäftigt sich mit dem „Problem von Entmythologisierung und Remythologisierung in der psychoanalytischen Theorie", wie es im Untertitel ihrer Studie *Konstruktionen der Weiblichkeit bei Sigmund Freud* (1981) heißt. Im Anschluss an die Aufklärungskritik von Max Horkheimer und Theodor W. Adorno aus den 1940er-Jahren zeigt sie, dass den Schriften Freuds die dialektische Struktur von Aufklä-

Aufklärung und Mythisierung

rung und Mythisierung zugrunde liegt. Freud versuche zum einen, leidensstiftende Konstellationen aufzulösen, indem die Macht des Es gebrochen wird: „Wo Es [das Unbewusste; Anm. d. Verf.] war, soll Ich werden" (Freud 1969, S. 86), so lautet eines seiner berühmten Axiome. Auf der anderen Seite jedoch konstruiere Freud einen bestimmten Mythos, der sich der Aufklärung hartnäckig entziehe – **Die Frau als Mangelwesen** den Mythos der kastrierten Frau, des weiblichen Mangelwesens. Schlesier beschreibt diese Konstruktion als puren Reflex auf die ‚Mangelhaftigkeit' Freuds, das heißt auf sein fehlendes Wissen über das Weibliche.

> „In dem Maße, in dem das Es Freud als der ‚dunkle [...] Teil unserer Persönlichkeit' [...] rätselhaft blieb, entzog sich ‚das Rätsel der Weiblichkeit' [...], das ‚Geschlechtsleben des erwachsenen Weibes' als *dark continent* der Psychologie' der kompletten Erforschung [...], und auch die Einsichten in die ‚Entwicklungsvorgänge beim Mädchen' blieben nach Freuds Bekunden ‚lücken- und schattenhaft'. Es wirkt auf diesem Hintergrund geradezu grotesk, wenn Freud die Lückenhaftigkeit selber zum Weiblichkeit bestimmenden Makel macht. Freud wird nicht müde zu versichern, daß Weiblichkeit Kastriertheit, die Frau ein kastrierter Mann sei." (Schlesier 1981, S. 35f.)

Die Mangelhaftigkeit des Weiblichen ergibt sich also aus der Defizienz der Theorie, so Schlesiers These.

Die gleiche Methode, nämlich Freud mit/gegen Freud zu lesen, liegt Christa Rohde-Dachsers Studie *Expedition in den dunklen Kontinent. Weiblichkeit im Diskurs der Psychoanalyse* (1991) zugrunde. Sie unterzieht die Freudschen Theoreme einer tiefenhermeneutischen Lektüre **Tiefenhermeneutische Lektüre** und deckt ebenfalls Mythenbildungen auf. Diese Mythisierungen ergeben sich – wie Beauvoir und Schlesier ebenfalls festgehalten haben – aus einer grundlegenden Verschiebung, die Rohde-Dachser wie folgt beschreibt: Der Mann projiziert das, was er fürchtet – Krankheit, Tod und Sterblichkeit – auf die Frau. „Die so ausgegrenzten Selbstanteile gelten von nun an als weiblich." Das Kastrationsmodell Freuds entpuppt sich vor diesem Hintergrund als *basale Abwehrphantasie gegen Knabenängste, die dem (männlichen) Vergangenheitsunbewußten* zuzuordnen sind" (Rohde-Dachser 1991, S. 61f.).

Die Frau als Wunsch und Gefährdung Hinter Freuds eigenen Abwehrreaktionen steht der Wunsch nach der Frau, nach der regressiven Vereinigung mit der Mutter, so führt Rohde-Dachser aus. Allerdings wehrt sich das Gegenwartsunbewusste des Analytikers gegen diesen Wunsch und stilisiert die ersehnte Frau deshalb zur Gefährdung, zum gefürchteten Bösen. Die Bilder

der kastrierenden und der kastrierten Frau dienen also beide „der Unschädlichmachung des autonomen weiblichen Subjekts, indem sie es entweder entwerten (‚kastrieren') oder aber dämonisieren" (Rohde-Dachser 1991, S. 67).

Rohde-Dachser prägt in diesem Zusammenhang den Begriff „Container", der den Umstand bezeichnet, dass die Frau ausschließlich als Projektionsfläche und ‚Gefäß' männlicher Fantasien fungiert. Dass diesen Bildern des Weiblichen gleichwohl gesellschaftliche Relevanz zukommt, ist auf den Versuch des (männlichen) Bewusstseins zurückzuführen, psychische Phänomene real werden zu lassen, also entsprechende Wahrnehmungs- und Denkmuster herzustellen. Diese erarbeitet sich Freud durch seine Theoretisierungen, durch die Konstruktion eines geschlossenen Systems, das jegliche Kritik am phallischen Monismus als Penisneid abweist. Die Theorie Freuds schottet sich also selbst gegen mögliche Einwände ab und verwissenschaftlicht die phantasmagorischen Ängste des Mannes (vor der Frau). *(Die Frau als Container)*

Ähnlich wie Beauvoir und Millett widmet sich Rohde-Dachser in ihrer Studie (männlichen) Kunstproduktionen und dem Phantasma Weiblichkeit. Sie geht davon aus, dass die Weiblichkeitskonstruktionen der Psychoanalyse und die der Kunst aus dem gleichen kollektiven Unbewussten stammen und sich deshalb gegenseitig auszulegen vermögen (Rohde-Dachser 1991, S. 96). Weiblichkeit fungiert in beiden Bereichen als Ergänzungsbestimmung des Männlichen und bestätigt seine narzisstische Konstruktion, wie auch Virginia Woolf betont hatte. Dieser Narzissmus, der den Mann auf sich selbst fixiert, ist der ebenso simple wie unabweisbare Grund dafür, warum das Weibliche ein Rätsel bleibt – es ist in den männlichen Entwürfen als autonome Größe schlichtweg nicht vorhanden. *(Narzisstische Projektionen)*

Zum Repertoire dieser narzisstischen Projektionen gehört unter anderem das Motiv der schönen Leiche, das sich in den bürgerlichen Trauerspielen (Lessings *Miß Sara Sampson*, 1755, und *Emilia Galotti*, 1772) ebenso finden lässt wie in literarischen Werken des 20. Jahrhunderts, in Hollywood-Blockbustern ebenso wie in TV-Produktionen. In Max Frischs Roman *Stiller* (1954), um ein Beispiel zu nennen, nimmt der Protagonist seine ehemalige Frau Julika von Beginn an als schöne Leiche wahr, wie in einer Relektüre unmissverständlich wird. Die Stimmigkeit von Stillers erstem Portrait erweist sich ausgerechnet im Angesicht der toten Frau. Rolf, ein Freund, sieht die verstorbene Julika vor sich und zitiert aus Stillers früheren Papieren, wiederholt also die bereits bekannte Beschreibung nahezu wortgleich: *(Die schöne Leiche)*

„Ihre Haare sind rot, der gegenwärtigen Mode entsprechend sogar sehr rot, jedoch nicht wie Hagebutten-Konfitüre, eher wie trockenes Mennig-Pulver. Sehr eigenartig. Und dazu ein sehr feiner Teint; Alabaster mit Sommersprossen. Ebenfalls sehr eigenartig, aber schön. Und die Augen? Ich würde sagen: glänzend, sozusagen wässerig, bläulich-grün wie die Ränder von farblosem Fensterglas. Leider hat sie die Augenbrauen zu einem dünnen Strich zusammenrasiert, was ihrem Gesicht eine graziöse Härte gibt, aber **Maskerade und Tod** auch etwas Maskenartiges, eine fixierte Mimik von Erstauntheit. [...] Ich betrachtete sie wie einen Gegenstand; ein Weib, ein fremdes, irgendein Weib' [...]. Genauso lag sie auf dem Totenbett, und ich hatte plötzlich das ungeheure Gefühl, Stiller hätte sie von allem Anfang an nur als Tote gesehen, zum erstenmal auch das tiefe, unbedingte, von keinem menschlichen Wort zu tilgende Bewußtsein seiner Versündigung." (Frisch 2003, S. 437)

Julika ist in Stillers Augen immer schon eine schöne Tote gewesen, auch als sie noch lebte (vgl. Schößler 2004b, S. 72f.).

Die Beliebtheit dieses Motivs ist darauf zurückzuführen, dass der Tod als Bedrohung männlicher Identität und als Ausgegrenztes der symbolischen Ordnung auf diese Weise auf die Frau verschoben werden kann.

„[Das] weibliche *Andere* als ‚Schoß-Grab-Heimat' ist auf ambivalente Weise ein Ort des Todes. Es ist jener Ort, aus dem Leben als Antithese zum Tod hervorgeht, wie es auch jener Ort ist, der die tödliche Einschrift des Körpers bei der Geburt erzeugt: das Mal des Nabels." (Bronfen 1994, S. 95)

Allegorie der Sterblichkeit Entsprechend „fungieren Mutter und Geliebte als Allegorie für die Sterblichkeit des Mannes, als feststehendes Bild menschlichen Schicksals" (Bronfen 1994, S. 101). Weil der patriarchalen Kultur „der weibliche Körper als Inbegriff des Andersseins, als Synonym für Störung und Spaltung gilt, benutzt sie die Kunst, um den Tod der schönen Frau zu *träumen*. Sie kann damit, *(nur) über ihre Leiche*, das Wissen um den Tod verdrängen und zugleich artikulieren, sie kann ‚Ordnung schaffen' und sich dennoch ganz der Faszination des Beunruhigenden hingeben." (Bronfen 1994, S. 10)

Zusammenfassung Der Feminismus erhält, so sollte deutlich geworden sein, seit den 1970er-Jahren durch die Auseinandersetzung mit Sigmund Freud wesentliche Impulse. Sein Monismus sowie die Konstruktion eines weiblichen Mangelwesens, das von kulturellen Prozessen ausgeschlossen ist, werden kritisiert und als mythisierende Verdrängung gelesen: Die Angst vor der Frau sowie die Sehnsucht nach der Mutter übersetze

Freud in die binären Bilder der kastrierten / kastrierenden Frau und konstruiere auf diese Weise einen neuen Mythos. Die Autor/inn/en gehen in ihren Analysen dabei meist von einem grundlegenden Phänomen aus, das bereits Virginia Woolf und Simone de Beauvoir beschrieben haben, nämlich dass Weiblichkeit auf kultureller Ebene überrepräsentiert ist, Frauen in gesellschaftlicher Hinsicht jedoch bedeutungslos und ohne Einfluss sind. Auf diese Disproportion verweist auch die Frauenbildforschung, die die ästhetischen Strukturen literarischer Texte sowie die poetologische Programme schreibender Frauen in den Blick rückt.

Fragen und Anregungen

- Warum insistiert Virginia Woolf auf den materiellen Bedingungen von Emanzipation und weiblicher Autorschaft?

- Rekonstruieren Sie die existenzialphilosophische Argumentation von Simone de Beauvoir und diskutieren Sie ihren Ansatz.

- Welche Mythen des Weiblichen entwirft Freuds Psychoanalyse?

- Warum kann Sigmund Freuds Methode herangezogen werden, um die ‚blinden Flecken‘ seiner eigenen Theorie (z. B. Mythisierung des Weiblichen) freizulegen?

- Diskutieren Sie die These, dass Frauen zwar im kulturellen Repräsentationssystem (z. B. in Literatur und darstellender Kunst) eine zentrale Rolle spielen, im sozialpolitischen Leben jedoch weitgehend unsichtbar bleiben.

- Beschreiben Sie die Projektionsstruktur des beliebten Motivs der schönen Leiche und überlegen Sie, in welchen Texten, Filmen und Bildern es auftaucht.

Lektüreempfehlungen

- **Simone de Beauvoir: Das andere Geschlecht. Sitte und Sexus der Frau** [1949], Reinbek bei Hamburg 1968. *Die existenzialistische Studie beschäftigt sich mit den Weiblichkeitsrepräsentationen in Psychoanalyse, Biologie, Kunst etc. und fordert eine weibliche Transzendenz.*

- Elisabeth Bronfen: Nur über ihre Leiche: Tod, Weiblichkeit und Ästhetik, München 1994. *Untersucht wird das Motiv der schönen Leiche u. a. in bildkünstlerischen Darstellungen des 19. Jahrhunderts.*

- Kate Millett: Sexus und Herrschaft. Die Tyrannei des Mannes in unserer Gesellschaft, München 1971. *Verdeutlicht die geschlechtliche Normativität von Literatur und unterstreicht die frauenfeindlichen Aspekte von Freuds Modell.*

- Christa Rohde-Dachser: Expedition in den dunklen Kontinent. Weiblichkeit im Diskurs der Psychoanalyse, Berlin / Heidelberg 1991. *Beschreibt die Struktur ästhetischer Projektionen, indem sie Weiblichkeit als „container" begreift.*

- Virginia Woolf: Ein Zimmer für sich allein [1929], Frankfurt a. M. 1981. *Betont die materiellen Bedingungen des Schreibens, die Frauen meist vorenthalten werden.*

5 Frauenbildforschung

Abbildung 6: Salvador Dalí: *Meine nackte Frau beim Betrachten ihres eigenen Körpers, der sich in Treppen, drei Wirbel einer Säule, Himmel und Architektur verwandelt* (1945)

Dalís Gemälde „Meine nackte Frau beim Betrachten ihres eigenen Körpers, der sich in Treppen, drei Wirbel einer Säule, Himmel und Architektur verwandelt" führt einen Transformationsprozess vor Augen, den der Blick des Betrachters selbst auszulösen scheint: Der weibliche Akt im Vordergrund verwandelt sich in eine völlig transparente Architektur, die dem Blick keinerlei Widerstand mehr entgegensetzt. Der zunächst opake, nur zum Teil sichtbare Frauenkörper, der der Leserichtung gemäß zuerst auffällt, wird in ein filigranes Bild aufgelöst, das den Körper zu verflüchtigen scheint, damit allerdings auch den Gegenstand des (begehrenden) Blickes auslöscht. Diese Fixierung des lebendigen Körpers im ästhetischen Artefakt, wie sie Dalís Bild auf immanenter Ebene vorführt, kann als Gewaltakt beschrieben werden – es ist das Skelett eines Insekts, das Dalí zu diesem Bild inspiriert hat.

Auch literarische Texte stellen weibliche Figuren mit Vorliebe in statischen Bildern still und entziehen sie so jeglicher Entwicklung bzw. dem historischen Wandel. Weiblichkeit erscheint vielfach als zeitloses Bild, als Portrait, als Statue etc., als ahistorische Form, die ein recht begrenztes Repertoire an Stereotypen variiert (Hure, Heilige, Mutter, Engel etc.). Schreibende Frauen müssen sich notgedrungen mit diesen topischen Weiblichkeitsrepräsentationen auseinandersetzen, diese aufgreifen und durchstreichen, durchkreuzen, um zu einer eigenen Sprache zu finden. Wissenschaftler/innen haben deshalb Poetiken der Doppelung und des ‚schielenden Blicks' entworfen, um den Ort weiblichen Schreibens innerhalb der männlichen Tradition zu charakterisieren. Frauen kommen nicht umhin, sich mit den Fremdbildern ihrer selbst zu konfrontieren.

Das folgende Kapitel stellt die Frauenbildforschung vor, die in den 1960er- und 1970er-Jahren in den USA und Deutschland entstand und hier insbesondere von Silvia Bovenschen, Sigrid Weigel, Inge Stephan und Klaus Theweleit vertreten wird. Eng verbunden mit dem Interesse an literarischen Bildern ist die Frage, ob es ein spezifisch weibliches Schreiben bzw. eine weibliche Poetik gibt, die der Dominanz männlicher Topoi und Schreibtechniken entgeht.

5.1 Die Ästhetisierung des Weiblichen

5.2 Die Poetik des schielenden Blicks

5.3 Frauenbilder und Faschismuskritik

5.1 Die Ästhetisierung des Weiblichen

Ende der 1960er-Jahre etablierten sich in den USA in Anlehnung an die Black Studies die Women's Studies, und zwar als interdisziplinäre parteiliche Forschungsrichtung. Die Women's Studies treten an, um die im wissenschaftlichen Leben vielfach unterschlagenen Erfahrungen von Frauen zu artikulieren und die patriarchalen Züge der Wissenschaften freizulegen. Sie sind sich allerdings von Beginn an über ihren Ort in der akademischen Landschaft uneinig, der nachdrücklich diskutiert wird: Soll man eine Nische im akademischen Feld besetzen und dabei eine Ghettoisierung riskieren, oder soll man sich zu integrieren versuchen und dabei möglicherweise den mühsam erarbeiteten weiblichen Artikulationsraum wieder verspielen? *(margin: Women's Studies)*

Im Zentrum dieses Ansatzes stehen die Images of women in unterschiedlichen, meist männlichen kulturellen Ausdrucksformen, die jedoch selten als Produkte einer männlichen Perspektive markiert werden – so die Kritik. Einschlägig ist in diesem Zusammenhang die Anthologie *Images of Women in Fiction. Feminist Perspectives* (1973) von Susan Koppelman Cornillon, die jedoch auch die Defizite des Ansatzes deutlich macht, denn ignoriert wird der ästhetische Mehrwert literarischer Texte (vgl. Osinski 1998, S. 44). Kate Milletts Studie *Sexus und Herrschaft* (→ KAPITEL 4.3), die den Women's Studies zugerechnet werden kann, lässt die Stoßrichtung dieser Bildkritik kenntlich werden, indem sie darauf besteht, dass „Literatur nicht neutral, sondern geschlechtsgebunden geschrieben und gelesen wird und im kulturellen Kontext eines Herrschaftsverhältnisses zwischen den Geschlechtern Geschlechterbeziehungen widerspiegelt" (Osinski 1998, S. 46). Ziel ist demnach die geschlechtliche Markierung von scheinbar neutralen literarischen Fantasien. *(margin: Frauenbilder)*

Seit Mitte der 1970er-Jahre untersucht der feministische Literary Criticism, wie ihn federführend Elaine Showalter vertritt, zudem die Literatur von Frauen, um sie auf alternative Artikulationsformen hin zu prüfen. Die Studie *The Madwoman in the Attic. The Woman Writer and the Nineteenth-Century Literary Imagination* (1979) von Sandra M. Gilbert und Susan Gubar beispielsweise spürt weiblichen Poetiken sowie der problematischen Schreibsituation von Autorinnen jenseits von Tradition und Geschichte nach. Gilbert und Gubar gehen davon aus, dass sich in Texten von Frauen generell zwei Strategien überlagern: die Affirmation männlicher Erzählstrategien und ihre Subversion, die meist unterhalb der manifesten Textoberfläche, also in verborgener, verstellter Weise stattfindet. Zudem verdanke *(margin: Weibliches Schreiben)* sich, so führen die Autorinnen aus, die männliche Kunstproduktion auf fundamentale Weise der Eliminierung der Frau.

In Edgar Allan Poes einschlägiger Erzählung *The Oval Portrait* (1845; *Das ovale Portrait*) ergibt sich die Perfektion eines Gemäldes aus dem Tod der porträtierten Frau; diese erkrankt während der Herstellung ihres eigenen Abbildes und stirbt schließlich. Die Transformation in überzeitliche Kunst – auf Dalís Bild in Architektur – bringt also den Tod der Frau mit sich (vgl. Schuller 1979). Diejenigen literarischen Texte, die eine (meist junge und schöne) Tote auf dem Schlachtfeld ihrer Narrationen zurücklassen, artikulieren auf **Kunst als Exklusion** symbolische Weise, dass für die Genese männlicher Kunst der Ausschluss des Weiblichen konstitutiv ist. Diese Geste der Exklusion (des Weiblichen) generiert eigene Motive, beispielsweise das beliebte Motiv der schönen Leiche (→ **KAPITEL 4.3**).

Die deutschsprachige Forschung, allen voran Silvia Bovenschen mit ihrer wichtigen Studie *Die imaginierte Weiblichkeit* (1979), greift die amerikanische Diskussion über Frauenbilder und weibliches **Die Geschichts-** Schreiben auf. Bovenschen geht – ähnlich wie Virginia Woolf (→ **KA-** **losigkeit von Frauen** PITEL 4.1) – von der grundsätzlichen Geschichtslosigkeit sowie der gesellschaftlichen Unsichtbarkeit von Frauen aus, der zahlreiche weibliche Kunstfiguren unvermittelt gegenüberstehen. „Die Geschichte der Bilder, der Entwürfe, der metaphorischen Ausstattung des Weiblichen ist ebenso materialreich, wie die Geschichte der realen Frauen arm an überlieferten Fakten ist." (Bovenschen 1979, S. 11)

Die (männliche) Arbeit an den beliebten (Frauen-)Bildern verstärkt **Die Zeitlosigkeit** diese Geschichtslosigkeit, denn Bilder „heben sich aus dem Fluß der **von Bildern** Zeit; sie stehen aufdringlich zur Verfügung; sie sind das Material, aus dem sich die Vorstellungen und der Begriff vom Weiblichen in den verschiedenen Situationen blitzschnell zusammensetzen; aber ihre Zusammensetzung und Reihung ergeben keineswegs die weibliche Geschichte, sondern bezeichnen allein den Präsenzmodus des Weiblichen in der Geschichte." (Bovenschen 1979, S. 56) Die Frau als Bild bzw. die Form ihrer ästhetischen Präsenz hat keine Geschichte, das Bild, intensiviert ihre Geschichtslosigkeit.

In literarischen Texten seit 1800 lässt sich ganz in diesem Sinne **Stereotype Bilder** die unablässige Wiederholung von flexiblen Stereotypen ausmachen, die leicht variiert in unterschiedlichen Genres aufzufinden sind. Diese Wiederholungen des Immer-Gleichen bringen es mit sich, dass eine kontinuierliche (Entwicklungs-)Geschichte von (literarischen) Frauenbildern nicht zu erzählen ist, sondern allein die Brüche und Verschiebungen in den Topoi nachzuvollziehen sind. Eine Literatur*geschichte* weiblicher Repräsentationen, die Entwicklung und Fortschritt impliziert, kann es nicht geben.

Wird Weiblichkeit gemeinhin in Bildern fixiert, so gibt diese Ästhetisierung auch Auskunft über die Regeln des Textes, besitzt mithin poetologische Funktion, denn Kunst generiert generell fiktionale Bilder. Weiblichkeit (als Bild) kann zum paradigmatischen Ausdruck für die Kunst und den Text selbst werden sowie die Genese bzw. Funktion von Fiktionalität reflektieren. Diejenigen Ansätze, die sich mit Weiblichkeitsmustern beschäftigen, setzen sich „immer schon mit ästhetischen Theorien über das Fiktive und Imaginäre [auseinander], über die Funktion und Macht von Diskursen sowie über die Differenz zwischen Ästhetik und Lebenswelt" (Erhart/Herrmann 1996, S. 502). **Weiblichkeit und Poetik**

Zuweilen thematisieren literarische Texte diese Bildproduktion und überdenken deren Struktur wie Funktion. Friedrich Schlegels Entwicklungsroman *Lucinde* (1799) beispielsweise legt die narzisstische Struktur dieses Vorgangs frei. Der Protagonist spiegelt sich in der Frau und erscheint sich auf diese Weise selbst als schönes Bild: „In diesem Spiegel [in dir] scheue ich mich nicht, mich selbst zu bewundern und zu lieben" (Schlegel 1919, S. 11). Das statische Frauenbild fungiert als Spiegel des Mannes, der sich in dieser Reflexion wie im literarischen Schaffensprozess überhaupt als perfektes Selbst im Sinne Lacans imaginiert. Auch Theodor Fontanes Roman *Cécile* (1887) demonstriert knapp hundert Jahre später die projektive Herstellung von (Frauen-)Bildern. Der Text handelt allem voran von dem Wunsch (der Männer), das Geheimnis ‚Cécile' zu durchdringen, die eigenen ‚Mutmaßungen' über die schöne Fürstengeliebte bestätigt zu sehen. Doch diese Sehnsucht generiert einzig und allein „Bilder und immer wieder Bilder" (Stephan 1983, S. 15), deren Realitätsferne noch dazu tödliche Folgen hat. Literarische Frauenbilder als Fiktionen können also, zumal wenn sie in ihrer Genese vorgeführt werden (beispielsweise in Erzählungen über Maler und ihre Modelle), mit der Poetik des Textes eng verknüpft sein. **Reflexive Bildherstellung**

Dass es sich bei diesen Bildern um Zuschreibungen handelt, signalisieren die binären Strukturen, die der verführerischen, bedrohlichen Frau, der Femme fatale, die unschuldige, ohnmächtige, die Femme fragile, gegenüberstellen. Dieses dualistische Modell durchzieht auch die Freudsche Psychoanalyse (→ KAPITEL 3.3). Die Binarität dieser Bilder ist das Produkt eines Abspaltungsprozesses, der das bedrohliche Weibliche von einem Ungefährlichen abtrennt. In Heinrich von Kleists romantischem Ritterdrama *Das Käthchen von Heilbronn* **Binarität der Bilder**

(1810) beispielsweise steht die Inkarnation der weiblichen Hingabe, Käthchen, der teuflischen Automatenfrau Kunigunde gegenüber – beide Figuren sind aufgrund der binären Konstellation ganz offensichtlich Männerfantasien.

Projektion und soziale Realität

Silvia Bovenschen besteht zwar auf dem imaginären Status der Weiblichkeitsbilder, betont jedoch, dass diese hartnäckigen kulturellen Fantasien (fatale) Konsequenzen für die realgeschichtliche Situation von Frauen haben. Die Autorin hatte sich zuvor intensiv mit der Hexenverfolgung beschäftigt, einem virulenten Thema in den 1970er-Jahren, das die Gewalt gegen Frauen in besonderer Weise fassbar werden lässt. In *Die imaginierte Weiblichkeit* führt Bovenschen nun aus, dass Frauenbilder „die einzigen geschichtlichen Manifestationen des Weiblichen [sind], und – hierin besteht die Verbindung zur realen Existenz der Frauen – sie wirken gewaltsam zurück auf deren Schicksal: so entstand die ‚Hexe' zuerst in der männlichen Vorstellung in einer bestimmten historischen Situation, die wirklichen Frauen jedoch wurden als Hexen verbrannt. Dem Diktat der Bilder folgend, versuchen sich die Frauen in ihrem Alltag den männlichen Wunschvorstellungen anzunähern, ohne mit diesen [...] zu spielen." (Bovenschen 1979, S. 57) Die (männliche) Imagination als kollektive Fantasie hat also durchaus reale Folgen und bestimmt die sozialen Praktiken im Umgang mit Frauen ebenso wie deren Selbstdefinitionen.

Weibliches Schreiben und Genres

Bovenschen stellt darüber hinaus die Frage nach den Möglichkeiten weiblichen Schreibens und eröffnet damit ein bis heute attraktives Forschungsfeld (vgl. Gnüg/Möhrmann 1985; Stephan/Venske/Weigel 1987; Brinker-Gabler 1988; Lehmstedt 2001). Nach Bovenschen bevorzugen empfindsame Autorinnen im 18. Jahrhundert die Genres Briefroman, Brief und Autobiografie, die in diesem Jahrhundert der Individualisierung besonders beliebt waren und scheinbar dem privaten Bereich zugehören bzw. diesen in das literarische System integrieren. Weil in der Phase der Verbürgerlichung Weiblichkeit auf den privaten Raum festgeschrieben und als Natur definiert wurde, ergibt sich eine Affinität zu bestimmten Gattungen (vgl. Bovenschen 1979, S. 202), die die Sujets des Privatlebens bevorzugen und als unverstellter, natürlicher Ausdruck gelten.

Der Brief als intime Ausdrucksform

Vor allem den Brief konzipierten die bürgerlichen Intellektuellen des 18. Jahrhunderts als ‚natürliche' Ausdrucksform, die sie gegen den prätentiösen Stil des Adels setzten. Johann Christoph Gottsched betonte in seinem berühmten Briefsteller *Praktische Abhandlung von dem guten Geschmacke in Briefen* (1751), der Regeln für gut formu-

lierte und passende Briefe aufzustellen versuchte, dass der Brief das
Gespräch vertrete und in der natürlichen Sprache des Herzens ver-
fasst sein müsse, die selbstverständlich ebenfalls eine rhetorische
Konstruktion ist. Insbesondere Frauen scheinen über Natürlichkeit
und Herz jenseits der zivilisatorischen Zurichtungen zu verfügen –
so behaupten es zumindest die charakterologischen Geschlechterde-
finitionen – und eignen sich deshalb als Verfasserinnen gefühliger
Briefe.

Ein bevorzugter Gegenstand des Briefs war der häusliche Erfahrungsraum, der bürgerlichen Frauen nolens volens vertraut ist. Allerdings achteten die (männlichen) Intellektuellen, die die Definitionsmacht über ästhetische Produktionen für sich beanspruchten, sehr
genau darauf, dass weibliches Schreiben ein marginaler Zeitvertreib
blieb und die Hausarbeit nicht beeinträchtigte. Christian Fürchtegott
Gellert, ein populärer Autor der Empfindsamkeit, erklärte:

Häuslicher Erfahrungsraum

> „Gelehrte Frauenzimmer braucht die Welt, denke ich, nicht sehr;
> aber ein Frauenzimmer, das gleich ihnen, das Herz und den Ge-
> schmack bildet, ist ihrem Hause, ihren Freunden, einem künftigen
> Manne, Vergnügen, Glück und Ruhe. Sie wird schreiben, ohne an-
> dere Pflichten zu vergessen, und dadurch, daß sie gut zu denken
> weis, wird sie ihren übrigen Verrichtungen, auch den geringeren,
> noch einen gewissen Reiz, und ihren Tugenden eine größre An-
> muth geben." (Gellert 1756 in: Bovenschen 1979, S. 209)

Der Brief galt darüber hinaus als „Entree-Billett" zur Literatur (Bovenschen 1979, S. 212), denn er bewegt sich auf der Schwelle zwischen Gebrauchsliteratur und hochkulturellen ästhetischen Ausdrucksformen. Eine Vielzahl von Frauen hat sich dieses Mediums
denn auch bedient: Luise Adelgunde Victorie Gottsched, Meta Klop-
stock, Elise Reimarus, Caroline Flachsland, Charlotte von Stein, Caroline von Humboldt, Caroline Schlegel-Schelling, Rahel Varnhagen,
Henriette Herz und Bettina von Arnim, um nur einige zu nennen.
Der Brief steht vor allem mit einer zentralen Gattung des ausgehenden 18. Jahrhunderts in enger Verbindung: mit dem Roman, der als
Bildungsroman (der bekannteste ist Johann Wolfgang Goethes *Wilhelm Meisters Lehrjahre*, 1795/96) von der Entwicklung eines jungen Mannes erzählt, aber auch als monologischer (Goethes *Werther*,
1774) oder dialogischer Briefroman (Sophie von La Roches *Geschichte des Fräuleins von Sternheim*, 1771) beliebt war. Den Autorinnen kam darüber hinaus entgegen, dass diese Gattung als recht
minderwertig galt, weil sie keinem strengen formalen Regelkanon
folgte.

Brief als „Entree-Billett"

Brief und Bildungsroman

Autorschaft und Privatheit

Bovenschen vertritt in ihrer einflussreichen Studie *Die imaginierte Weiblichkeit* also die These, dass die Fixierung bürgerlicher Frauen um 1800 auf den Diskurs der Intimität Autorinnen auf privat codierte Gattungen wie Brief und Roman festgelegt habe. Das Drama, das nach Georg Wilhelm Friedrich Hegel den Überblick über die gesamte historische Situation verlange, und das Theater als öffentliche Institution seien Frauen deshalb verschlossen geblieben (vgl. Bovenschen 1979, S. 216f.). Dieser ideologische Zusammenhang von weiblicher Autorschaft und Privatheit kann selbst im 20. Jahrhundert noch nicht als überwunden gelten, wie sich unter anderem an der Tendenz zur Biografisierung weiblicher Texte in der Literaturwissenschaft zeigt.

Biografisierung weiblicher Texte

Literatur von Autorinnen wird meist als authentischer Ausdruck einer spezifischen Lebenssituation verstanden und nicht als ästhetisch verdichtetes Werk, wie sich beispielsweise an der Forschung zu Marieluise Fleißer, einer berühmten Dramatikerin der Neuen Sachlichkeit in der ersten Hälfte des 20. Jahrhunderts, ablesen lässt. Ihre Dramen thematisieren, so die geläufige Meinung, die eigene Situation im beengten Ingolstadt sowie ihr problematisches Verhältnis zu Bertolt Brecht. Bei Schriftstellerinnen wird nur selten zwischen Erzähler/in, Autor/in und Person unterschieden, obgleich diese Differenz fest zum methodischen Rüstzeug der Literaturwissenschaft gehört.

5.2 Die Poetik des schielenden Blicks

Inge Stephan und Sigrid Weigel, zwei Pionierinnen der deutschsprachigen feministischen Forschung, deren frühe Untersuchungen ebenfalls der Frauenbildanalyse zugerechnet werden können, definieren in ihrem einschlägigen Sammelband *Die verborgene Frau. Sechs Beiträge zu einer feministischen Literaturwissenschaft* (1983) das Frauenbild als Gemisch aus realen Lebenszusammenhängen – diesen Aspekt würde Bovenschen ablehnen – und mythischen Strukturen.

Weibliche Ästhetik

Zudem spüren die beiden Autorinnen einer genuin weiblichen Ästhetik nach, während Bovenschen betont, dass die Unterstellung eines authentischen weiblichen Ausdrucks grundsätzlich problematisch sei. Weigel entwirft in diesem Zusammenhang das Konzept eines „schielenden Blicks", das den Widersprüchen zwischen weiblicher Existenz und topischen Frauenbildern Rechnung trägt und der Tendenz der 1970er-Jahre entspricht, Weiblichkeit als gebrochen und doppelt zu begreifen, als Nicht-Identität zwischen heterogenen Zuschreibungen und Praktiken.

Die problematische Situation von schreibenden Frauen lässt sich nach Weigel insbesondere am Beispiel der literarischen Romantik verfolgen, obgleich diese Avantgarde zu Beginn des 19. Jahrhunderts sowohl berühmte Schriftstellerinnen als auch spektakuläre Biografien hervorgebracht hat. In den Salons und Debattierzirkeln vermochten sich auch Frauen zu profilieren, beispielsweise die Jüdin Rahel Varnhagen, deren gleichwohl diffizile Situation als Mitglied einer doppelten Minderheit (als Frau und Jüdin) Hannah Arendt und Marianne Schuller eindringlich beschrieben haben (vgl. Arendt 1959; Schuller 1994).

Weibliche Autorschaft in der Romantik

Ein genauer Blick lässt die prekäre Lage der romantischen Autorinnen in den Blick treten. Sophie Mereau, die als eine der ersten Berufsschriftstellerinnen gilt, weil sie von ihren Einnahmen lebte, veröffentlichte ihren ersten Roman *Blütenalter der Empfindung* (1794) anonym und wählte als ‚Maskerade‘ einen männlichen Protagonisten (vgl. Weigel 1983b, S. 93). Einige von Mereaus lyrischen Texten sind bis heute nicht veröffentlicht und schlummern ungelesen in Archiven. Karoline von Günderrode, die sich bereits in frühen Jahren das Leben nahm, haderte ganz offensichtlich mit ihrer Geschlechtsidentität und wird gegenwärtig von den Queer Studies neu entdeckt (vgl. Runte 2006, S. 169f.) – Christa Wolf hat ihr in dem Roman *Kein Ort. Nirgends* (1979) ein Denkmal gesetzt. In einem der Briefe von Karoline von Günderrode heißt es:

Prekäre Produktionsbedingungen

> „Warum ward ich kein Mann! Ich habe keinen Sinn für weibliche Tugenden, für Weiberglückseligkeit. Nur das Wilde, Große, Glänzende gefällt mir. Es ist ein unseliges, aber unverbesserliches Mißverhältnis in meiner Seele; und es wird und muß so bleiben, denn ich bin ein Weib und habe Begierden wie ein Mann, ohne Männerkraft. Darum bin ich so wechselnd und so uneins mit mir." (Günderrode 1801 in: Weigel 1983b, S. 97)

Caroline Schlegel-Schelling zog sich aus Furcht vor der Öffentlichkeit in die Welt der Briefe zurück. Sie schrieb: „Ein Stück meines Lebens gäb ich jetzt darum, wenn ich nicht auf immer, wenigstens in Deutschland, aus der weiblichen Sphäre der Unbekanntheit gerissen wäre." (Schlegel-Schelling 1803 in: Weigel 1983b, S. 89) Weiblichkeit und Öffentlichkeit scheinen sich auszuschließen, und die sich aus dieser Exklusion ergebende problematische Schreibsituation hinterlässt Spuren im ästhetischen Werk von Frauen.

Weiblichkeit und Öffentlichkeit

Dass Frauen sich in der Romantik gleichwohl verstärkt literarisch zu artikulieren vermochten, führt Sigrid Weigel auf die spezifische Signatur der zeitgenössischen Poetik zurück, die sich durch Brüche,

Romantische Ästhetik

unendliche Reflexionsprozesse, Offenheit und Heterogenität auszeichnet und damit einem weiblichen Schreiben entgegen komme.

„Die Aufhebung des Nachahmungsprinzips, das Postulat des Fragmentarischen, die Auflösung des geschlossenen Werkes – überhaupt die Brüche in der Übereinstimmung von Wirklichkeits- und Erzählstruktur – öffnen den Frauen Türen, durch die sie in die Poesie eintreten können. Denn der *Rhythmus weiblicher Erfahrung* ist aus der gesellschaftlich sanktionierten Zeit- und Raumstruktur, aus der anerkannten Hierarchie von Themen und Empfindungen weitgehend ausgeschlossen." (Weigel 1983b, S. 92)

Propagierte die romantische Ästhetik offene Strukturen – die progressive Universalpoesie verlangt unabschließbare Reflexionen, permanente Bewegungen zwischen den entgegengesetzten Polen Idealität *Offene Formen* und Realität –, so scheint diese Offenheit dem gebrochenen weiblichen Schreiben zu entsprechen, das sich auf keinerlei eigene Tradition zu beziehen vermag und mit Versatzstücken der etablierten (männlichen) Literatur experimentiert. Die recht große Zahl von romantischen Autorinnen könnte jedoch auch darauf zurückgeführt werden, dass sich die Romantik dezidiert als Avantgarde verstand, als Elite, die mit herrschenden ästhetischen wie kulturellen Regeln zu brechen versuchte. Vielleicht bot genau diese Konstellation Frauen die Möglichkeit, die engen Grenzen der Reproduktion zu überschreiten und jenseits des Privatraums sichtbar zu werden.

5.3 Frauenbilder und Faschismuskritik

Auch der psychoanalytisch arbeitende Literaturwissenschaftler Klaus Theweleit kann der Frauenbildforschung zugeordnet werden, denn in seiner Aufsehen erregenden, reich bebilderten Dissertation *Männerphantasien* (1977/78) untersucht er die Weiblichkeitsimagines in autobiografischen Äußerungen von Soldaten nach dem Ersten Welt*Abwehr des* krieg. Er diagnostiziert massive Abwehrstrategien des Weiblichen, al*Weiblichen* lem voran des Erotischen: „Die erotische Frau ist ein Kriegsschauplatz" (Theweleit 1977, S. 58). Die Autoren enterotisieren ihre eigenen Frauen deshalb zum Engel, zur Statue oder schönen Leiche, während sie die feindliche Frau als sexualisierte kastrierende Kämpferin beschwören.

Ideale Mutter und Dem weißen Engel, der Krankenschwester, die das Erotische zur
rote Kämpferin asexuellen Sorge transformiert und einer idealisierten Mutter gleicht, steht die rote Kämpferin, das Flintenweib, entgegen, das über sexuelle

Potenz und Aggression verfügt, zudem Hure und Proletarierin ist – es handelt sich um Fantasien bürgerlicher Männer. Diese traditionsreiche Binarität der weiblichen Imagines fungiert als Abwehr von Auflösungs- und Zerstückelungsängsten. Denn die Texte der Soldaten artikulieren zugleich in geradezu obsessiver Manier die Furcht vor der Flut, vor dem Wasser – ein Motiv, das eng mit dem Weiblichen assoziiert ist und in der Nixe als Inkarnation des verschlingenden fluiden Elements seinen genuinen Ausdruck findet (vgl. Theweleit 1977, S. 236f.).

Die Angst, die Ich-Konturen zu verlieren, beschreibt Theweleit in Anlehnung an die Psychoanalytiker Sigmund Freud und Wilhelm Reich, der sich vor allem mit Abwehrstrategien des Menschen (wie Körperpanzerungen) beschäftigt hat. Die Angst vor der Ich-Auflösung lässt sich nach Theweleit nicht auf ein ödipales Schema zurückführen, sondern reicht in die Sphäre des Präödipalen, der dyadischen Einheit mit der Mutter, hinein (→ KAPITEL 3.3). „Die Erscheinungen, die hier anstelle der ödipalen auftreten, die Angst vor Lust nach Verschmelzung, Zerstückelungsvorstellungen, Auflösung der Grenzen des Ich, verschwimmende Objektbeziehungen stammen nach den Erkenntnissen der neueren Psychoanalyse nicht aus dem ödipalen Dreieck, sondern aus einer Zweierbeziehung" (Theweleit 1977, S. 211), und zwar aus der Beziehung von Mutter und Kind.

Theweleit knüpft in diesem Zusammenhang an den Philosophen Gilles Deleuze und den Psychoanalytiker Félix Guattari an, die in ihren gemeinsamen Schriften Freuds Ödipus-Konstruktion (als bildungsbürgerliche Verdrängungsstrategie) kritisieren und die (kindliche) Fantasiearbeit mit Partialobjekten jenseits klarer Identitäten beschreiben. Diese Fixierung auf Partialobjekte, die das Ich zerstückeln, dominiert auch die Soldatenbriefe und wird mit martialischen Abwehrstrategien beantwortet, mit der Panzerung des eigenen Körpers sowie seiner symmetrischen Ausrichtung im Heer. Die Studie von Theweleit ist deshalb so provokant, weil er die Frauenbilder faschistischer Männer, ihre Gewalt- und Zerstückelungsfantasien als Kulminationspunkt des (kapitalistisch geprägten) Patriarchats und seines Umgangs mit Frauen begreift. In einer nicht-faschistischen Gesellschaft, die an der Herrschaft des Mannes ausgerichtet ist, lassen sich nach Theweleit analoge Abwehrstrukturen auffinden.

Denn auch ‚normale' Männer der kapitalistischen Gesellschaft arbeiten an der phantasmatischen Zurichtung des Weiblichen. Der Faschismus kann „als ständig präsente oder mögliche Form der Produktion des Realen unter bestimmten Bedingungen auch *unsere*

Potenz und Aggression

Präödipale Sehnsüchte

Zerstückelungsfantasien

Kapitalismus und Geschlecht

Produktion sein" (Theweleit 1977, S. 226). Diese Argumentation verbindet die eher individualistisch-ahistorische Psychoanalyse mit den konkreten Produktionsverhältnissen des Kapitalismus, den die Intellektuellen der 1970er-Jahre mit Nachdruck kritisieren.

Zusammenfassung Die Frauenbildforschung legt die binären Strukturen von Weiblichkeitsrepräsentationen in Kunst, Literatur und Alltagskultur frei, wobei die klaren Oppositionen (Hure / Heilige) den imaginären Status der Bilder signalisieren – diese Oppositionen (Krankenschwester, Mutter, Engel / Flintenweib, Nixe) strukturieren auch die Soldatenbriefe nach dem Ersten Weltkrieg, die Klaus Theweleit untersucht. Der Ansatz beschäftigt sich zudem mit weiblicher Autorschaft, die deshalb als problematisch gilt, weil sich Autorinnen im traditionsreichen Kosmos fremder Bilder (ihrer selbst) bewegen, die ihr Schreiben notgedrungen aufrufen und durchkreuzen muss (im Sinne von „durchqueren" und „durchstreichen"). Sigrid Weigel spricht deshalb von einer Poetik des „schielenden Blickes". Wird die bürgerliche Frau zudem der Intimität zugeordnet und als naturhaftes Wesen definiert, so stehen ihr vor allem privat codierte Gattungen wie Brief und Briefroman zur Verfügung, die einen scheinbar natürlichen Ausdruck verlangen. Das literarische System und der soziale Status der Frau sind insofern genau aufeinander zugeschnitten.

Fragen und Anregungen

- Rekonstruieren Sie, was Sigrid Weigel unter der „Poetik des schielenden Blicks" versteht und diskutieren Sie, ob es authentische Ausdrucksformen von Frauen bzw. ein spezifisches weibliches Schreiben geben kann.

- Beschreiben Sie den reflexiven Aspekt der Frauenbildforschung, der die Weiblichkeitsbilder zum Ausdruck von ästhetischen Prozessen werden lässt.

- Warum besteht eine besondere Affinität zwischen weiblichem Schreiben und den Gattungen Brief, Roman und Autobiografie?

- Woran zeigen sich die problematischen Produktionsbedingungen von romantischen Autorinnen und warum begünstigt nach Weigel die romantische Poetik das weibliche Schreiben?

- Überlegen Sie, wo die Grenzen der Frauenbildforschung liegen und was dieser Ansatz ausspart.

- Lesen Sie Edgar Allan Poes Erzählung *Das ovale Portrait* und analysieren Sie das dort entwickelte Verhältnis von Weiblichkeit und Kunst.

Lektüreempfehlungen

- Silvia Bovenschen: Die imaginierte Weiblichkeit. Exemplarische Untersuchungen zu kulturgeschichtlichen und literarischen Präsentationsformen des Weiblichen, Frankfurt a. M. 1979. *Grundlegende Studie der Frauenbildforschung, die die Sprach- bzw. Geschichtslosigkeit von Frauen profiliert und den Imagines im 18. Jahrhundert nachgeht.*

- Hiltrud Gnüg / Renate Möhrmann (Hg.): Frauen Literatur Geschichte. Schreibende Frauen vom Mittelalter bis zur Gegenwart, Stuttgart 1989. *Der Sammelband entwirft ein historisches Panorama schreibender Frauen bis zum gegenwärtigen Film.*

- Max Horkheimer / Theodor W. Adorno: Dialektik der Aufklärung, Amsterdam 1947. *Die Autoren zeigen, dass der Ausschluss von Weiblichkeit konstitutiv für die Hervorbringung von (männlicher) Kultur ist.*

- Marianne Schuller: Literarische Szenerien und ihre Schatten. Orte des ‚Weiblichen' in literarischen Produktionen, in: Ringvorlesung „Frau und Wissenschaft", Marburg 1979, S. 79–103. *Rekonstruiert den Zusammenhang von ästhetischer Produktion und Tod der Frau.*

- Inge Stephan / Sigrid Weigel (Hg.): Die verborgene Frau. Sechs Beiträge zu einer feministischen Literaturwissenschaft, Berlin 1983. *Die einschlägigen Aufsätze entwickeln die Methode der Frauenbildforschung und verdeutlichen sie in Fallstudien.*

- Klaus Theweleit: Männerphantasien, 2 Bde., München 1977/78. *Beschreibt die binären Frauenbilder in Texten von Soldaten sowie deren Zerstückelungsfantasien.*

6 Die Écriture feminine und der dekonstruktive Feminismus

Ah, mein Lieber, körperlich genommen, ist die Unbekannte von allen Frauen, die ich gesehen habe, dasjenige Wesen, das am anbetungswürdigsten ist. Sie gehört jener weiblichen Spielart an, welche die Römer ,fulva, flava' nannten, Feuerweib. Und vor allem: was mir am meisten aufgefallen ist, wovon ich noch jetzt ganz berauscht bin, das waren zwei Augen, gelb wie Tigeraugen, ein goldenes Gelb, das leuchtet, lebendiges Gold, heißfühlendes Gold, Gold, das liebt – und durchaus in deinen Beutel will!" – „Oh, das allein lassen wir gelten, mein Lieber!" rief Paul. „Sie kommt manchmal hierher, es ist das ,Mädchen mit den Goldaugen'. Wir haben ihr diesen Namen gegeben. Sie ist ein Mädchen von ungefähr zweiundzwanzig Jahren, ich habe es gesehen, als die Bourbonen hier waren, aber mit einer anderen Frau, die hunderttausendmal mehr wert ist als sie." – „Schweig, Paul! Es ist keiner Frau, wer sie auch immer sei, möglich, dieses Mädchen zu übertreffen. Dieses Mädchen gleicht einer Katze, die sich schmeichelnd an deine Beine schmiegen will, dieses Mädchen ist weiß und hat aschblonde Haare, sie erscheint zart und muß dennoch auf dem dritten Gliede ihrer Finger wollige Fäden und auf der Fläche ihrer Wangen einen hellen Flaum haben, dessen Linie, an schönen Tagen licht leuchtend, bei den Ohren beginnt und sich auf dem Halse verliert.

Honoré de Balzac: *Das Mädchen mit den Goldaugen* (1843)

In Honoré de Balzacs Erzählung „Das Mädchen mit den Goldaugen"
(1843) entwirft der französische Autor Weiblichkeit als Fetisch, in-
dem er sie mit dem begehrten Gold gleichsetzt bzw. das Gold zur
Physiognomie macht – offensichtlich eine Männerfantasie. Die omi-
nösen Goldaugen des Mädchens fungieren in dem Dreiecksverhältnis
zwischen zwei Frauen und einem Mann, das die Geschichte entfaltet,
als narzisstischer Spiegel: Im Auge der Geliebten erkennt sich der
Protagonist Henri als ganze, geschlossene Gestalt – ein Vorgang, wie
ihn der Psychoanalytiker Jacques Lacan genauer beschreibt. Gleich-
wohl unterläuft ausgerechnet dieser Identitätsakt die Geschlechter-
ordnung: Henri erkennt im Verlauf der Geschichte, dass das Weibli-
che ein Teil seiner selbst ist. Anders als es die Frauenbildforschung
will, die statische Stereotype fokussiert, unterlaufen literarische Texte
die binäre Geschlechterordnung zuweilen auch und stellen die Grenze
zwischen männlich / weiblich in Frage.

Diese Irritationen der Geschlechterbinarität legen vornehmlich poststrukturalistische Ansätze wie die französische Écriture feminine und
der dekonstruktive Feminismus frei, die die Einheit des Subjekts –
des Autors, der Protagonisten – und des Textes grundsätzlich in Frage stellen. Der Zentralbegriff dieser Positionen ist die Differenz, die
in der Psychoanalyse Jacques Lacans eine ebenso große Rolle spielt
wie in der Dekonstruktion, die mit den Namen Jacques Derrida und
Paul de Man verbunden ist. Im Folgenden werden diese beiden
Denkmodelle in Grundzügen skizziert, um im Anschluss daran die
Écriture feminine und den dekonstruktiven Feminismus vorzustellen.
Der Écriture feminine ist vornehmlich an einem Schreiben gelegen,
das im weiblichen Körper seinen allegorischen Ausdruck findet, während der dekonstruktive Feminismus Weiblichkeit als Differenz begreift, die die symbolische Ordnung und ihre Binaritäten (wie Wahrheit / Lüge) zerstört.

6.1 Die Psychoanalyse Jacques Lacans
6.2 Écriture feminine
6.3 Die Dekonstruktion Jacques Derridas
6.4 Dekonstruktiver Feminismus

6.1 Die Psychoanalyse Jacques Lacans

Jacques Lacan, dessen Seminare seit Mitte der 1960er-Jahre in Buchform erscheinen und damit einer breiteren Öffentlichkeit zugänglich werden, ist ein sehr schwer zu lesender Autor, unter anderem deshalb, weil seine Darstellung der Theorie diese bereits umsetzt. Er verbindet die Psychoanalyse Sigmund Freuds mit der strukturalistischen Zeichentheorie des Sprachwissenschaftlers Ferdinand de Saussure, auf den die grundlegende Unterscheidung von Inhaltsseite (Signifikat, das Bezeichnete) und Ausdrucksseite (Signifikant, das Bezeichnende) sprachlicher Zeichen zurückgeht. Lacan begreift psychische Prozesse mithin als zeichenhafte, als allegorische, das heißt er löst sie von den konkreten körperlichen Merkmalen ab, so dass ein Reich sich verschiebender Zeichen entstehen kann. Der Phallus beispielsweise, der in Lacans Theorie (wie bei Freud) eine zentrale Stellung einnimmt, ist nicht mit dem männlichen Penis identisch, sondern das Zeichen für Differenz schlechthin, die die Sprache ebenso durchzieht wie die Psyche – Lacan kündigt, den poststrukturalistischen Tendenzen entsprechend, die aufklärerische Idee vom autonomen Subjekt auf und versetzt das Ich in eine ständige Bewegung der Differenz und des Aufschubs (von Bedeutung).

Psychoanalyse und Zeichentheorie

Ähnlich wie Freud geht Lacan von einer imaginären präödipalen Phase aus (→ KAPITEL 3.3), in der sich Kind und Mutter als symbiotische Einheit erfahren. Entscheidend für die Selbstwerdung des Ichs ist der nächste Entwicklungsschritt, das so genannte Spiegelstadium, wie es Lacan in seinem Aufsatz *Le stade du miroir comme formateur de la fonction du Je* (1949; *Das Spiegelstadium als Bildner der Ichfunktion*, 1973) beschreibt. Im Spiegelstadium erfährt sich das ohnmächtige, abhängige Kind ein erstes Mal als komplettes, autonomes Subjekt, und zwar in seinen Spiegelbildern. Diese eröffnen ein Reich der Fülle und – zeichentheoretisch gesprochen – der ganzheitlichen Zeichen: Das Bild, das das Kind sieht, entspricht seiner Bedeutung scheinbar genau, Signifikant und Signifikat fallen zusammen. Allerdings ergibt sich diese Einheit lediglich aus einer Fehlwahrnehmung, denn das Kind ist selbstverständlich nicht mit seinem Bild identisch. Deshalb kann diese Phase als imaginäre bezeichnet werden: „Das Imaginäre ist für Lacan genau dieses Reich der *Bilder*, mit denen wir uns identifizieren, um gerade dadurch zu Fehlwahrnehmungen und Fehlerkenntnissen von uns selbst geführt zu werden." (Eagleton 1994, S. 153) Das Kind agiert in dieser Phase als Signifikant, der sich ihm ähnliche Bedeutungen, Signifikate, zuweist. Lacan spricht des-

Das Spiegelstadium

halb von einem metaphorischen Zustand, denn Metaphern stehen zu ihrem Bildempfänger im Verhältnis der Ähnlichkeit.

Eine Trennung von Zeichen und Bedeutung findet erst mit dem Auftritt des Vaters statt, der die imaginäre Einheit auflöst. Er ist der Vertreter des Gesetzes und bringt den Phallus als Generator von Differenzen (auch der Geschlechterdifferenz) ins Spiel. Sein Erscheinen stört die Einheit des Kindes mit der Mutter, etabliert das Inzest-Tabu und sorgt dafür, dass das unerfüllte Begehren (nach der Mutter) ins Unbewusste verschoben wird. Die Sprache, die der Vater repräsentiert, ist gewissermaßen eine poststrukturalistische (vgl. Eagleton 1994, S. 155). Denn das Zeichen verweist innerhalb der symbolischen Ordnung, für die der Vater steht, auf etwas Abwesendes, artikuliert einen permanenten Mangel und ist nie mit seiner Bedeutung identisch.

Die Sprache ist leer, basiert auf der Abwesenheit (des Signifikats) und der Differenz (zwischen Zeichen und Bedeutung). Der sprachbegabte Erwachsene bewegt sich mithin in einer Welt unaufhebbarer (Geschlechter-)Differenzen und kann sein unbewusstes Begehren lediglich umschreiben bzw. sich Ersatzobjekte für die verlorene Dyade mit der Mutter schaffen. Auch das Unbewusste selbst gleicht dabei einer chiffrierten Sprache (wie Sigmund Freud ebenfalls betont hat). Das Unbewusste schiebt gleitende Signifikanten vor das verstellte Signifikat, das lediglich in Verschreibungen und Verzerrungen (beispielsweise in Traumbildern) zum Ausdruck kommt. Speichert das Unbewusste also das tabuisierte Begehren, so ist das Ich immer schon auf sein Anderes, sein Verdrängtes verwiesen und kann sich nicht von diesem ablösen. Deshalb ist das Subjekt prinzipiell gespalten, das heißt aus der Perspektive der Geschlechter: Der Mann trägt das Andere, das Weibliche, in sich und umgekehrt, wie in Balzacs Erzählung *Das Mädchen mit den Goldaugen* deutlich wird.

Die symbolische (Sprach-)Ordnung, die der Vater repräsentiert, ist also differenziell organisiert: Bedeutung entsteht durch den Aufschub, und die Signifikanten artikulieren per se eine Mangelerfahrung. Vor diesem Hintergrund ließen sich literarische Werke als Versuche beschreiben, das imaginäre Reich der Fülle während der Spiegelphase wieder herzustellen und durch ideale Bilder den vorsymbolischen Zustand zu simulieren. Gottfried Kellers Entwicklungsroman *Der grüne Heinrich* (1854/55) beispielsweise entwirft einen Protagonisten, der sich über Gemälde – er will Maler werden – eine Identität, eine imaginäre Ganzheit anzueignen versucht, jedoch erkennen muss, dass er diesen symbolischen ,Abbildern' nicht entspricht.

Das Gesetz des Vaters

Die leere Sprache

Mangelerfahrung und Fülle

Begreift Lacan den Phallus als Differenz, die die Bedeutung überhaupt erst entstehen lässt, und steht der Phallus außerhalb der symbolischen Ordnung, weil er ihre Bedingung ist, so lässt sich in einer zunächst überraschenden Wendung formulieren, dass die Frau der Phallus, die Differenz sei. Denn auch sie ist nicht in der symbolischen Ordnung (des Mannes) repräsentiert, sondern das Andere des Gesetzes. Wenn Lacan erklärt, dass die Frau der Phallus *sei*, der Mann den Phallus aber *habe*, so situiert er die Frau jenseits der symbolischen Ordnung. Ihre Funktion besteht darin, von der männlichen Ordnung zur Erzeugung von Bedeutung in Besitz genommen zu werden. Diese Gleichsetzung von Weiblichkeit und Differenz, wie sie auch Jacques Derrida vornimmt, ist aus feministischer Perspektive allerdings kritisiert worden, weil sie den Ausschluss der Frau aus dem herrschenden Gesellschaftssystem fortschreibt.

Die Frau als Phallus und Differenz

6.2 Écriture feminine

In intensiver Auseinandersetzung mit Jacques Lacan entsteht die französische Écriture feminine, zu der Theoretikerinnen und Schriftstellerinnen wie Julia Kristeva, Hélène Cixous, Luce Irigaray, Chantal Chawaf, Annie Léclerc, Sarah Kofman und Monique Wittig gehören. Auch wenn sich die einzelnen Positionen stark unterscheiden, ist ihnen doch der Angriff auf das ‚Gesetz des Vaters', auf die symbolische Sprache und den Logozentrismus gemein – dieser Begriff bezeichnet die Dominanz rationalistischer Verfahren und eines logisch strukturierten, definitorischen Sprechens, wie es in der abendländischen Philosophie vorherrscht. Die Écriture feminine ist hingegen auf der Suche nach einer anderen Sprache, einer Sprache jenseits der Logik und des Gesetzes, eigentlich also einer poetischen Sprache, die auf Rhythmus, Musikalität, auf das Agrammatische Wert legt und so zum Ausdruck des Anderen werden kann. Dieses Andere wird als weiblich bezeichnet, ist allerdings nicht mit dem biologischen Geschlecht identisch. Auch ein männlicher Text kann sich im Raum des „Semiotischen", wie es Julia Kristeva nennt, bewegen, kann die Regeln der Logik und Grammatik als genuiner Ausdruck der symbolischen (Vater-)Ordnung überschreiten.

Die andere Sprache

Julia Kristeva unterscheidet in *La Révolution Du Langue Poétique* (1974; *Die Revolution der poetischen Sprache*, 1978) einen symbolisch-männlichen Bereich von einem semiotisch-anarchischen, der sprachliche Normierungen unterläuft und auf die mütterliche Dyade

Symbolisch versus semiotisch

– auf die vordiskursive, präödipale Einheit von Mutter und Kind, die „chora" – zurückweist. Das Semiotische hat sich also noch nicht ganz von der Triebwelt gelöst und eröffnet einen Raum des Klangs, des Rhythmus und der Polyphonie. Insbesondere die Literatur vermag das semiotische Reich der klingenden Signifikanten in die starre symbolische Ordnung einzubringen und diese zu mobilisieren. Kristeva verfolgt die semiotische Dimension der Sprache vor allem in avantgardistischen Texten von männlichen Autoren, während sie weibliches Schreiben als grundsätzlich defizitär verwirft – eine etwas überraschende Bewertung.

Hélène Cixous, die als Hauptvertreterin der Écriture feminine gilt und neben theoretischen Entwürfen auch Romane und Dramen vorgelegt hat, ist hingegen dezidiert an einem weiblichen Schreiben interessiert, das sie als „Körper-Schreiben" eng an die Physis bindet (Cixous 1976, S. 134f.). Sie ist auf der Suche nach Artikulationsformen, die das Fremde auszusprechen vermögen, sich diesem annähern, ohne es zu fixieren und zu identifizieren. Denn weibliches Schreiben kann – anders als es die männlichen Fantasien vom Ende, von der Kastration und der Trauerarbeit nahe legen – Neuanfang, Wendung zum Anderen, Dialog und Bejahung sein.

Körper-Schreiben

Weil sich Weiblichkeit aus psychoanalytischer Perspektive jenseits der Kastrationsangst und der Todesdrohung bewegt, die nach Freud zu kultureller Tätigkeit sublimiert werden können, besteht die Fähigkeit von Frauen darin, „den Verlust nicht zu ökonomisieren: Frauen, deren Verhältnis zur Kastration nicht existiert, finden sich in einem besonderen Maße fähig zu einem Verlust, der nicht wieder einholt, der Verschwendung ist, Gabe, Affirmation" (Gölter 2003, S. 60). Die Écriture feminine entwickelt, so führt Waltraud Gölter aus, eine Poetik der Gabe, ein Ja, das sich engagiert, verpflichtet und sich den fixierenden Bedeutungszuweisungen durch ein tastendes synästhetisches Sprechen entzieht, das die separierten Sinne wieder in Kontakt bringt. Cixous bestimmt weibliches Schreiben als Überfluss von Signifikanten, als ‚Abfall' im Sinne einer Überschreitung von Syntax und Grammatik. Sie bindet weibliches Sprechen zudem eng an die dezentrierten Lustempfindungen von Frauen – nicht zuletzt deshalb wurde ihre Theorie als essentialistisch-biologische gelesen.

Poetik der Gabe

Auch Luce Irigaray arbeitet an einer weiblichen Poetik in Abgrenzung von einem männlichen Sprechen. In ihrer Dissertation *Speculum de l'autre femme* (1974; *Speculum. Spiegel des anderen Geschlechts*, 1980), die zu den kanonischen Texten der feministischen Literaturwissenschaft gehört, analysiert sie die Theorien der ‚Meisterdenker' –

von Descartes, Hegel, Freud, Lacan und anderen –, um Verdrängungen freizulegen und phallische Darstellungsformen kenntlich zu machen. Männliches Schreiben versuche das Vieldeutige der Sprache (das Semiotische, um mit Kristeva zu sprechen) zu ignorieren, ohne es vollständig austreiben zu können, denn in den erstarrten Metaphern, die die männliche Theoriesprache trotz ihrer Rationalisierungsversuche durchziehen, konserviere sich das verdrängte Körperliche (des Mannes); Frauen hingegen seien von ihrem eigenen Unbewussten abgetrennt.

Theoriesprache und Unbewusstes

Für Irigaray spielen die unterschiedlichen Körpererfahrungen von Mann und Frau ebenfalls eine zentrale Rolle. Das weibliche Geschlecht ist das „Geschlecht, das nicht eins ist" – so der Titel der Aufsatzsammlung *Le sexe qui n'en est pas un* (1977; *Das Geschlecht, das nicht eins ist*, 1979). Dem weiblichen Geschlecht sind damit die (sprachlichen) Gesten der Berührung und des Flusses als Parler femme genuin, die eindeutige Aussagen und Identitätskonstruktionen unterlaufen. Irigaray visioniert mithin eine ‚Körper-Sprache', die eine weibliche Genealogie stiftet und das Gesetz der Trennung, der Abwesenheit bzw. die Vatersprache unterläuft:

Das Geschlecht, das nicht eins ist

> „Genauso müssen wir die Worte, die Sätze finden, wiederfinden, erfinden, die die archaische und die aktuelle Beziehung zum Körper der Mutter, zu unserem Körper ausdrücken, die Sätze, die die Beziehung zwischen ihrem Körper, dem unseren, dem unserer Töchter zum Ausdruck bringen. Wir müssen eine Sprache entdecken, die sich nicht an die Stelle dieses Körper-an-Körper-Seins setzt, wie es die Sprache des Vaters zu tun versucht, sondern die es begleitet, Worte, die das Körperliche nicht ausstreichen, sondern die körperlich sprechen." (Irigaray 1989, S. 42)

Körperfantasien

Aufgrund dieser und ähnlicher Aussagen diskutiert die Forschung, ob die Ansätze der französischen Theoretikerinnen, die die Differenz zwischen Mann und Frau über Körperbilder veranschaulichen, nicht dazu tendieren, das binäre Geschlechtersystem fortzuschreiben und zu essentialisieren.

6.3 Die Dekonstruktion Jacques Derridas

Die Dekonstruktion, die Ende der 1960er-Jahre in Frankreich entstand, attackiert – ähnlich wie Lacans Psychoanalyse – die Einheit des abendländischen Subjekts sowie die Einheit der Botschaft (wie sie die Hermeneutik unterstellt, → ASB JOISTEN), der Geschichte, des

Subjektkritik

Autors und der Sprache. Auch jede wissenschaftliche Aussage (beispielsweise über einen literarischen Text) sei „unentscheidbar", lasse sich weder als wahr noch falsch belegen. Jacques Derrida, der zentrale Vertreter der französischen Dekonstruktion, formuliert mithin eine harsche Wissenschaftskritik, der in der universitären Landschaft immer noch mit Abwehr begegnet wird, obgleich die Dekonstruktion eine präzise Methode des Close reading erarbeitet hat. Sie setzt sich intensiv mit dem Textmaterial auseinander, liest regelrecht Buchstaben für Buchstaben und verfolgt widersprüchliche Bewegungen im Bedeutungsgefüge.

Wissenschaftskritik

Derrida beschäftigt sich in seinen frühen Studien vornehmlich mit der Schrift und kritisiert den „Phonozentrismus" der abendländischen Tradition. Gemeint ist die Vorstellung, das gesprochene Wort bringe die Seele zum Ausdruck und sei als Hauch, als Atem nicht materiell, wohingegen die Schrift (bereits seit der griechischen Antike, seit Plato) als abgeleitetes Medium begriffen wird, das der Mündlichkeit folge. Derrida führt dagegen aus, dass diese Ursprungsgeschichte – das Wort gehe der Schrift voraus – eine Fiktion sei, und entwickelt eine Theorie der Differenz. Der von ihm eingeführte Neologismus der „différance" (statt „différence") bezeichnet das Phänomen, dass das Wort nie ganz in seiner Bedeutung aufgeht, weil allein ein unendlicher Aufschub Signifikanz generiert – eine poststrukturalistische Transformation von Ferdinand de Saussures Sprachtheorie. Derrida geht wie der Strukturalist de Saussure davon aus, dass Bedeutung durch Differenz entsteht (durch linguistische Minimalpaarbildung, die beispielsweise „Tier" von „Bier" abgrenzt), dass das Sprachsystem jedoch prinzipiell offen ist, weil ständig neue Worte artikuliert werden. Ergibt sich die Bedeutung eines Signifikanten allein aus der Totalität aller Differenzen, so kann sie aufgrund des sich ständig erweiternden Sprachkosmos nicht fixiert werden und noch dazu widersprüchlich sein.

Schrift und Stimme

Auch literarische Texte sind demnach in ständiger Bewegung und produzieren gegensätzliche Bedeutungen, nehmen Setzungen vor, denen auf anderer Ebene (durch die buchstäbliche Bedeutung eines Wortes zum Beispiel) widersprochen wird. Sucht Kafkas Landvermesser K. aus dem Roman *Das Schloß* (1926) den „Hinweg" zum Schloss, so kann dieses Wort auch als „hinweg!" gelesen werden und somit das Gegenteil des Annäherungsversuches artikulieren. Ein Text gilt mithin als grundsätzlich widersprüchliches Aussagengebilde – eine Position, wie sie auch der in Amerika lehrende Paul de Man vertritt, der in *Allegories of Reading* (1979; *Allegorien des Lesens*,

Widersprüche im Text

1988) den Widerspruch zwischen metaphorischer und metonymischer Lesart betont.

Die Dekonstruktion unterminiert damit auch die klaren Oppositionen der abendländischen Philosophie wie etwa Wahrheit und Lüge: die Wahrheit steht immer schon zu sich selbst in Differenz. Differenz aber setzt Derrida – ähnlich wie Lacan – mit Weiblichkeit gleich: Die Frau sei diejenige Instanz, die das binäre System subvertiere, wie Derrida ausführt. Die Frau, die der Dekonstruktivist im Anschluss an Friedrich Nietzsche als Schauspielerin konzipiert, lasse Wahrheit mit Maskerade zusammenfallen, setze als nicht-metaphysische Wahrheit relativierende Anführungszeichen um die Begriffe der abendländischen Philosophie (vgl. Derrida 1986, S. 135). Die Frau als ‚Wahrheit‘ scheint mithin eine Allegorie der Dekonstruktion selbst zu sein.

Weiblichkeit als Differenz

Dieses Modell bestätigt den prinzipiellen Ausschluss der Frau aus dem Identitätsdiskurs, denn sie gilt wiederum als das Andere, Fremde, Nicht-Identische, wie aus feministischer Perspektive kritisiert wurde. Die Literaturwissenschaftlerin Lena Lindhoff summiert Derridas Ansatz in ihrer *Einführung in die feministische Literaturtheorie* wie folgt:

> „Die Frau verkörpere bei Nietzsche eine Wahrheit, die sich bewusst geworden sei, dass sie Nicht-Wahrheit sei. Diese Funktion der Frau, so Derrida weiter, leite sich her von ihrer ‚Kastration‘, die sie zu einer immerwährenden Verschleierung ihres zentralen Mangels zwinge." (Lindhoff 1995, S. 101f.)

Nach Lindhoff gibt Derridas Begrifflichkeit preis – er spricht von Stil, Stilett, Schreibfeder, Sporn, vom Dolch, der sich hinter dem weiblichen Hymen / Schleier verberge –, „worum es Derrida eigentlich geht: um den ‚weiblich‘ gewordenen Mann" (Lindhoff 1995, S. 103). Derridas Nietzsche-Lektüre, so moniert Lindhoff, verbleibe im Zirkel imaginierter Weiblichkeit. Seine Ausführungen bestätigen den generellen Ausschluss der Frau aus dem Diskurs der Identität bzw. nutzen diese marginalisierte Position, um die statische männliche Ordnung im Namen der (weiblichen) Differenz zu unterlaufen.

Der Mann als Frau

6.4 Dekonstruktiver Feminismus

Übernimmt der amerikanische Feminismus dekonstruktivistische Lektürepraktiken, wie sie die Écriture feminine entwickelt, so macht der Sammelband *Dekonstruktiver Feminismus. Literaturwissenschaft in*

Amerika (1992) von Barbara Vinken diesen Ansatz aus den USA in Deutschland bekannt. In den Fokus rücken mit dieser Position Verschiebungs- und Projektionsvorgänge zwischen den divergenten Polen der Geschlechterordnung, die relationalen Beziehungen sowie die permanenten Aushandlungsprozesse zwischen den Geschlechtern. Weiblichkeit und Männlichkeit treten als kulturell-rhetorische Prozesse gemeinsam in den Blick, denn erst aus ihrem Zusammenspiel ergibt sich der Eindruck eines klar zu identifizierenden Geschlechts, das die dekonstruktivistischen Lektüren jedoch als labile Fiktion ausweisen.

Barbara Vinkens Lesart von Sigmund Freuds berühmter Vorlesung *Die Weiblichkeit* (1933) verdeutlicht entsprechend, dass der Analytiker eine subjektive Wahrnehmung (der kleine Junge sieht das Geschlecht der Frau *nicht*) zu einer essentialistischen Aussage transformiert, indem er das weibliche Geschlecht zu *Nichts* erklärt – ein Akt der Verdrängung und der Wesenszuschreibung. An Freuds Vorlesung zeigt sich Vinken mithin, dass Geschlechtsdefinitionen immer schon Interpretationen entspringen. „Sexualität ist [...] nicht gegeben, sie wird in einem Akt der Interpretation konstruiert" (Vinken 1992, S. 12), der Männlichkeit als Essenz, als Identität und Ganzheit behauptet, Weiblichkeit hingegen als Mangel.

Vinken vollzieht in ihrer Freud-Lektüre eine Bewegung nach, wie sie die Aufsätze des Bandes mehrfach rekonstruieren: Das Weibliche des Mannes wird abgespalten, um so die Fiktion männlicher Geschlossenheit zu etablieren. Versuchen Textualität und Sexualität diejenigen Momente, die (männliche) Identität in Frage stellen, zum Verschwinden zu bringen, so hat die dekonstruktivistische Lektüre die Aufgabe, genau diese Akte der Verdrängung sichtbar zu machen. Textualität und Sexualität produzieren – so Vinken in ihrer Einleitung – Sinn und Identität, deshalb muss die Lektüre dieser Maskerade misstrauen und die (misslingenden) Kontrollstrategien eines Textes freilegen. Vinken bezeichnet einen solchen Akt des Lesens als weiblich, ohne damit das biologische Geschlecht (der Leserin) zu meinen. Weibliches Lesen findet vielmehr immer dann statt, wenn die Verdrängung von Differenz aufgezeigt wird.

Die dekonstruktiven Prämissen setzt auch Shoshana Felman in ihrer Analyse von Honoré de Balzacs Erzählung *Das Mädchen mit den Goldaugen* um. Felman zeigt, dass die vordergründig etablierte binäre Geschlechterordnung durch die widersprüchliche Zuordnung von Attributen, durch Inkohärenzen zwischen Eigennamen und Geschehnissen sowie durch den Tausch von Positionen unterlaufen wird. Ihr

Relationale Verhältnisse

Geschlecht als Interpretation

Lektüre und Verdrängung

Balzac in dekonstruktivistischer Analyse

Verfahren besteht darin, Brüche zwischen der textuellen Oberfläche der Erzählung und den subtextuellen Einschreibungen nachzuweisen, die die behauptete Identität der Figuren zersetzen. Henri, der Protagonist Balzacs, ist von den Goldaugen einer jungen Frau fasziniert, die als narzisstische Spiegel fungieren: Er erscheint sich selbst in den glänzenden Augen als Ganzheit. Die Frau ist ein Screen und lediglich das, was der Mann in ihr sieht. Im Verlauf der Erzählung stellt sich heraus, dass die Begehrte, Paquita, zugleich die Geliebte der Schwester von Henri ist. Paquita ist entsprechend fasziniert von der Ähnlichkeit Henris mit einer Frau (seiner Schwester), das heißt sie sieht den Mann als Metapher der Frau – eine Umkehrung, die die Frau zum Eigentlichen, den Mann zum ähnlichen Substitut werden lässt. In beiden Fällen jedoch wird das andere Geschlecht nach Maßgabe des eigenen wahrgenommen, so dass eine Erfahrung von Differenz nicht möglich ist.

Spiegelungen

Felman arbeitet mit dem Konzept des Deckschirms – ein Begriff der Psychoanalyse, der verschleiernde Fantasien von traumatischen Erfahrungen bezeichnet. Paquita fungiert als „Deck-Frau", denn sie verhüllt, dass die Erzählung ein ganz anderes, tabuisiertes Verhältnis behandelt, nämlich den Inzest zwischen Bruder und Schwester. Insofern „Paquitas goldene Augen bloß ein vermittelnder Spiegel sind, in dem Bruder und Schwester auf je eigene Weise ihr eigenes idealisiertes Spiegelbild erblicken und sich in ihre eigene Reflexion verlieben, ist es nur natürlich, daß sie desgleichen *ihr eigenes Bild* in jedem anderen begehren würden, wobei jedes die exakte *Reflexion* des anderen ist." (Felman 1992, S. 49) Das inzestuöse Begehren zwischen Bruder und Schwester wird noch dazu durch die Figur des Vaters und seinen Inzest erweitert, wobei die Bezeichnung „Lord" (für den Vater) im Leitmotiv der Erzählung, im „or" (Gold), wiederkehrt. Dekonstruktivistische Lektüren arbeiten auch auf der Ebene der Buchstaben, der Materialität des Textes und gehen den gleitenden Bedeutungen der Signifikanten nach.

Deckfantasien

Henri erkennt sich während des Mords an Paquita, auf den die Erzählung unweigerlich zuläuft, in seiner Schwester wieder, sieht sich mithin als das Andere, als weiblich, als nicht mit sich identisch, so dass die scheinbar strikte Opposition von Mann und Frau kollabiert:

Das Weibliche im Männlichen

> „Männlichkeit, entdeckt Henri, ist keine Substanz, von der Weiblichkeit das *Gegenteil* wäre, d. h. *Mangel* und negative *Reflexion* zugleich. Da Henri selbst das Gesicht einer Frau hat, ist das Weibliche, entdeckt Henri, nicht *außerhalb* des Männlichen, ist es nicht sein versicherndes heimliches *Gegenteil*; es ist *innerhalb* des

Männlichen, es ist dessen unheimliche *Differenz von sich selbst.*" (Felman 1992, S. 57)
Das Weibliche fungiert in Felmans Lektüre, ähnlich wie bei Derrida, als Metapher für die Auflösung der Geschlechterordnung und weist auch Männlichkeitsentwürfe als Mangelkonstruktionen aus, stellt mithin den männlichen Identitätsanspruch in Frage.

Zusammenfassung Die Psychoanalyse Lacans, die Écriture feminine und die Dekonstruktion Derridas führen – auch das sollte deutlich geworden sein – zu einer umfassenden Theoretisierung des Feminismus, und zwar im Namen der Differenz, die binäre Systeme (Wahrheit/Lüge, Mann/Frau) grundsätzlich in Frage stellt und dafür sorgt, dass der eine Aspekt im jeweils anderen, oppositorischen enthalten ist. Die Écriture feminine entwickelt von einer fundamentalen Rationalitäts- und Subjektkritik aus Poetiken eines fluiden, beweglichen (weiblichen) Schreibens jenseits der (männlichen) Sprache der Abstraktion, ähnlich wie die Dekonstruktion und der dekonstruktive Feminismus die Identität von Subjekt, Geschlecht und Sprache unterlaufen. Judith Butler, die für die deutschsprachigen Gender Studies zentral ist und im folgenden Kapitel behandelt wird, kritisiert in Anlehnung an Michel Foucault ebenfalls vertraute Identitätskonstruktionen.

Fragen und Anregungen

- Wie beschreibt Lacan die Spiegelphase und warum ist seiner Auffassung nach Sprache immer schon auf einen unaufhebbaren Mangel bezogen?

- Welche Funktion hat die Differenz in Derridas Sprachkonzept und warum kann sie weiblich konnotiert werden?

- Rekonstruieren Sie die feministische Kritik an dieser Funktion von Weiblichkeit.

- Wie sieht gemäß der Écriture feminine weibliches Schreiben aus?

- Wie definiert Barbara Vinken weibliches Lesen?

• Lesen Sie Balzacs Erzählung *Das Mädchen mit den Goldaugen*
sowie Felmans Aufsatz und vollziehen Sie die Argumentation nach.

Lektüreempfehlungen

• Hélène Cixous: Schreiben, Feminität, Veränderung, in: Das Lächeln
der Medusa. Alternative 108/109 (1976), S. 134–154. *Skizziert
die Poetik eines weiblichen Schreibens.*

• Luce Irigaray: Speculum. Spiegel des anderen Geschlechts, Frankfurt a. M. 1980. *Die Dissertation begreift die männliche Theoriesprache als Verdrängung des Körperlichen.*

• Julia Kristeva: Die Revolution der poetischen Sprache, Frankfurt
a. M. 1978. *Trifft die zentrale Unterscheidung zwischen symboli-
scher und semiotischer Sprache.*

• Jacques Lacan: Das Spiegelstadium als Bildner der Ichfunktion
[1949/73], in: ders., Schriften I. Ausgewählt, hg. von Norbert
Haas, Weinheim/Berlin 1991, S. 61–70. *Beschreibt die Funktion
der imaginären Spiegelphase zwischen Ganzheits- und Destruktionserfahrungen.*

• Lena Lindhoff: Einführung in die feministische Literaturtheorie,
Stuttgart 1995. *Setzt sich insbesondere mit den Ansätzen der
Écriture feminine auseinander.*

• Barbara Vinken (Hg.): Dekonstruktiver Feminismus. Literaturwissenschaft in Amerika, Frankfurt a. M. 1992. *Versammelt einschlägige Aufsätze von Drucilla Cornell, Shoshana Felman, Mary
Jacobus, Eve Kosofsky Sedgwick, Bettine Menke, Toril Moi etc.*

7 Die Diskursanalyse und die Identitäts- kritik Judith Butlers

Auguste Leubelfing wirtschaftete hastvoll, wie berauscht in ihrer Kammer, packte einen Mantelsack, warf sich eilfertig in die Kleider ihres Vaters, die ihrem schlanken und knappen Wuchs wie angegossen saßen, und dann auf die Knie zu einem kurzen Stoßseufzer, um Vergebung und Begünstigung des Abenteuers betend. [...] Der in schwedische Uniform gekleidete Scheinjüngling neigte sich über die vertrocknete Hand des Alten, küßte sie zweimal mit Rührung und wurde von ihm dankbar gesegnet; dann aber plötzlich in eine unbändige Lustigkeit übergehend, ergriff der Page die Rechte des jungen Leubelfing, schwang sie hin und her und rief: „Lebt wohl, Junfger Base!" Der Kornett schüttelte sich vor Lachen.

Conrad Ferdinand Meyer: *Gustav Adolfs Page* (1882)

Die im Dreißigjährigen Krieg spielende historische Novelle „Gustav Adolfs Page" (1882) von Conrad Ferdinand Meyer handelt von einem Kleidertausch, von Cross-dressing: Eine junge Frau schlüpft in die Uniform ihres Vaters und begleitet als Page den großen König Adolf. Die Erzählung versucht, das männliche Personal zu neuen / alten Werten zu erziehen – Auguste als „Scheinjüngling" lebt verloren gegangene ‚männliche Tugenden' wie Treue und Opferbereitschaft vor, die dem wenig mutigen jungen Leubelfing offensichtlich fehlen; er wird in ihren Abschiedsworten verweiblicht. Die Erzählung bestraft jedoch letztendlich die Maskerade der jungen Frau – sie bezahlt ihren Geschlechterwechsel mit dem Tod –, denn ihre Travestie hat grundsätzlich subversives Potenzial, das die Geschlechterordnung und damit das Programm einer neuen Männlichkeit verunsichert. Die Travestie lässt nämlich kenntlich werden, dass Männlichkeit und Weiblichkeit performativ, das heißt durch bestimmte Kleider- und Bewegungscodes sowie sprachliche Akte hervorgebracht werden, wie Judith Butler in ihrer Auseinandersetzung mit Michel Foucaults Diskursanalyse entwickelt.

Im folgenden Kapitel soll zunächst Michel Foucaults Diskursbegriff skizziert werden, denn seine Argumentation spielt für Judith Butlers Performanztheorie eine wesentliche Rolle. Diskurse regeln nach Foucault, was wie gesagt werden kann, sind also normativ und generieren, um sich selbst unkenntlich zu machen, die Fiktion eines autonomen innerlichen Subjekts sowie einer natürlichen Geschlechterdifferenz. Für Foucault ist es jedoch der Körper, der durch seine Disziplinierung, durch die Einschreibungen auf seiner Oberfläche, Seele und Innerlichkeit entstehen lässt. Butler definiert entsprechend das (scheinbar wesenhafte) Geschlecht als Effekt äußerlicher Verhaltensweisen, von Kleidung, Gestik, Mimik etc., von Performanz also. Butler verabschiedet zudem die vom Feminismus unterstellte Differenz zwischen Sex und Gender.

7.1 Die Diskursanalyse Michel Foucaults
7.2 Die Performanztheorie Judith Butlers
7.3 Die Ambivalenz der Travestie

7.1 Die Diskursanalyse Michel Foucaults

Michel Foucault geht in seinen Schriften den Entstehungsbedingungen des (bürgerlichen) Subjekts insbesondere um 1800 nach. Er untersucht, auf welche Weise die scheinbar selbstverständliche Einheit und Autonomie des Subjekts durch reglementierende Sprachformen hervorgebracht werden, denn nach Foucault sind es diskursive Ordnungen, die das bürgerliche Individuum produzieren. Insofern bricht er auch mit der Grundannahme, es gäbe autonome, selbstbestimmte Identitäten. Diese sind nach Foucault vielmehr Effekte von Machtdiskursen, die ihrerseits kaum greifbar sind, weil sie über raffinierte Strategien der Verschleierung verfügen.

Die Entstehung des Subjekts

Nach Foucault definieren Diskurse, was als wahr / falsch, normal / wahnsinnig und sagbar / unsagbar gilt. Diskurse – die Bedeutung des Begriffs variiert in Foucaults Schriften allerdings – sind diejenigen Ordnungen, die den einzelnen Aussagen zugrunde liegen, diese kontrollieren, selektieren und kanalisieren (vgl. Foucault 1974), zum Beispiel durch Verbote, wie sie die Rede über Sexualität organisieren. Weitere diskursive Strategien bestehen darin, Vernunft und Wahnsinn sowie Wahrheit und Falschheit gegenüberzustellen.

Diskurse

Ein Diskurs bezeichnet also die Möglichkeitsbedingungen von Aussagen, die zum Archiv einer Epoche zusammengestellt werden können – in der Renaissance beispielsweise herrschen andere Diskurse als in der bürgerlichen Moderne. Mögliche Untersuchungsfelder wären entsprechend – so skizziert Foucault in seiner Vorlesung *L'ordre du discours* (1971; *Die Ordnung des Diskurses*, 1974) – Wahnsinn und Normalität in der Klassik, die Sprechverbote, die vom 16. bis zum 19. Jahrhundert die Sexualität reglementierten unter Berücksichtigung der Beichtpraxis, der Medizin und der Psychiatrie, das System der Strafjustiz sowie die Literaturkritik und Literaturgeschichte, die im 19. Jahrhundert die Persönlichkeit des Autors glorifizierten und das Werk auratisierten. Insbesondere die Epochenschwelle um 1800 ist für Foucault interessant, denn in diesem Zeitraum beginnen sich die Humanwissenschaften (Anthropologie, Medizin, Psychiatrie) zu etablieren, die das bürgerliche Subjekt samt seiner ausdifferenzierten ‚Innenlandschaften' entstehen lassen.

Untersuchungsfelder

Dieses bürgerliche Subjekt ist primär innengeleitet, das heißt es kontrolliert und überwacht sich selbst durch sein Verantwortungsgefühl und Gewissen (vgl. Kammler 1986, S. 140f.), wobei die Verfahren der Selbstorganisation über den Körper implementiert werden – dieser Gedanke wird für die Gender Studies zentral. Foucault zeige

Gewissen und Körper

auf, „daß die Herrschaft des Subjekts über sich selbst vom Körper ausgeht, nicht von einem Willen, einem Ich oder einer anderen inneren Instanz. Der beherrschte Körper beherrscht sich selbst. Er ist, wie man im Sport sagt, ‚in Form'. Es gibt keine Priorität der Kontrolle von Denken, Willen oder eines abstrakten Personenkonzepts. Die Kontrollinstanzen sind über den ganzen Körper verteilt." (Gebauer / Wulf 1998, S. 53) Im Zentrum von Foucaults Recherchen stehen also die disziplinierten Körper bzw. „die körperliche Leistungskraft. Dieses Interesse ist eine Folge der veränderten Anforderungen, die an die Individuen als Produktivkräfte gestellt werden." (Marti 1988, S. 84) Denn der bürgerliche Mensch ist vor allem der arbeitende, dessen körperliche Organisation den Imperativen der Produktivität folgt.

Das Thema Körper behandelt Foucault unter anderem in seiner mehrbändigen Studie *Histoire de la sexualité* (1976–84; *Sexualität und Wahrheit*, 1977–86) – ein Gründungstext der Queer Studies (→ KAPITEL 8) – und in der Untersuchung *Surveiller et punir. La naissance de la prison* (1975; *Überwachen und Strafen. Die Geburt des Gefängnisses*, 1976) die sich der ‚Kultur der Züchtigung' widmet, das heißt die Strafsysteme der vorbürgerlichen Zeit mit modernen Überwachungsmethoden vergleicht. Die gesamte Ökonomie der Züchtigungen wurde – so Foucaults Befund – innerhalb eines relativ kurzen Zeitraums umgestellt: Vollstreckte man Strafen zunächst in Form von körperlich-öffentlichen Schauspielen, deren Grausamkeit die Macht des Herrschers spiegeln, so wurde die Bestrafung um 1800 in nicht-öffentliche Bereiche wie Kolonien, Gefängnisse etc. verlagert und von Institutionen überwacht. Die Martern verschwinden zugunsten eines Strafsystems, das die Körper durch subtilere Methoden reglementiert – durch den Blick und Signale. Auch literarische Texte dokumentieren diesen einschneidenden Paradigmenwechsel an der Schwelle zur bürgerlichen Moderne: In Goethes Roman *Wilhelm Meisters Lehrjahre* (1795 / 96) beispielsweise sind beide Strafformen, die vorbürgerlich-körperliche wie die bürgerlich-innerliche, präsent (vgl. Kaiser / Kittler 1978). Kafkas Texte, insbesondere die Erzählung *In der Strafkolonie* (1919) und der Justizroman *Der Proceß* (1925), überlagern beide Strafpraktiken.

Der reglementierende Umgang mit dem Körper findet – so führt Foucault in *Überwachen und Strafen* weiter aus – ein Pendant in der Pädagogik, die ihre Zöglinge mithilfe von Signalen abrichtet, ebenso in der Arbeitswelt, in den Fabriken. Foucault diagnostiziert also in diversen Bereichen eine neue Präzision in der Zerlegung von Gesten

Disziplinierte Körper

Züchtigung und Überwachung

Literatur und Strafe

und Bewegungen. Der Körper wird an zeitliche Imperative angepasst, die die Produktivität und Disziplin steigern. Die Seele, das Innere des Menschen, ist ein Produkt dieser körperlichen Einschreibungen, wobei das so entstehende Innere das körperliche Verhalten seinerseits überwacht. Dieses Wechselverhältnis kehrt die platonische Rede vom Körper als Gefängnis der Seele um; Foucault erklärt:

> „Eine ‚Seele' wohnt in ihm [dem Körper; Anm. d. Verf.] und schafft ihm eine Existenz, die selber ein Stück der Herrschaft ist, welche die Macht über den Körper ausübt. Die Seele: Effekt und Instrument einer politischen Anatomie. Die Seele: Gefängnis des Körpers." (Foucault 1976, S. 42)

Die Seele als Produkt des Körpers

Diese Argumentationsfigur, die das Innere (die Seele) aus dem gesellschaftlich reglementierten Äußeren (dem Körper) ableitet, wird Judith Butler aufgreifen, um Geschlechtlichkeit und anatomische Körperdiskurse als kulturelle Konstruktionen vorzuführen.

7.2 Die Performanztheorie Judith Butlers

Judith Butlers Untersuchung *Gender Trouble. Feminism and the Subversion of Identity* (1990; *Das Unbehagen der Geschlechter*, 1991) ist für die Gender Studies in Deutschland von grundlegender Bedeutung. Diese Studie verabschiedet zum einen einschlägige feministische Annahmen wie die Trennung Sex / Gender und kann zum anderen als wichtiger Text der Queer Studies gelten, denn Butler arbeitet an der kulturellen Sichtbarkeit eines verdrängten homosexuellen Begehrens und kritisiert die „Zwangsheterosexualität", zu der die herrschende Ordnung verpflichte.

Gründungstext

Butler erteilt in ihrer Studie jeglichen Identitätskonstruktionen eine Absage, kritisiert also auch diejenigen feministischen Modelle, die die Frau als autonomes Subjekt imaginieren und gleichberechtigt in die männliche Ordnung zu integrieren versuchen. Denn der Diskurs des (männlichen) Subjekts sei – so argumentiert Butler – grundsätzlich ein Ort der Macht, der Unterwerfung und Reglementierung. Das Subjekt ist für Butler unhintergehbar ein Produkt diskursiver Machtstrukturen, wie sie Michel Foucault freigelegt hat. Wollen Frauen mithin zu Subjekten werden, so ist ihr Emanzipationsversuch bereits deshalb zum Scheitern verurteilt, weil Subjektsein prinzipiell Unterwerfung bedeutet.

Macht und Unterwerfung

> „Meine These ist, daß die unterstellte Universalität und Integrität des feministischen Subjekts gerade von den Einschränkungen des

Repräsentationsdiskurses unterminiert wird, in dem dieses Subjekt funktioniert." (Butler 1991, S. 20)

Zudem würde die Teilnahme von Frauen am verbindlichen Subjektdiskurs einen wesentlichen Bestandteil dieser Ordnung bestätigen – die Zwangsheterosexualität. Ähnlich wie Sigmund Freud ist Butler der Überzeugung, dass die Kultur ein weitaus vielfältigeres Begehren kanalisiert und auf die Norm der Heterosexualität festlegt.

Sex und Gender　Butlers fundamentale Identitätskritik führt dazu, dass sie auch die Kategorien Sex (biologisches Geschlecht) und Gender (kulturelles Geschlecht) in Frage stellt. Kate Millett und der ältere Feminismus waren von einer Diskontinuität zwischen Anatomie und Geschlechtsidentität ausgegangen, nach der die soziale Geschlechtsidentität der biologischen Ausstattung nicht entsprechen muss (→ KAPITEL 4.3). Eine Person, die anatomisch als Frau zu bezeichnen ist, muss in kultureller Hinsicht nicht notwendigerweise weiblich sein. Werden in dieser Argumentation Sex und Gender voneinander abgekoppelt, so lässt sich nach Butler kein Grund dafür anführen, warum es lediglich zwei Gender-Kategorien, nämlich männlich und weiblich geben soll.

„Wenn wir [...] den kulturell bedingten Status der Geschlechtsidentität als radikal unabhängig vom anatomischen Geschlecht denken, wird die Geschlechtsidentität selbst zu einem freischwebenden Artefakt." (Butler 1991, S. 23)

Butler kritisiert das Konzept eines geschlechtlich determinierten Körpers als Bestandteil der abendländischen „Metaphysik der Substanz".

Biologie als Kultur　Auch Biologie sei eine kulturelle Größe, auch das anatomische Geschlecht eine gesellschaftliche Konstruktion, die die Machtverhältnisse wissenschaftlich beglaubige. Butler fragt sich:

„Werden die angeblich natürlichen Sachverhalte des Geschlechts nicht in Wirklichkeit diskursiv produziert, nämlich durch verschiedene wissenschaftliche Diskurse, die im Dienste anderer politischer und gesellschaftlicher Interessen stehen? Wenn man den unveränderlichen Charakter des Geschlechts bestreitet, erweist sich dieses Konstrukt namens ‚Geschlecht' vielleicht als ebenso kulturell hervorgebracht wie die Geschlechtsidentität. Ja, möglicherweise ist **Sex als Gender** das Geschlecht (*sex*) immer schon Geschlechtsidentität (*gender*) gewesen, so daß sich herausstellt, daß die Unterscheidung zwischen Geschlecht und Geschlechtsidentität letztlich gar keine Unterscheidung ist." (Butler 1991, S. 23f.)

Butler verabschiedet eine der Grundannahmen des Feminismus, nämlich die Differenz zwischen Gender und Sex, zwischen Geschlecht als kultureller und anatomischer Größe.

Nach Butler produziert das soziale Geschlecht das anatomische, Anatomie als Kultur
das damit ebenfalls eine kulturelle Größe ist, gleichwohl als irreversible Naturbestimmung erscheint. Die Geschlechtsidentität (Gender) bringt also den Körper als scheinbar vordiskursive, natürliche Determinante hervor.

„[Die] Produktion des Geschlechts *als* vordiskursive Gegebenheit muß umgekehrt als Effekt jenes kulturellen Konstruktionsapparats verstanden werden, den der Begriff ‚Geschlechtsidentität' (*gender*) bezeichnet." (Butler 1991, S. 24)

In Anlehnung an Foucault postuliert Butler, dass es keinen natürlichen Körper jenseits seiner zivilisatorischen Zurichtung gibt. Der geschlechtliche Leib ist in jeder Hinsicht eine gesellschaftliche Konstruktion, seine Anatomie ein Produkt kultureller Markierungen.

Der herrschende (Identitäts-)Diskurs sorgt darüber hinaus für eine scheinbar selbstverständliche Kontinuität zwischen Sex, Gender und Begehren, die für die heterosexuelle Norm funktionalisiert und als substanzieller Zusammenhang behauptet wird. Das anatomische Geschlecht (weiblich) scheint beispielsweise zu bestimmen, wen ich begehre (den Mann). Auch diese Gender coherence entsteht jedoch – und damit kommt ein zentraler Begriff Butlers ins Spiel – durch Per- Performanz formanz, durch (regulierbare) Akte. Dieses Performanz-Konzept (vgl. Butler 1998) fußt auf der Sprechakttheorie von John L. Austin, der bestimmte Sprechweisen als Handlungen beschreibt (etwa: „ich taufe dich") (vgl. Austin 1972). Maßgeblich für die Übernahme der linguistischen Sprechakttheorie in die Kulturwissenschaften ist die Debatte zwischen John R. Searle (Searle 1977) und Jacques Derrida (Derrida 1995) über Austins berühmte Schrift *How to do Things with Words* (1962; *Zur Theorie der Sprechakte*, 1972).

Ähnlich wie Simone de Beauvoir in ihrem Klassiker *Das andere Geschlecht* (1949 → KAPITEL 4.2) geht Judith Butler davon aus, dass Geschlecht als Handeln Geschlecht ein Tun ist, oder anders formuliert, dass die wesenhaft-innerliche Identität ein Effekt äußerlicher Verrichtungen ist – diese Argumentationsfigur erinnert an Foucault. Butler führt aus:

„In diesem Sinne ist die Geschlechtsidentität (*gender*) weder ein Substantiv noch eine Sammlung freischwebender Attribute. Denn wie wir gesehen haben, wird der substantivische Effekt der Geschlechtsidentität durch die Regulierungsverfahren der Geschlechter-Kohärenz (*gender coherence*) performativ hervorgebracht und erzwungen. Innerhalb des überlieferten Diskurses der Metaphysik der Substanz erweist sich also die Geschlechtsidentität als performativ, d. h. sie selbst konstituiert die Identität, die sie angeblich ist. In diesem Sinne ist die Geschlechtsidentität ein Tun, wenn auch nicht das Tun eines Subjekts, von dem sich sagen ließe, daß es der Tat vorangeht." (Butler 1991, S. 49)

Geschlecht als Wiederholung

Männlichkeit und Weiblichkeit ergeben sich aus permanenten Wiederholungen kultureller Praktiken; Geschlecht ist „ein Werden und Konstruieren [...], von dem man nie rechtmäßig sagen kann, daß es gerade beginnt oder zu Ende geht. Als fortdauernde diskursive Praxis ist dieser Prozeß vielmehr stets offen für Eingriffe und neue Bedeutungen" (Butler 1991, S. 60) und damit für subversive Verschiebungen, die zum Beispiel ein verdrängtes homosexuelles Begehren manifest werden lassen.

Vor dem Hintergrund des Performanz-Theorems wird das Verhältnis von Innen (Seele, Geist) und Außen (Körper) neu überdacht. Butler setzt sich in *Das Unbehagen der Geschlechter* neben Michel Foucault mit Theoretikerinnen der Écriture feminine wie Monique Wittig und Julia Kristeva auseinander, die ebenfalls davon ausgehen, „daß die Oberfläche des Körpers: die Haut, systematisch durch Tabus und antizipierte Übertretungen bezeichnet wird" (Butler 1991, S. 194). Diese reglementierenden Einschreibungen produzieren Innerlichkeit; die kulturellen Gebote und Verbote, die den Körper markieren, lassen die Seele bzw. einen Ort entstehen, der als Gegenteil des Körpers, nämlich als Geist, definiert wird. Innerlichkeit, Wesen und Geschlecht sind Produkte kultureller Verfahren wie Mimik, Gestik und Kleidung:

Körperpolitik

> „[D]ie Akte, Gesten und Begehren erzeugen den Effekt eines inneren Kerns oder einer inneren Substanz; doch erzeugen sie ihn *auf der Oberfläche* des Körpers, und zwar durch das Spiel der bezeichnenden Abwesenheiten, die zwar auf das organisierende Identitätsprinzip hinweisen, aber es niemals enthüllen. Diese im allgemeinen konstruierten Akte, Gesten und Inszenierungen erweisen sich insofern als *performativ*, als das Wesen oder die Identität, die sie angeblich zum Ausdruck bringen, vielmehr durch leibliche Zeichen und andere diskursive Mittel hergestellte und aufrechterhaltene Fabrikationen / Erfindungen sind." (Butler 1991, S. 200)

Transvestitismus

Vor allem eine Figur lässt die Performativität von Geschlecht erkennbar werden: der Transvestit / die Transvestitin, deren Maskerade vorführt, dass Geschlecht durch Imitation entsteht, nicht aber Essenz ist. Der Transvestitismus unterläuft die verbindliche Unterscheidung von Innen und Außen, indem die Geschlechtsidentität auf der Oberfläche des Körpers erzeugt wird. Marjorie Garber, die das Butlersche Konzept in ihrem Kompendium *Vested Interests. Cross-dressing and Cul-*

tural Anxiety (1992; *Verhüllte Interessen. Transvestismus und kulturelle Angst*, 1993) an einer Vielzahl von Fallgeschichten illustriert, erklärt den Gestus des Transvestiten deshalb zur „Urszene von Kulturproduktion", wie Liebrand unterstreicht (Liebrand 1999b, S. 25). Obgleich Transvestiten meist Geschlechterrepräsentationen aufgreifen, die zu einer frauenverachtenden Kultur gehören, also ‚typische‘ Weiblichkeit reproduzieren, werden die Stereotype „durch ihre parodistische Re-Kontextualisierung entnaturalisiert und in Bewegung gebracht. Als Imitationen, die die Bedeutung des Originals verschieben, imitieren sie den Mythos der Ursprünglichkeit selbst." (Butler 1991, S. 203) Der Transvestit wiederholt die kulturellen Geschlechterimagines *und* überschreitet sie.

„Urszene von Kulturproduktion"

Diese emphatische Einschätzung des Transvestitischen wurde in der lebhaften Diskussion, die Butlers Studie provoziert hat, wiederholt kritisiert. Hilge Landweer beispielsweise betont, dass der Transvestit die Geschlechterbinarität trotz scheinbarer Überschreitung aufrecht erhalte: Sei das ‚Oben‘ (das Erscheinungsbild) anders organisiert als das ‚Unten‘, das kulturelle Geschlecht anders als das anatomische, so ergebe sich die Irritation allein durch den Bezug zur Anatomie. Der Transvestitismus brauche „ein Wissen oder die gezielte und gewollte Unsicherheit des Publikums hinsichtlich des anatomischen Geschlechts des/der Darstellenden [...], um den *performance*-Charakter der Situation überhaupt zur Geltung bringen zu können" (Landweer 1994, S. 144). Gegen das Butlersche Modell wurden zudem vordiskursive (weibliche) Körpererfahrungen ins Feld geführt. Die Historikerin Barbara Duden wirft Butler vor, eine „Frau ohne Unterleib" zu konstruieren, und hält ihrerseits an authentischen Leibeswahrnehmungen von Frauen fest, wie sie historische Texte dokumentieren (Duden 1993, S. 24). Butlers Ausführungen wollen jedoch lediglich dazu anregen, Körperbilder und -erfahrungen als historisch codierte und diskursiv reglementierte wahrzunehmen, wie Isabell Lorey betont (vgl. Lorey 1995).

Kritik

Die Forschung moniert darüber hinaus Butlers Aufkündigung eines weiblichen politischen Engagements bzw. die Absage an politisch agierende Subjekte. Ihr Ansatz scheint Frauen die ohnehin problematische Teilnahme am (politischen) Identitätsdiskurs regelrecht zu untersagen. Die US-amerikanische Professorin für politische Theorie, Seyla Benhabib, hält fest:

Politisches Engagement

> „Was aus einer solchen nietzscheanischen Position folgt, ist die Vorstellung vom Ich als maskiertem Darsteller, nur daß wir nun denken sollen, daß diese Maske gar kein Ich verbirgt. Wenn man

davon ausgeht, wie zart und zerbrechlich das Selbstgefühl von Frauen in vielen Fällen ist und wie sehr sich ihre Kämpfe um Autonomie als Fehlschlag und Mißerfolg erwiesen haben, erscheint mir diese Reduzierung der weiblichen Handlungsfähigkeit auf ein ‚Tun ohne Täter‘ bestenfalls der Versuch, aus der Not eine Tugend zu machen." (Benhabib 1993, S. 15; 1995)

Butler wird in ihren Schriften, die auf *Das Unbehagen der Geschlechter* folgen, zwar nicht die Absage an ein autonomes Subjekt aufgeben, wohl aber das Verhältnis von Affirmation und Subversion (in der Travestie) neu bestimmen.

Affirmation und Subversion

7.3 Die Ambivalenz der Travestie

Bewertet Judith Butler Performanz in *Das Unbehagen der Geschlechter* als prinzipiell subversive Strategie, so nimmt sie diese Einschätzung in der sich anschließenden Studie *Bodies that Matter. On the Discursive Limits of „Sex"* (1993; *Körper von Gewicht. Die diskursiven Grenzen des Geschlechts*, 1995) zurück: Drag, also Travestie, könne „so gut im Dienst der Entnaturalisierung wie der Reidealisierung übertriebener heterosexueller Geschlechtsnormen stehen" (Butler 1995, S. 170). Ausgangspunkt dieser Untersuchung ist Louis Althussers Konzept der Anrufung, das die ambivalente Stellung des Subjekts zwischen Macht und Ohnmacht illustriert, und zwar am Beispiel eines Polizisten, der jemanden auf der Straße anruft. Dieser Ruf konstituiert die angesprochene Person als Subjekt, indem sie den staatlich-öffentlichen Reglements unterworfen wird. Die Integration in die gesellschaftlichen Ordnungssysteme ermöglicht jedoch zugleich das Aufbegehren des Subjekts und versieht es mit Macht. Die Anrufung produziert also nicht nur Angst und die Unterwerfung unter das Gesetz, sondern positioniert das Subjekt im sozialen Raum und eröffnet Handlungsspielräume, in denen das Gesetz verschoben und zerstört werden kann.

Althussers Begriff der Anrufung

Macht als Ohnmacht

Macht und Ohnmacht des Subjekts sind mithin unaufhebbar verklammert, denn die Erfüllung des Gesetzes kann seine Überschreitung bedeuten.

„Wo die Einheitlichkeit des Subjekts erwartet wird, wo die Verhaltenskonformität des Subjekts befohlen wird, könnte die Ablehnung des Gesetzes in Form einer parodistischen Ausfüllung der Konformität erzeugt werden, die die Legitimität des Befehls subtil fragwürdig macht, eine Wiederholung, die das Gesetz in die Übertreibung hineinzieht, eine Neuformulierung des Gesetzes gegen die Autorität desjenigen, der es hervorbringt." (Butler 1995, S. 166) Das Gesetz muss, weil es auf Wiederholungen angewiesen ist, mit Fehlschlägen rechnen.

Vor dem Hintergrund dieses Modells ist ein rein subversives Konzept von Drag nicht denkbar. Das performative Spiel mit Geschlechtsidentitäten enthält notwendigerweise sowohl ein Moment der Anerkennung als auch der Überschreitung, wie Butler am Beispiel des Films *Paris is burning* (1991, Regie und Produktion Jennie Livingston) ausführt. Diese Dokumentation über Bälle von afroamerikanischen Transvestiten in Harlem legt das komplexe Zusammenspiel von Race und Gender frei, das die Akteure in einem Geflecht aus widersprüchlichen ethnischen und geschlechtlichen Zuschreibungen situiert. Spielt ein Latino eine weiße Frau aus der Upper Class, so verbindet sich eine Chiffre der Macht (weiße Haut) mit einem Zeichen der Ohnmacht (Frausein). „Das Subjekt ist [...] die inkohärente und mobilisierende Verzahnung von Identifizierungen" (Butler 1995, S. 177), wobei die sexuelle Differenz der ethnischen nicht vorausgeht.

Anerkennung und Überschreitung

Der Film mache deutlich, „daß die Ordnung der sexuellen Differenz gegenüber derjenigen von Rasse oder Klasse in der Subjektkonstitution nicht vorgängig ist: ja, daß das Symbolische tatsächlich zugleich auch in einer Anzahl rassisierender Normen besteht und daß die Normen der Echtheit, von denen das Subjekt hervorgebracht wird, rassisch geprägte Konzeptionen des ‚biologischen Geschlechts' sind" (Butler 1995, S. 176). Erst Gender, Class und Race gemeinsam konstituieren das Subjekt als Knotenpunkt widersprüchlicher Zuschreibungen, die eine eindeutige Bestätigung oder Subversion der Normen unmöglich werden lassen (→ KAPITEL 9.1). Die Harlemer Bälle experimentieren darüber hinaus mit innovativen Familienordnungen, wie sie Butler in ihrer Studie *Antigone's Claim. Kinship between Life and Death* (2000; *Antigones Verlangen. Verwandtschaft zwischen Leben und Tod*, 2001) ausführlicher untersucht. Auch Verwandtschaft ist nach Butler keine natürliche unwiderrufliche Situation, sondern ein Bündel variierbarer kultureller Praktiken, zu denen auch das Inzest-Verbot gehört.

Gender, Race und Class

Judith Butlers Untersuchungen, die Philosophie, Rhetorik und Diskursanalyse verbinden, problematisieren Identität und bestimmen das Subjekt als Knotenpunkt sich widersprechender reglementierender Praktiken. Die scheinbar natürliche Geschlechterordnung – Begehren und Geschlecht sind kausal verknüpft, das Begehren heterosexuell und es gibt ein weibliches wie männliches ‚Wesen' – ergibt sich aus

Zusammenfassung

disziplinarischen Zurichtungen des Körpers, die ein vielfältiges Begehren „verknappen", wie es in der Sprache Foucaults heißen würde. Butler weist Sex grundsätzlich als Gender aus, Anatomie als kulturelles Konstrukt und Geschlechtlichkeit als Produkt performativer Akte, die in ihren Wiederholungen die Norm sowohl bestätigen als auch unterlaufen können.

Fragen und Anregungen

• Warum können Innerlichkeit und Seele als Produkte des Körpers beschrieben werden?

• Warum bringt Foucaults Diskursbegriff eine Absage an das autonome Subjekt mit sich?

• Beschreiben Sie die ‚Selbstverständlichkeiten' der heterosexuellen Norm und stellen Sie die Einwände Butlers zusammen.

• Beschreiben Sie das Verhältnis von Subversion und Affirmation, wie es Butler in *Körper von Gewicht* entwickelt.

• Überlegen Sie, inwiefern Sex Gender sein kann, und diskutieren Sie diese Position.

• Schlagen Sie den Begriff „Performanz" nach und überlegen Sie, über welche alltäglichen Praktiken Gender hergestellt wird.

Lektüreempfehlungen

• Seyla Benhabib / Judith Butler / Drucilla Cornell / Nancy Fraser: Der Streit um Differenz. Feminismus und Postmoderne in der Gegenwart, Frankfurt a. M. 1993. *Wichtige Kontroverse, die das politische Engagement von Frauen der dekonstruktivistischen Performanztheorie entgegensetzt.*

• Judith Butler: Das Unbehagen der Geschlechter, Frankfurt a. M. 1991. *Gründungstext der deutschsprachigen Gender Studies, der eine subversiv orientierte Performanztheorie des Geschlechts entwickelt.*

• Judith Butler: Körper von Gewicht. Die diskursiven Grenzen des Geschlechts, Berlin 1995. *Führt Subversion und Affirmation der Geschlechterperformanz zusammen.*

- Michel Foucault: Die Ordnung des Diskurses, Frankfurt a. M. 1974. *Die Vorlesung beschreibt den Diskurs als verknappende und kontrollierende Strategie.*

- Marjorie Garber: Verhüllte Interessen. Transvestismus und kulturelle Angst, Frankfurt a. M. 1993. *Untersucht in Anlehnung an Butlers Performanztheorie populäre Filme, Biografien von Transsexuellen, die Gleichsetzung von Weiblichkeit und Judentum etc.*

- Hilge Landweer: Jenseits des Geschlechts? Zum Phänomen der theoretischen und politischen Fehleinschätzung von Travestie und Transsexualität, in: Institut für Sozialforschung Frankfurt (Hg.), Geschlechterverhältnisse und Politik, Frankfurt a. M. 1994, S. 139–167. *Kritisiert Butlers Analyse des Transvestitischen.*

8 Queer Studies

Abbildung 7: EVA&ADELE: *Close-Up* (1998)

EVA&ADELE sind ein in der internationalen Kunstszene bekanntes Paar, das mit seinen Auftritten in Alltagskontexten, also jenseits des klar begrenzten Bereichs Museum, die binäre Geschlechterordnung durchkreuzt. Meist gleich gekleidet, treten sie als ,Serie', als Spiegelungen auf und unterlaufen so die Zuordnung männlich / weiblich. Geschlechtlichkeit wird offensiv als Maskerade ausgestellt und die Identifizierung ihres ,eigentlichen Wesens' unmöglich gemacht. Dieses queere Geschlechterspiel irritiert die von heterosexuellen Normen geprägte Alltagswahrnehmung und thematisiert ihre impliziten Regeln.

Die Queer Studies setzen sich mit ,schrägen' Formen des Begehrens jenseits der Heterosexualität auseinander und arbeiten an einer konsequenten Historisierung von Sexualität, wie es erstmals Michel Foucault in seiner Studie *Histoire de la sexualité I: La volonté de savoir* (1976; *Sexualität und Wahrheit. Der Wille zum Wissen*, 1977) unternommen hat. Denn allein wenn Sexualität eine Geschichte hat, werden die sanktionierten Grenzziehungen zwischen ,Normalität' und ,Perversion' als variierbare Setzungen fassbar. Dabei zeichnet sich in den Queer Studies eine ähnliche Entwicklung wie in der Gender-Forschung ab: Die Konstruktion schwuler / lesbischer Identitäten wird zunehmend problematisiert, und vielfältige Formen des Begehrens wie Trans- und Bisexualität sowie widersprüchliche Subjektentwürfe werden ins Zentrum gerückt. Die Queer Studies nehmen darüber hinaus – diese Bemühungen sind für die Literaturwissenschaft ebenfalls einschlägig – eine Revision des literarischen Kanons vor, indem marginalisierte Texte berücksichtigt und hochkulturelle Werke mit Blick auf ihre verdrängten Formen des Begehrens neu gelesen werden.

8.1 Die Historisierung der Sexualität
8.2 Die Pluralisierung des Begehrens
8.3 Queer reading

8.1 Die Historisierung der Sexualität

Die Queer Studies, die die Ausdrucksformen und Praktiken nicht-he-
teronormativer Sexualität untersuchen, entstehen zu Beginn der
1990er-Jahre. Teresa de Lauretis gibt 1991 eine Ausgabe der Zeitschrift *differences* unter dem Titel *Queer Theory: Lesbian and Gay
Sexualities* heraus. Auch dieser Ansatz stellt die Annahme einer natürlichen Geschlechterstabilität nachhaltig in Frage und lenkt „den Blick
dahin, wo biologisches Geschlecht (*sex*), soziales Geschlecht (*gender*)
und Begehren nicht zusammenpassen" (Jagose 2001, S. 15). Antke
Engel versteht die Queer Theory deshalb „als eine Kritik an den definitorischen Grenzziehungen *jeglicher* Identitätsdiskurse und Identitätskonstruktionen" (Engel 2002, S. 41) – ähnlich wie Judith Butler
die (Geschlechts-)Identität als ambivalente Fiktion entlarvt (→ KAPI-
TEL 7.2). Ziele der Queer Studies sind, so fasst Andreas Kraß zusammen, „die Denaturalisierung normativer Konzepte von Männlichkeit
und Weiblichkeit, die Entkoppelung der Kategorien des Geschlechts
und der Sexualität, die Destabilisierung des Binarismus von Hetero-
und Homosexualität sowie die Anerkennung eines sexuellen Pluralismus, der neben schwuler und lesbischer Sexualität auch Bisexualität,
Transsexualität und Sadomasochismus einbezieht" (Kraß 2003,
S. 18). Ein zentraler Untersuchungsgegenstand der in Nordamerika
inzwischen institutionalisierten Queer Studies, die mit „queer" das
Schräge, das Verqueere, das die Norm Befragende bezeichnen und
sich damit einen ehemals abwertenden Begriff angeeignet haben, ist
die Sexualität in ihrem historischen Wandel. In den Blick gerückt werden sexuelle Praktiken samt ihrer wissenschaftlich-gesellschaftlichen
Diskurse, die ebenfalls eine eigene Geschichte haben. Maßgeblich ist
für diese Historisierung von Sexualität Michel Foucaults Untersuchung *Sexualität und Wahrheit. Der Wille zum Wissen.*

Foucault geht in seiner frühen Studie davon aus, dass Sexualität
kein naturhafter, triebgesteuerter Vorgang ist, sondern fest zu den
Technologien des Selbst gehört, die ihrerseits mit politischen Reglements verknüpft sind. Sexualität ist – ähnlich wie Kate Millett betont (→ KAPITEL 4.3) – von Macht durchsetzt, ist damit politisch und
gehört zu den zentralen Strategien der (Selbst-)Regierung, durch die
sich das Subjekt im Sinne der herrschenden Diskurse organisiert. In
einer Studie des Bielefelder Interdisziplinären Frauenforschungs-Zen-
trums (IFF) heißt es:

> „Die Normierung von Sexualität war und ist Grundlage von Staat
> und Kultur; gesellschaftliche Institutionen, staatliche Politiken und

*Kritik an Identitäts-
konzepten*

Sexualität und Macht

kulturelle Symbolsysteme sind darauf ausgerichtet, Sexualität in spezifischer Weise zu kanalisieren und zu ritualisieren." (Schmerl u. a. 2000, S. 11)

In *Sexualität und Wahrheit* weist Foucault zunächst die Repressionsthese zurück, die davon ausgeht, dass die bürgerlichen Institutionen zunehmend das Schweigen und die Ausgrenzung von Sexualität einfordern. Seit dem 18. Jahrhundert seien vielmehr, so behauptet Foucault, polymorphe, also vielfältige, ja wuchernde Sprechweisen über Sexualität entstanden. In „den religiösen Institutionen, in den pädagogischen Maßnahmen, in den medizinischen Praktiken, in den Familienstrukturen" werde ein spezifisches Wissen über Sexualität generiert und tradiert (Foucault 1977, S. 7). Es herrsche ein hartnäckiger Wille zum Wissen, der Sexualität als Geheimnis produziert, das dann mit großer Lust enthüllt und zum Sprechen gebracht wird. Im Zentrum dieser verhüllend-enthüllenden Praxis stehe die Beichte, ursprünglich Teil der religiösen Institutionen, die jedoch im 18. Jahrhundert von der Autobiografie, dem Brief und dem Roman abgelöst und bis heute in polizeilichen Verhören, gerichtlichen Untersuchungen sowie medizinischen Kontrollen praktiziert wird. Das Geständnis, das in hochkulturellen Texten, beispielsweise in der Autobiografie von Jean-Jacques Rousseau, *Les Confessions* (1782 / 88), eine ebenso große Rolle spielt wie in zeitgenössischen Fernsehformaten, vervielfältigt das Sprechen über das ‚Geheimnis' Sexualität, das eigentlich keines ist.

*Die institutionell und wissenschaftlich reglementierte Sexualität verknüpft das Selbst unhintergehbar mit Machtstrategien. Foucault prägt dafür sowohl den Begriff des „Gouvernement", der die staatliche Regierung mit Selbstregulierungen in Beziehung setzt (vgl. Engel 2002, S. 56f.), als auch den Begriff der „Biopolitik": Die Körper der Bürger sind in der Moderne staatlichen Eingriffen ausgesetzt, die das physische Leben regeln, also Sexualität, Fortpflanzung und Gesundheit. Für die nordamerikanischen Vertreter/innen der Queer Studies zeigt sich diese Verklammerung von Politik und Körper insbesondere an den umstrittenen staatlichen Maßnahmen gegen Aids, die die massiven Ängste der Öffentlichkeit vor gleichgeschlechtlichen Paaren evident werden lassen (vgl. Jagose 2001, S. 121f.).

Sexualität wird nach Foucault also institutionell kontrolliert, Macht mit Begehren verbunden – diese Konstellation lässt sich beispielsweise in Kafkas Texten auffinden, die Recht und Pornografie, Verbot und Lust mit großer Konsequenz zusammenführen. Kafkas Roman *Der Proceß* (1925) verdeutlicht, dass das „Machtverhältnis

Vervielfältigung des Sprechens (marginal note)

Technologien des Selbst (marginal note)

Macht und Begehren (marginal note)

[…] immer schon da [ist], wo das Begehren ist: es in einer nachträglich wirkenden Repression zu suchen ist daher ebenso illusionär wie die Suche nach einem Begehren außerhalb der Macht" (Foucault 1977, S. 101). Auch die reichhaltige pornografische Literatur – zum Beispiel der Wiener Jahrhundertwende-,Klassiker' *Josefine Mutzenbacher* (1906) von Felix Salten – ließe sich mit Foucault lesen, denn dieser Text folgt der strukturellen Analogie von Beichte und Pornografie recht genau.

Die Institutionalisierung von Sexualität bedeutet zugleich ihre Verwissenschaftlichung, die ihrerseits zu einer Pathologisierung, das heißt zum Ausschluss bestimmter Begehrensformen führt. Diese Exklusion ließe sich am Umgang mit Hermaphroditen, also mit Zweigeschlechtlichen verfolgen, die im 19. Jahrhundert einer rigiden, medizinisch überwachten Prozedur der Vereindeutigung unterzogen werden, während sie sich zuvor eigenständig für eine der beiden Geschlechtsidentitäten entscheiden konnten.

Pathologisierung

„Biologische Sexualtheorien, juristische Bestimmungen des Individuums und Formen administrativer Kontrolle haben seit dem 18. Jahrhundert in den modernen Staaten nach und nach dazu geführt, die Idee einer Vermischung der beiden Geschlechter in einem einzigen Körper abzulehnen und infolgedessen die freie Entscheidung der zweifelhaften Individuen zu beschränken." (Foucault 1998, S. 8f.)

Die von Foucault 1978 veröffentlichten und mit einem Dossier versehenen Erinnerungen des Hermaphroditen Herculine Barbin, genannt Alexina B. (1838–68), führen die fatalen Konsequenzen dieser medizinischen Überwachung vor Augen – sie enden mit einem Selbstmord.

Die kulturelle Genese von Perversionen lässt sich darüber hinaus an der medizinischen Konstruktion der Homosexualität im 19. Jahrhundert ablesen; allerdings führen manche Studien die Ursprünge der Homosexualität auf eine weitaus ältere städtische homosexuelle Subkultur zurück (vgl. Jagose 2001, S. 24f.). Wurde noch im 18. Jahrhundert von sodomitischen Praktiken gesprochen, ohne daraus eine Identität abzuleiten, so gibt es seit dem 19. Jahrhundert homosexuelle Persönlichkeiten, die ausschließlich über ihr sexuelles Begehren definiert werden – den medizinischen Fachausdruck „Homosexualität" prägte 1869 der Schweizer Arzt Karoly Maria Benkert (vgl. Kraß 2003, S. 14).

Geschichte der Homosexualität

Foucault führt über die beiden unterschiedlichen Strategien im Umgang mit homosexuellem Begehren aus:

Homosexualität als Lebensform

„Die Sodomie – so wie die alten zivilen oder kanonischen Rechte sie kannten – war ein Typ von verbotener Handlung, deren Urheber nur als ihr Rechtssubjekt in Betracht kam. Der Homosexuelle des 19. Jahrhunderts ist zu einer Persönlichkeit geworden, die über eine Vergangenheit und eine Kindheit verfügt, einen Charakter, eine Lebensform, und die schließlich eine Morphologie mit indiskreter Anatomie und möglicherweise rätselhafter Physiologie besitzt. Nichts von alledem, was er ist, entrinnt seiner Sexualität." (Foucault 1977, S. 58)

Zwar wird Homosexuellen zuweilen vorgeworfen, sich ausschließlich über ihre Sexualität zu definieren, tatsächlich ist es aber der herrschende Diskurs, der ein (scheinbar) minoritäres Begehren zum Zentrum einer Identität erhebt und diese voll und ganz auf ihre ‚perverse' Sexualität fixiert.

Das Sekundäre der Heterosexualität

Die Erfindung der Homosexualität als Identitätskonstruktion lässt darüber hinaus deutlich werden – und darauf legen die Queer Studies besonderen Wert –, dass der Begriff der Heterosexualität ein abgeleiteter ist. Erst die scheinbare Abweichung generiert Normalität, die damit nicht das Ursprüngliche, sondern das Nachträgliche ist. Butler hält fest:

„Das Original braucht seine Ableitungen, um sich als Original zu bestätigen, denn Originale sind nur insoweit sinnvoll, als sie sich von dem unterscheiden, was sie als Ableitungen produzieren. Wenn es also die Vorstellung der Homosexualität *als* Kopie nicht gäbe, dann hätten wir auch keine Konstruktion von Heterosexualität *als* Original." (Butler 2003, S. 157)

Dass das ‚Normale' ein Effekt des ‚Unnormalen' ist, zeigt sich nach Theresa de Lauretis bereits bei Sigmund Freud, der sich vornehmlich mit ‚abnormalen' sexuellen Praktiken, mit Perversionen, beschäftigt, die Norm also von ihren Rändern her definiert (vgl. Lauretis 1996, S. 45).

Sexualität als ‚Kampfplatz'

Sexuelle Praktiken werden mithin von staatlichen sowie wissenschaftlichen Institutionen produziert und überwacht. Gayle Rubin, die zu Beginn der 1990er-Jahre eine „pluralistische sexuelle Ethik" fordert (Rubin 2003, S. 46), weil Variation eine elementare Eigenschaft des Lebens sei, begreift Sexualität deshalb als ‚Kampfplatz':

„Dem Bereich der Sexualität wohnen eine eigene Politik, eigene Ungerechtigkeiten und eigene Formen der Unterdrückung inne. Wie andere Aspekte menschlichen Verhaltens sind auch die konkreten institutionellen Formen der Sexualität zu jeder gegebenen Zeit und an jedem gegebenen Ort Produkte menschlichen Han-

delns. Sie sind von Interessenskonflikten und politischen Manövern durchdrungen, sowohl von bewußten als auch von zufälligen. In diesem Sinne ist Sex immer politisch." (Rubin 2003, S. 31)
Das Rechtssystem regelt sexuelle Verkehrsformen auf minutiöse Weise und gleicht nach Rubin einem „legalisierten Rassismus": „Legalisierter Rassismus"

„Staatliche Verbote gegenüber gleichgeschlechtlichen Kontakten, Anal- und Oralverkehr machen Homosexuelle zu einer kriminellen Gruppe, der die Privilegien der uneingeschränkten Bürgerrechte abgesprochen werden." (Rubin 2003, S. 58)

Empirische Studien belegen, dass Homosexuelle unter anderem in der Asyl- und Einstellungspolitik immer noch benachteiligt sind (vgl. Rubin 2003, S. 56f.).

8.2 Die Pluralisierung des Begehrens

Die noch jungen Gay, Lesbian und Queer Studies haben selbst inzwischen eine Geschichte, die von unterschiedlichen Allianzen und Zielen gekennzeichnet ist. Zu Beginn der lesbischen und schwulen Bewegung ging es vornehmlich um kulturelle Sichtbarkeit und Identitätspolitik, für die ein historisches Ereignis von entscheidender Bedeutung war: Die Polizei führte im Sommer 1969 in dem Schwulenlokal *Stonewall Inn* in der Christopher Street (New York City) eine Razzia durch und provozierte durch ihr radikales Vorgehen einen Aufstand gegen die Diskriminierung von Schwulen und Lesben – am Jahrestag dieses Vorfalls finden noch heute weltweit Demonstrationen statt. Diese Konfrontation mit der Staatsmacht führte zu einer Politisierung der schwulen Bewegung, die sich von dem klinischen Begriff der Homosexualität distanzierte und Gaysein als Identitätspolitik definierte. Zu Beginn der 1990er-Jahre vollzog sich jedoch – zumindest in der akademischen Diskussion – ein Paradigmenwechsel, der das essentialistische Konzept (Schwulsein als Identität) durch ein konstruktivistisches (Schwulsein als Performanz, als Verhandlung von widersprüchlichen Praktiken) ersetzte.

Geschichte der Subkulturen

Essentialismus versus Konstruktivismus

Auch das Verhältnis zwischen Feminismus und Queer Theory hat sich im Verlauf der letzten Jahrzehnte verändert. Fand in den 1970er-Jahren die radikalfeministische Theorie in der lesbischen Identität ihre „symbolische Speerspitze" (Hark 1996, S. 107) und galten Lesben als Avantgarde des Neuen Feminismus, so orientieren sich lesbische Frauen seit den 1990er-Jahren eher an den Minoritätserfahrungen von schwulen Männern. Es bilden sich ständig neue Allianzen zwischen

Feminismus und Queer Theory

den Minoritäten, die sich gegenseitig zu stabilisieren versuchen, obgleich die herrschenden Diskurse die Solidarisierung erschweren.

Die Dekonstruktion von Identität

Die Queer Studies reagieren also insgesamt auf die dekonstruktivistischen Tendenzen und problematisieren die Identität des Schwulen und der Lesbe. Judith Butler untersucht beispielsweise die Paradoxien, die die Identitätszuschreibung „ich bin schwul/lesbisch" produziert (vgl. Butler 2003, S. 147). Das Coming out, das Bekenntnis zu einem homosexuellen Begehren, sei zwar einerseits eine Enthüllung (vgl. Jagose 2001, S. 55f.), andererseits jedoch eine Verhüllung, weil andere Formen des Begehrens (wie das heterosexuelle) verdrängt werden. Das Coming out als sich ständig erneuernder Akt, dessen Wiederholungen Differenzen und Verdrängungen produzieren, lässt nach Butler die gemeinhin ausgeblendeten Irritationen von (Geschlechts-)Identitäten erfahrbar werden. Die ‚Identitäten' von Schwulen und Lesben sind „Schauplätze der Störung, des Irrtums, der Verwirrung und des Unbehagens als Ansatzpunkt für einen gewissen Widerstand gegen Klassifizierung und gegen Identität an sich" (Butler 2003, S. 149). Nach Butler vermag sich die alternative Sexualität zwar nicht aus dem Feld der omnipotenten Macht zu verabschieden, jedoch die geltende Ordnung zu deplatzieren.

Die Pluralisierung des Begehrens

Die Infragestellung der heterosexuellen Norm eröffnet den Queer Studies ein weites Untersuchungsfeld verschiedener Formen des Begehrens, die grundsätzlich als autonome Praktiken verstanden werden. Das heißt die Forscher/innen beziehen das lesbische Begehren *nicht* auf das heterosexuelle System, bezeichnen die Lesbe *nicht* als invertierten Mann, die lesbische Liebe *nicht* als Imitation einer heterosexuellen Beziehung, in der eine der Frauen den Part des Mannes übernimmt. Bisexualität gilt *nicht* als Kombination von weiblichen und männlichen Anteilen, wird vielmehr zu einem „Mittel, um das gesamte *sex/gender*-System zu entnaturalisieren, auf dem nicht nur Heterosexualität, sondern auch gängige Auffassungen des Lesbischen Feminismus beruhen" (Jagose 2001, S. 92). Allerdings bergen der Sammelbegriff „queer" sowie sein liberaler Pluralismus die Gefahr, dass die Differenzen zwischen den autonomen Praktiken, zum Beispiel zwischen Transsexualität, Homosexualität und Bisexualität, ausgelöscht werden (vgl. Jagose 2001, S. 141).

Bisexualität

Dem Phänomen der Bisexualität widmet sich unter anderen Marjorie Garber in ihrer Studie *Vice Versa* (1995; *Die Vielfalt des Begehrens. Bisexualität von der Antike bis heute*, 2000), die von der Verdrängung bzw. Stigmatisierung der Bisexualität ausgeht und die Vorbehalte benennt, die selbst Schwule und Lesben äußern (der/die

Bisexuelle könne nicht offen zu seiner / ihrer Homosexualität stehen). Garber versucht dieser Marginalisierung durch Sichtbarkeit entgegenzuwirken – eine Strategie, die in den Queer Studies insgesamt Programm ist. Sie untersucht die Boheme-Kultur der Stadtviertel Bloomsbury / London und Harlem / New York, schreibt die Biografien bekannter Persönlichkeiten zu bisexuellen Narrationen um (von D. H. Lawrence, Oscar Wilde, Vita Sackville-West) und konturiert (Lebens-)Räume, die bisexuelle Begegnungen ermöglichen, ja geradezu herausfordern. Garber versteht Bisexualität als eine Form von Sexualität, „welche die Kategorie der sexuellen Orientierung überhaupt aufhebt", als Sexualität, „welche die einfachen Polaritäten von hetero und schwul, queer und ‚het' aus den Angeln hebt" und ubiquitär ist, also „überall und nirgends", denn „es gibt nichts Wirkliches daran" (Garber 2000, S. 81).

Sichtbarkeit der Marginalisierten

Setzt Garber in ihrer vorangegangenen Studie *Verhüllte Interessen* den Transvestiten / die Transvestitin mit dem Möglichkeitssinn der Kultur gleich, so verkörpert nun die Bisexualität als transkategoriale Praxis die (kulturelle) Fantasie schlechthin. Garber spricht von der „bisexuelle[n] Mobilität der Phantasie" (Garber 2000, S. 37), denn auch in der Fantasie sei (wie in der Bisexualität) die simultane Besetzung von diversen, ja widersprüchlichen Rollen möglich. Auch die Fantasie weist keine festen Rollen zu. Dies betonen Ende der 1960er-Jahre auch die französischen Psychoanalytiker Jean L. Laplanche und Jean-Bertrand P. Pontalis (vgl. dazu auch Lauretis 1996, S. 109f.). Bisexualität bedeutet mithin die Weigerung, sich auf ‚eins' beschränken zu lassen, und lässt narrative Konzepte, Rollenwechsel und Fantasiespiele an die Stelle von Identitätskonstruktionen treten.

Bisexualität und Fantasie

Auch in der deutschsprachigen Forschung entstehen prominente Studien zu queeren Formen des Begehrens. Seit Beginn der 1990er-Jahre wird die Transsexualität verstärkt zum Thema (vgl. Runte 1996), die die irritierende Differenz zwischen Körper und Gefühl zu bewältigen hat. Die Soziologin Gesa Lindemann, die in ihrer Studie *Das paradoxe Geschlecht* (1993) auf eigene Erfahrungen als Beraterin zurückgreift, betont, dass Transsexualität genau deshalb einen besonders eindringlichen Blick auf die normative Herstellung von Geschlecht ermögliche. Der Versuch, als anderes Geschlecht wahrgenommen zu werden, führt in drastischer Weise vor Augen, dass die „Darstellung" von Geschlecht kulturellen Regeln folgt, die auch darüber entscheiden, welche Akte eine Frau zur Frau machen (Lindemann 1993, S. 24).

Transsexualität

Lindemann beschreibt die Transsexualität, die die Differenz von Begehren, Affekt und körperlicher Ausstattung ausagiert, vor dem

Leib und Körper

Hintergrund der philosophischen Anthropologie, die Helmuth Plessner seit den 1920er-Jahren entwickelt hat. Lindemann übernimmt Plessners Trennung von Leib als affektiv-innerlicher Erfahrung und Körper, der im sozialen Interaktionsraum als Symbol für Geschlecht und als geschlechtliches Ding wahrgenommen wird (vgl. Lindemann 1993, S. 36f.). In diesem öffentlichen Raum herrschen gesellschaftlicher Druck und soziale Kontrolle, denen auch die geschlechtlichen Darstellungen unterworfen sind – Lindemann betont die soziale Überwachung und die Grenzen geschlechtlicher Variabilität. In ihren Fallstudien zeichnet sich ab, dass das biologisch vorgegebene Geschlecht zunächst derealisiert wird (vgl. Lindemann 1993, S. 66f.), als fremd und unnormal erscheint – Voraussetzung dafür, dass die kulturellen Bedingungen geschlechtlicher Performanz kenntlich werden. Dann erfolgt der operative, medizinisch überwachte Geschlechtswechsel und gegebenenfalls die Normalisierung des neuen Geschlechts, die in diesem Zusammenhang als Idealfall betrachtet wird. Das postoperative Geschlecht wird dann als das ‚richtige‘ empfunden, das Körper und Leib im Sinne Plessners zur Deckung bringt.

8.3 Queer reading

Die Queer Studies gehen davon aus, dass auch die herrschende Kultur von verdrängten Formen des Begehrens durchzogen ist, und entwickeln ein innovatives literaturwissenschaftliches Lektüreverfahren, das verbotenen Begehrensströmen in kanonischen Texten nachspürt. Diese als Queer reading bezeichnete „Leseweise fragt mit den methodischen Mitteln der Diskursanalyse, des Poststrukturalismus, der Psychoanalyse und der Dekonstruktion nach erotischen Subtexten und Schattengeschichten, die der heteronormativen Zeichenökonomie einer literarischen (bzw. filmischen) Erzählung zuwiderlaufen" (Kraß 2003, S. 22). Einschlägig ist in diesem Zusammenhang die Anthologie von Eve Kosovsky Sedgwick, *Novel Gazing. Queer Readings in Fiction* (1997), die berühmte Texte von Marcel Proust, Honoré de Balzac, Oscar Wilde, Henry James und anderen mit Blick auf queere Männlichkeitskonstruktionen neu liest (vgl. auch Sedgwick 1990).

Erotische Subtexte

Male bonding und Homophobie

Sedgwick untersucht insbesondere männliche Seilschaften, also das Male bonding in homosozialen Bünden. Basiert die patriarchale Gesellschaft einerseits auf männlichen Pakten sowie der (erotischen) Nähe von Männern, so lehnt sie andererseits Homosexualität in geradezu obsessiver Weise ab, weil das schwule Begehren die geheime

Struktur der homosozialen Männerbünde, die libidinösen Energien zwischen Männern erkennbar werden lässt. In der Einleitung zu ihrer Studie *Between Men. English Literature and Male Homosocial Desire* (1985) hält die amerikanische Forscherin fest, dass der Neologismus „homosozial" die sozialen Bindungen zwischen Personen desselben Geschlechts bezeichne, also die Aktivitäten des Male bonding, die sich durch ihre Homophobie, durch die Angst vor Homosexualität, charakterisieren lassen.

In ihren Lektüren versucht Sedgwick die Männerbünde, von denen die Literatur nicht selten erzählt, mit eben diesem verdrängten erotischen Potenzial aufzuladen, das heißt Homosozialität und Homosexualität als Kontinuum sichtbar zu machen (vgl. Sedgwick 1985, S. 1f.). Sie erklärt, dass die „willkürliche und selbstwidersprüchliche Art und Weise, in der *Homosexualität* [...] in Bezug zum Rest des männlichen homosozialen Spektrums definiert wurde, ein äußerst potenter und kampffähiger Ort der Machtausübung gewesen sei; er kontrollierte den gesamten Bereich männlicher Bindungen und vielleicht gerade *die* Männer am wirkungsvollsten, die sich selbst gerade nicht als homosexuell, sondern als *gegen* das Homosexuelle definierten." (Sedgwick 1992, S. 250) Männlichkeit bewegt sich mithin prinzipiell in einem Double bind: Die Institutionen fordern die Nähe von Männern ein (im Militär etc.), die sie zugleich verbieten (als Homosexualität).

Die engen Beziehungen zwischen Männern werden durch Frauen verstärkt, indem diese als Copula, als Verbindungsglieder zwischen Männern und als Symbole ihrer Macht fungieren. Dieser Struktur folgen wiederum Kafkas Texte, insbesondere *Der Proceß* und *Das Schloß*, aber auch Mary Shelleys Roman *Frankenstein* (1819), an dem Sedgwick die Copula-Funktion des Weiblichen illustriert (vgl. Sedgwick 2003, S. 252). Anhand von Henry James Erzählung *The Beast in the Jungle* (1903; *Das Tier im Dschungel*, 1958) verfolgt sie zudem die rhetorischen Figuren der Homosexualität, die hier vornehmlich über die Negation zum Ausdruck gebracht wird (vgl. Sedgwick 2003, S. 262). Henry James verbirgt das unaussprechliche homosexuelle Begehren unter heterosexuellen Deckgeschichten, arbeitet bevorzugt mit Negationen und verdeutlicht unwillkürlich die Konsequenz dieser Verdrängung für die Protagonistin: Sie stirbt, wird zur klassischen schönen Leiche (→ KAPITEL 4.3). Allein die Anerkennung des schwulen Begehrens ermöglicht Frauen – so lässt sich aus Sedgwicks Lektüre schließen – Erfahrungen und nicht nur den Tod.

Mann-männliches Begehren in der Literatur

Die Frau als Copula

Erweiterung des Kanons

Neben einer Relektüre des klassischen Kanons versucht das Queer reading lesbische und schwule Texte in den wissenschaftlichen Diskurs zu integrieren. Teresa de Lauretis zum Beispiel setzt sich mit der lesbischen Schriftstellerin Gertrude Stein auseinander, deren experimentelles Erzählen aus der ersten Hälfte des 20. Jahrhunderts dem fixierten Geschlechterdiskurs zu entkommen trachtet, also daran arbeitet, das Geschlecht „zu leugnen, zu transzendieren oder exzessiv auszustellen und das Erotische in verschlüsselte, allegorische, realistische, campe [das heißt übersteigerte, travestierende Formen; Anm. d. Verf.] oder andere Formen der Repräsentation einzuschreiben" (Lauretis 2003, S. 86). Djuna Barnes Roman *Nightwood* (1936; *Nachtgewächs*, 1959), der über das offensive Versagen der Sprache sowohl die Grenzen der diskursiven Definitionsmacht signalisiert als auch das Unvermögen, eine lesbische Liebe zu artikulieren, wird nun ebenso zum Gegenstand literaturwissenschaftlicher Betrachtung wie Radclyff Halls lesbischer Gründungstext *The Well of Loneliness* (1928; *Quell der Einsamkeit*, 1929) und Monique Wittigs Schriften zwischen Theorie und Prosa. Nach de Lauretis führen alle diese Texte vor, dass Repräsentation und Begehren nicht zur Deckung kommen können.

Lektüren

Auch deutschsprachige Untersuchungen widmen sich den literarischen sowie bildkünstlerischen Ausdrucksformen von queerem Begehren. Der Band *Über die Grenze* (2006) von Annette Runte zum Beispiel versammelt Aufsätze über historische Varianten geschlechtlicher Entgrenzung wie Androgynie, Transsexualität, Travestie etc. Runtes theoretisch überaus versierte Studien bewegen sich im Koordinatenkreuz der sozialwissenschaftlichen Systemtheorie von Niklas Luhmann (kontinuierlich ausgearbeitet seit 1969) und der Psychoanalyse von Jacques Lacan (→ KAPITEL 6.1). Sie decken ein breites historisches Panorama ab, das von der barocken höfischen Kultur in ihren feinen Übergängen zur bürgerlichen Innerlichkeit (Abbé de Choisy) über die französische Literatur des 19. Jahrhunderts (George Sand) bis zu deutschen Texten zwischen Romantik (Karoline von Günderrode) und Jahrhundertwende (Hugo von Hofmannsthal) reicht. Runte beschäftigt sich darüber hinaus mit dem Tanz (Vaslav Nijinsky) und der Malerei (Giorgio de Chirico), insbesondere mit der Popart (Andy Warhol), die an die Stelle der binären Geschlechtermatrix die serielle Wiederholung der Androgynie treten lässt. Aus der Perspektive der Queer Studies lässt sich mithin die gesamte Literatur- wie Kulturgeschichte neu lesen.

Kanonische Literatur

Queere Lektüren präsentiert zudem seit 1987 die Zeitschrift *Forum Homosexualität und Literatur*, die unter anderem ‚schräge‘ Les-

arten von ‚großen‘ Autoren der deutschen Literaturgeschichte veröffentlicht. Ergiebig ist beispielsweise das Thema Homosexualität bei
Johann Wolfgang Goethe (vgl. Elsaghe 1995; Tobin 2000), insbesondere in seinen *Schweizer Briefen* und in der berühmten Episode über
den Fischerknaben aus *Wilhelm Meisters Wanderjahre* (1821/29);
die Turm-Gesellschaft aus *Wilhelm Meisters Lehrjahre* (1795/96)
agiert sogar ganz eindeutig als homosozialer Männerbund. Auch
Adalbert Stifters Bildungsroman *Der Nachsommer* (1857) erzählt
trotz seiner Bändigung der Leidenschaften einiges über Homosexualität (vgl. Morrien 2001), ebenso Kafkas Romane, die als präzise Studien über Male bonding gelesen werden können (vgl. Boa 1996).

Die Queer Studies beschäftigen sich mit kulturellen Ausdrucksformen und Lebensweisen jenseits der Heterosexualität, wobei die Identitätspolitik der Schwulen und Lesben seit den 1990er-Jahren von
(de-)konstruktivistischen Ansätzen abgelöst wird. Queeres Begehren
lässt sich als ambivalente Performanz beschreiben, die die Bedingungen der heterosexuellen Ordnung sichtbar macht und diese grundiert.
Entsprechend legt das Queer reading das Kontinuum von Homosozialität und Homosexualität in literarischen Texten frei und macht
die Grenzen der sprachlichen Ordnung kenntlich, die allein die Norm
repräsentiert bzw. auf die Artikulation von queerem Begehren mit
narrativen Brüchen reagiert.

Zusammenfassung

Fragen und Anregungen

- Kommentieren Sie die These Michel Foucaults, die Redeweisen
  über Sexualität hätten sich seit dem 18. Jahrhundert vervielfältigt.

- Über welche Praktiken und Gesetze sind Ihrer Wahrnehmung nach
  Sexualität und politische Macht verklammert?

- Warum nimmt die Beichte eine zentrale Stellung in Foucaults Argumentation ein und wo wird sie heute (in säkularisierter Form)
  praktiziert?

- Warum macht Transsexualität die (repressiven) Mechanismen der
  Geschlechterordnung in besonderer Weise erfahrbar?

- Rekonstruieren Sie den Zusammenhang von Homosozialität und
  Homosexualität, wie ihn Sedgwick entwickelt.

- Lesen Sie Kafkas Roman *Der Proceß* und beschreiben Sie die Funktion der Frauen im männlichen Machtgefüge.

Lektüreempfehlungen

- Michel Foucault: Sexualität und Wahrheit, Bd. 1: Der Wille zum Wissen, Frankfurt a. M. 1977. *Der Gründungstext der Queer Studies rekonstruiert die wissenschaftliche Genese von ‚Perversionen' im 19. Jahrhundert.*

- Marjorie Garber: Die Vielfalt des Begehrens. Bisexualität von der Antike bis heute, Frankfurt a. M. 2000. *Entwirft eine heterogene Geschichte der Bisexualität als Ausdruck einer grenzüberschreitenden Kultur- und Fantasieproduktion.*

- Sabine Hark (Hg.): Grenzen lesbischer Identitäten, Berlin 1996. *Einschlägiger Sammelband der Queer Studies, der die Geschichte schwuler/lesbischer Emanzipation sowie ihre Differenzen rekonstruiert.*

- Annamarie Jagose: Queer Theory. Eine Einführung, Berlin 2001. *Die 1996 entstandene, inzwischen als Standardwerk geltende Einführung stellt theoretische Modelle sowie historische Entwicklungen vor.*

- Andreas Kraß (Hg.): Queer Denken. Gegen die Ordnung der Sexualität. Queer Studies, Frankfurt a. M. 2003. *Sammelband mit einschlägigen Aufsätzen von Judith Butler, David M. Halperin, Teresa de Lauretis, Gayle S. Rubin, Eve Kosovsky Sedgwick, etc.*

9 Postcolonial Studies

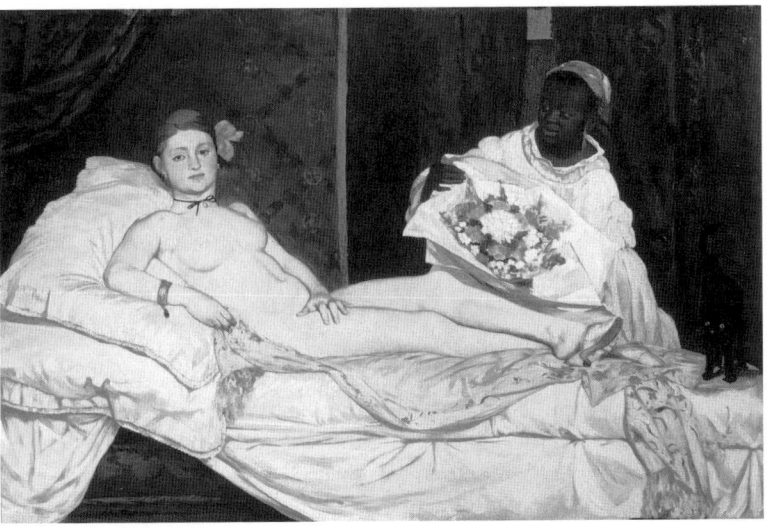

Abbildung 8: Edouard Manet: *Olympia* (1863)

Edouard Manet inszeniert auf seinem Gemälde, das Mitte des 19. Jahrhunderts einen regelrechten Skandal ausgelöst hat, eine nackte weiße Frau als Fetisch, wobei deren Geschlecht, einer malerischen Konvention gemäß, ausgespart bleibt. Als geheimer Fluchtpunkt der voyeuristischen Blicke bildet dieses unsichtbare Zentrum Substitute aus, erscheint beispielsweise verschoben in der schwarzen Katze am Fußende des Bettes. Auch das schwarze Dienstmädchen verweist – den Diskursregeln der Zeit entsprechend – auf das verborgene Geschlecht der weißen Frau. Denn der herrschende rassistische Diskurs sexualisiert Subalterne anderer Ethnien und stattet insbesondere schwarze Frauen mit einem exzessiven Begehren aus. Das Dienstmädchen auf Manets Gemälde verkörpert also auf verschobene Weise die ungehemmte Lüsternheit und Verderbtheit der weißen Frau.

Auf den Zusammenhang von Ethnizität und Gender haben afroamerikanische Frauen bereits in den 1980er-Jahren hingewiesen. Sie kritisierten, dass die feministische Rede von „der Frau" eine unzulässige Verallgemeinerung darstelle bzw. lediglich die weiße Mittelklassefrau bezeichne, also Frauen anderer Hautfarben und Klassen ausschließe. Gender wird seitdem meist in der Verbindung mit Klassenzugehörigkeit und Ethnie beschrieben, also in der Trias Class, Race und Gender (wobei auf den deutschen Begriff „Rasse" aufgrund seiner problematischen Geschichte zu verzichten ist). Die Gender Studies haben sich entsprechend intensiv mit den Postcolonial Studies auseinandergesetzt, die sich mit Fremdheit und (nationaler) Identität beschäftigen, den Gender-Aspekt jedoch eher vernachlässigen. Die Orientalismus-Studien von Edward Said und das von Jacques Lacans Psychoanalyse inspirierte Modell Homi K. Bhabhas bieten gleichwohl Ansatzpunkte, um den strukturellen Zusammenhang von Fremdheit und Weiblichkeit zu beschreiben. Ist im Folgenden von ‚schwarzer' und ‚weißer' Haut die Rede, so handelt es sich auch bei diesem Klassifikationssystem um einen höchst reduktionistischen Binarismus, dessen imaginärer konstruktivistischer Status evident ist und mitbedacht werden sollte.

9.1 Gender, Race und Class
9.2 Theoretische Modelle
9.3 Koloniale Fantasien in der Literatur

9.1 Gender, Race und Class

Zu Beginn der 1980er-Jahre monierten Afroamerikanerinnen, dass sie in der verallgemeinernden Kategorie „die Frau" nicht repräsentiert seien und diese allein über die Lebensbedingungen von weißen Mittelklassefrauen definiert werde. Sie verlangten eine Berücksichtigung der Women of colour sowie die ausdrückliche Anerkennung ethnischer Differenzen (vgl. Bhavnani 2001, S. 3). Und sie unterstrichen, dass der rassistische Blick der weißen Frauenbewegung gängige Stereotype wie die Überzeugung besonders patriarchaler Strukturen in afroamerikanischen Familien, die Fantasie von der sexuellen Aktivität schwarzer Männer oder das Bild der starken schwarzen Frau reproduziert. Diese Kritik wurde durch weitere minoritäre Stimmen verstärkt, beispielsweise durch die ‚Native Americans‘ (‚Indianerinnen‘), ‚Chicanas‘ (Frauen mexikanischer Herkunft), ‚Asian-Americans‘, ‚Pacific-Americans‘ und durch amerikanische Jüdinnen wie die prominente Schriftstellerin und Theoretikerin Adrienne Rich.

Kritik an der weißen Frauenbewegung

Eine der bekanntesten Vertreterinnen der Black Theory, Bell Hooks, hält ebenfalls fest, dass sich der weiße bürgerliche Feminismus über die Ausgrenzung von Frauen aus der ‚dritten Welt‘ und von Afroamerikanerinnen zentralisiert und als Einheit formiert habe (vgl. Hooks 1990, S. 21). In ihrer einschlägigen Studie *Feminist Theory from Margin to Centre* (1984) führt Hooks aus, dass die amerikanische Klassengesellschaft die Vorherrschaft der Weißen zementiere und insbesondere schwarze Frauen sexistischer, rassistischer und ökonomischer Repression ausliefere. Anders als Weiße und schwarze Männer verfügen schwarze Frauen nicht über einen institutionalisierten Anderen, den sie ausgrenzen, um sich als Identität zu stabilisieren. Zwar werden schwarze Männer vielfach zum Opfer von Rassismus, doch der herrschende Sexismus führt dazu, dass sie ihrerseits als Ausbeuter (von Frauen) agieren. Weiße Frauen sind ebenfalls Opfer *und* Täterinnen zugleich, denn auch sie können sich über einen rassisierten Anderen stellen. Diese ambivalente Position zwischen Opfer und Täterschaft steht schwarzen Frauen nicht zur Verfügung; sie besetzen jenseits dieser identitätssichernden Strategien (durch hierarchisierende Ausgrenzung) ausschließlich die Opferposition. Darüber hinaus erschweren die herrschenden Systeme die Solidarisierung von Minoritäten – durch den grassierenden Sexismus, den Nationalismus und den Patriachalismus (vgl. Hooks 1990, S. 39, 36, 17).

Black Theory

Opfer und Täter

Auch Hooks verweist auf das geläufige Zusammenspiel von Ethnie und Sexualität: Sexualität stelle „gendered metaphors", also ge-

Kolonialismus und Sexualität

schlechtlich semantisierte Metaphern für einen kolonialistischen Diskurs der Stigmatisierung bereit, der die Unterworfenen sexualisiert und effeminiert, also verweiblicht. Der Schwarze (wie auch der Jude) ist in den symbolischen Repertoires der Abwertung eine Frau. Entsprechend artikuliert sich die Macht über den Kolonialisierten in der Herrschaft über die fremden Frauen. Sexualität, und das heißt vielfach Vergewaltigung, sowie Imperialismus bzw. Kolonialismus bilden *einen* machtpolitischen Zusammenhang (vgl. Hooks 1981, S. 15f.); Sexismus ist eine, wenn nicht *die* Strategie rassistischer Macht.

Whiteness Studies

Wird Gender aus ethnischer Perspektive ausdifferenziert, so verliert auch Weißsein (ähnlich wie Männlichsein) seinen Status als unmarkierte, neutrale Position (vgl. Hill 1997). Die Whiteness Studies gehen den ethnischen Bedingungen von Weißsein nach, das heißt den kruden oder auch subtilen Abgrenzungsversuchen von einem stigmatisierten unterlegenen Anderen. Whiteness ist das historische Produkt einer kolonialen Politik sowie des Nationalismus und verändert unablässig seine Definitionen, ist also eine flexible, performative Kategorie (vgl. Delgado/Stefancic 1997, S. XVII). Aus der Perspektive der Whiteness Studies erscheinen bestimmte kulturelle Äußerungen in neuem Licht, vor allem dann, wenn sie signifikante Farbattribute verhandeln wie der Film noir (vgl. Lott 1997, S. 81f.).

9.2 Theoretische Modelle

Postkolonialismus

Berücksichtigen die Gender Studies seit den 1980er-Jahren den Zusammenhang von Ethnizität und Geschlecht, so setzen sie sich, um ihre Position zu präzisieren, intensiv mit den Postcolonial Studies auseinander (vgl. Schößler 2006a, S. 140f., → ASB JOCH/WERKMEISTER). Diese zeichnen sich durch eine ähnliche Streitkultur und methodische Vielfalt aus wie die Geschlechterforschung. Selbst der Begriff ist umstritten: Obwohl die postkoloniale Situation als historische Epoche nach dem Kolonialismus definiert werden kann, gehen Gayatri Spivak und Bill Ashcroft, Gareth Griffiths sowie Helen Tiffin, die Herausgeber/innen der wichtigen Studie *The Empire Writes Back* (1989), von der Gleichzeitigkeit des Kolonialismus und Postkolonialismus aus. Denn die kolonialen Strukturen haben unauslöschliche Spuren hinterlassen, und Ziel ist die therapeutische Aufarbeitung der Unterdrückung, also Erinnerung (vgl. Gandhi 1998, S. 10f.) – deshalb sei von der Gegenwärtigkeit des kolonialen Zustandes auszugehen.

Die postkoloniale Situation beschreibt zudem den aktuellen Globalisierungsprozess, also Massenmigration, globale Zirkulation von Waren, Dienstleistungen, Zeichen und Informationen.

Universalisierung der
postkolonialen
Situation

„Postkolonialismus bedeutet zunehmende Unabhängigkeit von direkter postkolonialer Herrschaft, Bildung neuer Nationalstaaten, von heimischem Kapital gespeiste ökonomische Entwicklung, neokoloniale Abhängigkeiten, Heranwachsen einer mächtigen lokalen Elite, die die widersprüchlichen Effekte der Unterentwicklung managt. Dabei bleiben Effekte der Kolonialisierung wirksam, indem sie sich von der Achse zwischen Kolonisierern und Kolonisierten weg in Richtung interner Differenzen innerhalb der entkolonisierten Gesellschaft selbst verlagern." (Bronfen / Benjamin / Steffen 1997, S. 9f.) Auch deshalb sind die Postcolonial Studies nicht nur für Länder mit signifikanter kolonialer Vergangenheit wie England und Spanien zuständig, sondern auch für Deutschland, dessen koloniale Aktivitäten seit einigen Jahren verstärkt aufgearbeitet werden (vgl. Honold / Scherpe 2004), und zwar auch aus Gender-Perspektive. Die Forschung hat unter anderem die widersprüchliche Rolle von Frauen in den Kolonien als Krankenschwestern, Missionarinnen, Vertreterinnen deutschnationaler Interessen sowie feministischer Ideen untersucht (vgl. Wildenthal 2001; 2003, S. 172f.). Der postkoloniale Ansatz ließe sich insgesamt an die interkulturelle Literaturwissenschaft anschließen, die sich ebenfalls mit den komplexen Verhandlungen zwischen Kulturen beschäftigt, steht allerdings zur Interkulturalitätsforschung gleichzeitig in einem Rivalitätsverhältnis.

Frauen in den
Kolonien

Auch zwischen den Vertreter/inne/n der Postcolonial und Gender Studies kommt es immer wieder zu vehementen Debatten. Gestritten wird beispielsweise über das Verhältnis von feministischer und kolonialer Emanzipation, also über Prioritäten und die Dringlichkeit der Aufklärung. Zu befürchten sei zudem, dass zwischen Frauen der ‚ersten' und ‚dritten' Welt hierarchisch unterschieden werde und dass „die Frau" der kolonialisierten Welt als homogene Kategorie erscheine (vgl. Gandhi 1998, S. 81f.). Darüber hinaus ignorieren die einschlägigen postkolonialen Konzepte von Edward W. Said, Homi K. Bhabha und Frantz Fanon die spezifische Situation von kolonialisierten Frauen, wie Vertreter/innen der Gender Studies kritisieren. Diese rege Diskussion zwischen Gender und Postcolonial Studies verspricht jedoch auch, theoretische Probleme beider Ansätze offen zu legen. Im Folgenden werden zentrale postkoloniale Theoreme kurz vorgestellt, um die Anschlussmöglichkeiten für die Gender Studies zu verdeutlichen.

Gender und
Postcolonial Studies

Orientalismus

Als kanonischer Gründungstext der Postcolonial Studies gilt Edward W. Saids Untersuchung *Orientalism* (1978; *Orientalismus*, 1981), die sich methodologisch an Michel Foucault orientiert. Said geht davon aus, dass der Orientalismus weit mehr über den Westen und seine Institutionen aussage als über die Länder, die unter diesen Begriff subsumiert werden. Der ‚Orient' spielt insofern eine wesentliche Rolle für die Selbstdefinition des Westens, hilft „Europa (oder dem Westen), sich als dessen kontrastierendes Bild, Idee, Persönlichkeit, Erfahrung zu definieren" (Said 1981, S. 8). Ursprung des Orientalismus ist der akademische Diskurs, der für Said ein Netzwerk aus unterschiedlichen Verfahren und Diskursen darstellt. Diese generieren gemeinsam die Bedeutung eines imaginären Orients, produzieren Normalität und disziplinieren Subjekte; Said orientiert sich offensichtlich am Diskursbegriff Michel Foucaults (→ KAPITEL 7.1). Er hält fest:

„Es ist für mich entscheidend, daß man, ohne den Orientalismus als einen Diskurs zu überprüfen, unmöglich verstehen kann, durch welche enorme systematische Disziplin die europäische Kultur fähig war, den Orient politisch, soziologisch, militärisch, ideologisch, wissenschaftlich und imaginativ während der Zeit nach der Aufklärung zu leiten – und selbst zu produzieren." (Said 1981, S. 10)

Weiblicher und männlicher Orientalismus

Der westliche Orientalismus-Diskurs wäre allerdings geschlechtlich auszudifferenzieren – Said berücksichtigt diesen Aspekt nicht –, indem zum Beispiel dem beliebten Topos orientalischer Weiblichkeit nachgegangen wird, zu dem auch das Stereotyp der schönen Ostjüdin gehört (vgl. Krobb 1993). Unter anderem Theodor Fontanes Romane greifen diese Verbindung von stigmatisierter Frau und imaginärem Osten wiederholt auf. In *Cécile* (1887) wird die schöne Protagonistin gleich mehrfach als Fremde markiert: Im protestantischen Umfeld Preußens ist sie Katholikin und verweist als ehemalige Fürstengeliebte noch dazu auf eine vergangene Epoche. Dieser minoritäre Status veranlasst den Ingenieur Gordon dazu, Cécile zur verführerischen Orientalin zu stilisieren, also Gender und Ethnie zu verknüpfen. In Fontanes späterem Roman *Die Poggenpuhls* (1896) droht die Heirat mit einer schönen Jüdin aus betuchter Familie den Abstieg der verarmten adeligen Familie zu besiegeln. Der Sohn der Familie stabilisiert sich im Angesicht dieses Identitätsverlustes über eine stereotype Wahrnehmung des afrikanischen, ‚dunklen' Kontinents, der zum Gegenstand von diffusen Machtfantasien wird. Auch Heinrich Manns Satire *Im Schlaraffenland* (1900), ein antisemitischer Text über einen jüdischen Börsianer, arbeitet die grassierenden Fantasien über orientalische sinnliche Weiblichkeit ein. Es kann mithin zwischen weiblichen und männlichen Orientalismen unterschieden werden (vgl. Uerlings 2001, S. 33).

Ein weiterer Theoretiker der Postcolonial Studies ist Homi K. Bhabha, der, anders als Said, dekonstruktivistisch arbeitet, also (koloniale) Identitäten auflöst. In seinen Essays, die 1994 unter dem Titel *The Location Of Culture* (*Die Verortung der Kultur*, 2000) erschienen sind und als sein Hauptwerk bezeichnet werden können, begreift er den Fremden als ebenso erregende wie versagende Instanz. Allerdings ignoriert auch er die sexuellen bzw. geschlechtlichen Konnotationen des rassistischen Diskurses. Sowohl das herrschende als auch das beherrschte Subjekt zeichnen sich nach Bhabha durch ihre Gespaltenheit aus, sind also nicht auf *eine* ethnische Position festzulegen. Der Andere ist kein stereotypes Gegenüber, sondern Teil des Subjekts, das sein Anderes auszugrenzen versucht – mit diesem Modell arbeiten auch die Gender Studies. Der Andere ist ein ,Un-heimlicher' im Freudschen Sinne, der das ,Heim' des Ich besetzt.

Der Andere als Selbst

Um das prekäre System der kolonialen Abhängigkeiten zu präzisieren, bezieht sich Bhabha auf den Psychiater und Revolutionär Frantz Fanon, der als Vordenker der Entkolonialisierung in seinen Schriften aus den 1950er- und 1960er-Jahren den Kolonialismus als neurotisches Spiegelverhältnis beschreibt. Schwarze und weiße Personen, so verdeutlicht Fanon und so vertieft es Bhabha in Anlehnung an Jacques Lacan, sind durch einen Spiegelblick miteinander verbunden, der Selbst und Anderes überlagert.

Spiegelkonfigurationen

„Die ambivalente Identifikation der rassistischen Welt [...] basiert auf der Idee vom Menschen als seinem entfremdeten Bild; nicht Selbst und Anderer, sondern die Andersheit des Selbst, die in das perverse Palimpsest der kolonialen Identität eingeschrieben ist." (Bhabha 2000, S. 65)

Das Selbst gleicht einem Vexierbild, kann sich nicht als geschlossene Repräsentation wahrnehmen, sondern sieht im eigenen Spiegelbild immer auch das Fremde. Entsprechend ist der Fremde sowohl ein Gegenstand des Abscheus als auch der Faszination (als Teil des Selbst).

Bhabha beschreibt das Verhältnis zwischen Ich und Anderem, zwischen Kolonisiertem und Kolonialisator zudem als Mimikry, als Imitation. Die herrschende Kultur nähert sich den Fremden an, hebt die Differenz jedoch nicht völlig auf, so dass er dem Bekannten ähnlich, nicht aber mit ihm identisch wird. Die koloniale Mimikry entspricht dem „Begehren nach einem reformierten, erkennbaren Anderen als

Das Konzept der Mimikry

dem Subjekt einer Differenz, das fast, aber doch nicht ganz dasselbe ist" (Bhabha 2000, S. 126). Diese Assimilation ermöglicht Zweierlei: die Normalisierung, die Annäherung des Fremden an die vertrauten gesellschaftlichen Praktiken *und* seine (possenhafte) Distanzierung, denn er gleicht dem herrschenden Subjekt nur teilweise. Die so produzierte partielle Übereinstimmung zwischen dominierender Kultur und Fremdem ermöglicht jedoch auch die Subversion der herrschenden Ordnung, denn die Mimikry verzerrt diese zur Karikatur und ironisiert sie. Bhabha beschreibt eine ähnliche Subversionsbewegung wie Judith Butler: Etabliert sich das Machtsystem über performative, sich wiederholende Akte, so vermögen die imitierenden Wiederholungen die gesellschaftlichen Praktiken zu verschieben und zu unterlaufen (→ KAPITEL 7.2).

Normalisierung und Distanzierung

Bhabha beschäftigt sich, ähnlich wie Edward Said, mit Literatur – er untersucht Texte von Toni Morrison, Nadine Gordimer, John Coetzee, Richard Rive und Bessie Head –, und auch sein Ansatz eignet sich für eine gendersensible Erweiterung. Insbesondere die sogenannte ,Migrationsliteratur', wie sie verstärkt seit der zweiten Hälfte des 19. Jahrhunderts entsteht (vgl. Arnold 2006) und in der deutschtürkischen Literatur seit den 1970er-Jahren bis heute einen markanten Ausdruck findet (vgl. Hofmann 2006, S. 195f.), könnte mit Bhabhas Modell unter Berücksichtigung von Gender-Aspekten gelesen werden. Feridun Zaimoglus Interviews mit Deutschtürken und Deutschtürkinnen beispielsweise, *Kanaksprak. 24 Mißtöne vom Rande der Gesellschaft* (1995) und *Koppstoff. Kanaka Sprak vom Rande der Gesellschaft* (1998), differenzieren die unterschiedlichen geschlechtlichen Erfahrungen von Migrant/inn/en; ähnlich verfahren die Romane von Ermine Sergi Özdamar (*Das Leben ist eine Karawanserei, hat zwei Türen aus einer kam ich rein aus der anderen ging ich raus*, 1999; *Die Brücke vom Goldenen Horn*, 2002).

,Migrationsliteratur'

Gayatri Spivak, eine wichtige postkoloniale Denkerin, arbeitet wie Homi K. Bhabha dekonstruktivistisch – sie ist die englische Übersetzerin von Jacques Derridas Studie *Grammatologie*. Sie kombiniert Marxismus, Feminismus und Subaltern Studies, also die Beschäftigung mit Unterdrückten, und stellt die einzelnen Denksysteme durch ihre gegenseitige Konfrontation in Frage. Aus Gender-Perspektive ist brisant, dass Spivak ein bestimmtes weibliches Sprechen als möglichen Einspruch gegen den westlichen globalen Diskurs konzipiert. Dieses Sprechen verkörpert die mythische Figur Echo, die in den römisch-antiken Texten Ovids lediglich die letzten Worte des Gesprächspartners wiederholen kann, ohne über eine eigene Sprache zu

Weibliches Sprechen

verfügen. Spivak deutet diese Gestalt, die ihres intentionalen Sprechens völlig beraubt ist, als „unvorhergesehene [...] Möglichkeit des Auftauchens einer Art zufällige[n] Wahrheit" (Spivak 1996, S. 72f.). Echo steht für das dekonstruktivistische intervenierende Sprechen schlechthin, das auf das Begehren des Anderen zu antworten vermag.

Dieses Sprechen wiederhole sich, verfehle sich und reagiere so auf die Dilemmata der feministischen und postkolonialen Ziele: „Konfrontiert mit unterschiedlichen, vom Kolonialismus übernommenen Strukturen, die keine Alternative offen lassen, notwendigerweise dafür kämpfend, den Körper in normative, private und rationale Abstraktionen eines einheitlichen Bürgerrechts einzuschreiben anstatt in einen kulturell vererbten imperial festgesetzten Privatkodex, ist der Körper, ‚der Stimme beraubt', ein Stein" (Spivak 1996, S. 88), der sich jedoch jenseits der herrschenden Ordnungen artikulieren kann. Spivak überträgt die Dekonstruktion auf den Feminismus und Marxismus, um eine Kritik am Humanismus als Selbstverständnis des imperialen (männlichen) Subjekts zu formulieren. Sie attackiert die juristische Norm der Gleichheit, weil diese ausschließlich nach Maßgabe der herrschenden Klassen ausgelegt werde, lehnt jegliche eurozentrische Beschreibung kolonialisierter Gruppen ab und spürt den Ausdrucksformen fremder Stimmen nach (unter anderem durch eigene Übersetzungen).

Körperliches Sprechen

Humanismuskritik

9.3 Koloniale Fantasien in der Literatur

Bieten die englischen, französischen und spanischen Literaturen reichhaltiges Material für postkoloniale Lektüren, so scheint die deutschsprachige Literatur (aufgrund der historischen Entwicklung und eindrücklicher Verdrängungsleistungen der Forschung) weniger ergiebig. In der deutschen Literaturwissenschaft dominiert zudem der Fokus auf den Holocaust, auf das größte Verbrechen gegen ‚Fremde', während die deutsche Kolonialgeschichte lange Zeit unberücksichtigt blieb – auch deshalb konnte sich die Fantasie von der ‚ethnischen Homogenität' Deutschlands lange halten (vgl. Friedrichsmeyer / Lennox / Zantop 1998, S. 6). Diese (fragwürdige) Vorstellung wird erst nach und nach revidiert und der Blick frei für Sujets, die eine interkulturelle bzw. postkoloniale gendersensible Perspektive verlangen – auch in kanonischen Texten. Goethes klassisches Drama *Iphigenie auf Tauris* (1779) lässt beispielsweise kenntlich werden, dass der „so anspruchsvoll inszenierte Gleichheitsanspruch" durch „eine Tiefen-

Fremdheit in der deutschen Literatur

struktur beschädigt wird, die die Frau (Iphigenie) und den edlen Wilden (Thoas) der Subjektposition (Orest) unter- und funktional zuordnet" (Uerlings 2001, S. 29).

Literarische Texte führen vor, wie sich Gender und Ethnie gegenseitig metaphorisch umschreiben, um Hierarchien zu produzieren. Bereits Max Horkheimer und Theodor W. Adorno verweisen in ihrer berühmten Schrift *Dialektik der Aufklärung* (1947), die den Ursachen für den Nationalsozialismus nachspürt, auf die Analogisierung von Frauen und Wilden. Der ‚Wilde' werde verweiblicht, um seine Unterlegenheit zu markieren, und Frauen der eigenen Ethnie gelten als ‚Wilde', um ihre ‚Kindlichkeit' und ‚Unberechenbarkeit' zu suggerieren. Frauen sind Fremde in der Nähe, wie Sigrid Weigel in ihrer Auseinandersetzung mit Adorno/Horkheimer ausführt (vgl. Weigel 1990, S. 121). Oder umgekehrt: Kulturelle Andersheit wird durch die Ordnung der Geschlechterdifferenz beschrieben, wobei das Verhältnis von ethnischen und sexuellen Differenzen historisch variiert und unterschiedliche Funktionen erfüllt. Stereotypisierungen zeichnen sich grundsätzlich durch ihre Instabilität aus, durch Ambivalenzen und Widersprüche. Wird der Andere verabscheut *und* begehrt, wie Bhabha ausführt, so entstehen ambivalente instabile Bilder, die den unterschiedlichen historischen Situationen flexibel angepasst werden können (vgl. Bhabha 2000, S. 97f.).

Als Gegenstand der Literaturwissenschaft (insbesondere der spanischen Philologie) bieten sich diejenigen Texte an, die sich mit der Entdeckung der neuen Welt beschäftigen wie die Chroniken von Kolumbus, Cortés, Las Casas etc. (vgl. Uerlings 2001, S. 26f.). Im 18. Jahrhundert entwarf zudem eine Vielzahl deutschsprachiger Texte koloniale Fantasien, indem sie die Erfindung der bürgerlichen Geschlechtscharaktere mit der wissenschaftlichen Konstruktion von Fremdheit verknüpften.

„Geschichten aus dem 18. Jahrhundert betonen nicht nur den Geschlechtscharakter der Herr-Sklave-Beziehungen, sondern den Rassecharakter häuslicher Arrangements, wenn sie Frauen und Kolonisierte als unmündige ‚Kinder' definierten, die ihrem Herrn und Vater in unverbrüchlichem Gehorsam unter- und zugetan waren, oder wenn sie Frauen als wilden ‚schwarzen Kontinent' bezeichneten, der noch der Domestizierung, Zivilisierung und Kolonialisierung harrte." (Zantop 1999, S. 15)

Auch wenn Deutschland lediglich zwischen 1884 und 1919 im engeren Sinne als Kolonialmacht zu bezeichnen ist, kam es bereits im 18. Jahrhundert zu einer regen Debatte über mögliche Kolonialisie-

Frauen und Wilde

Postkoloniale Arbeitsfelder

rungen. Literarische Texte und Berichte vermitteln bzw. erfinden Informationen über paradiesische Länder, so dass selbst derjenige, der keine Kolonie besitzt oder bereist, zum Experten werden konnte. Rassistische Fantasien dieser Art haben das Terrain für diejenigen Ideologien bereitet, die in der zweiten Hälfte des 19. und im 20. Jahrhundert so fatale Konsequenzen hatten.

Imaginativer Kolonialismus

Koloniale Fantasien verbreiten insbesondere Reisebeschreibungen, die sich bezeichnenderweise zwischen 1770 und 1800 verfünffachen (→ ASB D'APRILE / SIEBERS).

Reisebeschreibungen

> „Indem sie ihre Leser mit den Mitteln versehen, ihre kulturelle Überlegenheit gegenüber anderen Kulturen abzumessen, nehmen Reiseberichte und andere ‚wissenschaftliche‘ Schriften teil an einer Art intellektuellem Kolonialismus: der schrittweisen Aneignung und Ausbeutung bisher fremder Welten durch Einordnung in europäische Denkmuster." (Zantop 1999, S. 59)

In dem zerrissenen, in Kleinstaaten aufgeteilten ‚Deutschland‘ dieser Zeit findet Kolonialisierung also im (Fantasie-)Raum des Wissens statt, in dem auch Sexualität eine zentrale Rolle spielt.

> „In der Tat überschneiden und überlappen sich Rasse- und Sexual-Stereotypen in der kolonialistischen Imagination. Erst ihre Kombination bringt die für kolonialistisches Denken so typische Spannung zwischen Anziehung und Ablehnung hervor, die Bhabha und andere bemerkt haben." (Zantop 1999, S. 14)

Sexualität und Ethnie

Diese Kombination von ethnischen und sexuellen Diskursen zeigt sich beispielsweise in der erfolgreichen Nachahmung von Daniel Defoes *Robinson Crusoe* durch Joachim Heinrich Campe, *Robinson der Jüngere: Ein Lesebuch für Kinder* (1779 / 80), ebenso in den populären Dramen von August von Kotzebue wie *Die Indianer in England* (1790) – Texte über Südamerika, die ein relationales Geflecht von ethnischen Positionen (Europäer, Indianer, Afrikaner, Araber etc.) entwerfen und diese gegeneinander ausspielen. Das fremde Land wird in diesen Texten zur ebenso verlockenden wie bedrohlichen Weiblichkeit allegorisiert, die einerseits kindlich ist und somit erzogen werden muss, andererseits jedoch als unbezähmbares Stück Natur erscheint.

Konzentriert sich Susanne M. Zantop auf Südamerika-Fantasien im 18. Jahrhundert, so geht Herbert Uerlings den Haiti-Bildern in deutschsprachigen Texten vom 18. bis zum 20. Jahrhundert nach (vgl. Uerlings 1997). Denn der Kolonialismus prägte den Primitivismus der vorletzten Jahrhundertwende ebenso wie den Expressionismus und Surrealismus, der den afrikanischen Kontinent als ‚authenti-

Haiti in der deutschsprachigen Literatur

schen' Erfahrungsraum jenseits der repressiven westlichen Kultur entdeckte. Der Kolonialismus wird zudem in der Nachkriegs- und Gegenwartsliteratur thematisiert, zum Beispiel in Ingeborg Bachmanns Roman-Fragment *Das Buch Franza* (1979), das Kolonial- und Geschlechtergeschichte als zwei Seiten eines patriarchalen Herrschafts- bzw. Ausbeutungsverhältnisses deutet und mit der Judenvernichtung verbindet (vgl. Uerlings 2006, S. 116f.).

Sinti und Roma

Die kulturwissenschaftliche Beschäftigung mit Minoritäten lässt darüber hinaus die Gruppe der ‚Zigeuner‘, der Sinti und Roma, als innere Andere in den Blick treten (vgl. Breger 1998; Kugler 2004). Diese prinzipiell ausgeschlossene Gemeinschaft spielt insbesondere für die Einheitsfantasie der Nation, die grundsätzlich auf Akten der Ausgrenzung basiert, eine konstitutive Rolle. Aus Gender-Perspektive ist unter anderem der Topos der schönen Zigeunerin einschlägig (vgl. Hille 2005), den Goethes Bildungsroman *Wilhelm Meisters Lehrjahre* (1795/96) ebenso aufruft wie Eduard Mörikes Roman *Maler Nolten* (1832) (vgl. Bogdal 1993).

Zusammenfassung

Seit Beginn der 1980er-Jahre berücksichtigen die Gender Studies nach konfrontativen Debatten neben der geschlechtlichen Markierung auch ethnische Aspekte sowie Klassenzugehörigkeiten. Die zunächst universalisierende Kategorie „die Frau“ wird ausdifferenziert, um den Erfahrungen in diversen (kolonialen) Unterdrückungskontexten Rechnung zu tragen. Auch die Postcolonial Studies beschäftigen sich mit ethnischen bzw. nationalen und imperialen Machtverhältnissen, und die Theoreme von Said, Bhabha und Spivak bieten Anknüpfungspunkte für gendersensible Ethnizitätsanalysen (weiblicher/ männlicher Orientalismus etc.). Die Literaturwissenschaft untersucht vor diesem Hintergrund die Überschneidungen von Ethnie und Gender, beispielsweise die Topoi der schönen Zigeunerin, der wilden Frau und der schönen Jüdin, wobei nicht so sehr statische Bilder als vielmehr performative Aushandlungsprozesse zwischen ethnischen und geschlechtlichen Positionen im Zentrum stehen.

Fragen und Anregungen

- Rekonstruieren Sie die Kritik von schwarzen Frauen am weißen Feminismus.

- Warum trifft der Orientalismus im Wesentlichen Aussagen über den Westen und was heißt es, wenn Edward Said den Orientalismus als Diskurs bezeichnet?

- Skizzieren Sie das Mimikry-Konzept von Homi K. Bhabha und überlegen Sie, warum die Wiederholung kultureller Praktiken zur Unterminierung derselben beitragen kann.
- Welche Vorstellungen sind gemeinhin mit dem Stereotyp der schönen Jüdin und der Zigeunerin verbunden. Recherchieren Sie diese Topoi (in Motivgeschichten, Lexika etc.).
- Welche Effekte hat es, wenn Fremde verweiblicht und Frauen als Fremde bezeichnet werden?
- Lesen Sie Heinrich von Kleists Novelle *Die Verlobung in St. Domingo* (1811) und rekonstruieren Sie die verweiblichende Sexualisierung der Fremden.

Lektüreempfehlungen

- **Homi K. Bhabha: Die Verortung der Kultur. Mit einem Vorwort von Elisabeth Bronfen**, Tübingen 2000. *Auf ein instruktives Vorwort folgen zentrale Aufsätze des psychoanalytisch argumentierenden Theoretikers, die sich mit Hegels Herr / Knecht-Modell, mit Frantz Fanon sowie mit literarischen Texten beschäftigen.*
- **Birthe Kundrus (Hg.): Phantasiereiche. Zur Kulturgeschichte des deutschen Kolonialismus**, Frankfurt a. M. / New York 2003. *Einschlägige Aufsätze zu den kolonialen Aktivitäten von Frauen.*
- **Maria do Mar Castro Varela / Nikita Dhawan: Postkoloniale Theorie. Eine kritische Einführung**, Bielefeld 2005. *Stellt die zentralen postkolonialen Theoreme vor.*
- **Edward W. Said: Orientalismus**, Frankfurt a. M. / Berlin / Wien 1981. *Die wichtige Studie gilt als kanonischer Gründungstext der Postcolonial Studies und legt die Projektionsstruktur des Orientalismus frei.*
- **Herbert Uerlings: Poetiken der Interkulturalität. Haiti bei Kleist, Seghers, Müller, Buch und Fichte**, Tübingen 1997. *Die Lektüren gehen den ethnischen wie geschlechtlichen Zuschreibungspraktiken in literarischen Texten der bürgerlichen Moderne nach.*
- **Susanne M. Zantop: Kolonialphantasien im vorkolonialen Deutschland (1770–1870)**, Berlin 1999. *Rekonstruiert das metaphorische Wechselspiel zwischen Fremdheit und Weiblichkeit in Kolonialtexten über Südamerika.*

10 Men's Studies

---

*Es ist eine schöne Empfindung, liebe Mariane, versetzte Wilhelm:
wenn wir uns alter Zeiten und alter unschädlicher Irrtümer erinnern,
besonders wenn es in einem Augenblicke geschieht, da wir eine
Höhe glücklich erreicht haben, von welcher wir uns umsehen und
den zurückgelegten Weg überschauen können. Es ist so angenehm,
selbstzufrieden, sich mancher Hindernisse zu erinnern, die wir oft mit
einem peinlichen Gefühle für unüberwindlich hielten, und dasjenige,
was wir jetzt entwickelt sind, mit dem zu vergleichen, was wir
damals unentwickelt waren" [. . .]. Durch den Druck seines Armes,
durch die Lebhaftigkeit seiner erhöhten Stimme war Mariane
erwacht und verbarg durch Liebkosungen ihre Verlegenheit; denn sie
hatte auch nicht ein Wort von dem letzten Teil seiner Erzählung
vernommen, und es ist zu wünschen, dass unser Held für seine
Lieblingsgeschichten aufmerksamere Zuhörer zukünftig finden möge.*

Johann Wolfgang Goethe: *Wilhelm Meisters Lehrjahre* (1795/96)

*Goethe schildert in seinem Bildungsroman „Wilhelm Meisters Lehr-
jahre" (1795/96) die Geschichte eines jungen Mannes aus dem Bür-
gertum, der sich zur gebildeten Persönlichkeit zu entfalten versucht.
In der rückblickenden biografischen Erzählung, die er der Geliebten
anvertraut, inszeniert er sein Leben als stufenhafte, auf ein Ziel hin
orientierte Entwicklung. Der Roman Goethes verdeutlicht jedoch,
dass diese Konstruktion eines sinnvoll strukturierten, homogenen Le-
bensganges ein männlich-bürgerliches Projekt ist, ebenso ein mono-
logisches, selbstzentriertes Unternehmen. Denn die Geliebte Wilhelms,
die als Schauspielerin gesellschaftlich weit unter ihm steht, schläft
während des selbstverliebten Berichts wiederholt ein und verfügt
ihrerseits nicht über eine eigene Lebenserzählung. Der biografisieren-
de Bildungsroman als dasjenige Genre, das zum Ende des 18. Jahrhunderts den bürgerlichen Menschen (vornehmlich den Mann) mit seinen facettenreichen Innenlandschaften ins Zentrum stellt, produziert
– so signalisiert Goethes Text – vor allem männliche Identität und
ihre Narrationen. Der Bildungsroman bzw. die Biografie besitzt mithin ein Geschlecht und bringt Ausschlüsse (des Weiblichen sowie anderer Klassen) mit sich.*

Im folgenden Kapitel werden die sich in Deutschland zögerlich etablierenden Men's Studies vorgestellt, die die scheinbare Neutralität
der männlichen Position in Frage stellen und Männlichkeit als Ge-
schlechtsrolle markieren – über Jahrhunderte hinweg besaß allein
Weiblichkeit ein Geschlecht und einen Körper. Das Kapitel rekonstruiert die Geschichte der Men's Studies in unterschiedlichen Disziplinen wie der Soziologie und der Geschichtswissenschaft, präsentiert
zudem einschlägige Konzepte wie das einer hegemonialen Männlichkeit. Für die Literaturwissenschaft ist vor allem das Modell männlicher Maskerade einschlägig, das an eine berühmte Fallgeschichte
der Psychoanalytikerin Joan Riviere anschließt, ebenso die Auffassung, Männlichkeit sei ein Ensemble heterogener Narrationen.

10.1 Geschichte und Themen
10.2 Der männliche Habitus
10.3 Männlichkeit als Narration und Maskerade

10.1 Geschichte und Themen

Um die Jahrtausendwende entstehen auch an deutschsprachigen Universitäten vermehrt Studien, die sich mit Männlichkeit beschäftigen bzw. darum bemühen, Männlichkeit als Geschlecht in Erscheinung treten zu lassen. Bleibt die männliche Position meist unmarkiert bzw. gilt sie als allgemeinmenschliche, wie der Soziologe Georg Simmel bereits um 1900 betont hat (vgl. Simmel 1998, S. 64f.), so gehen die Men's Studies gegen diese scheinbare Neutralität an. Die Männerforschung „fragt nach dem, was bei der Verallgemeinerung von Mann zu Mensch verloren geht und versucht, Männer nicht als geschlechtslose (Normal-)Menschen, sondern als geschlechtliche Wesen mit spezifischen Erfahrungen und Identitäten zu erforschen. Männer und Männlichkeiten werden dabei als historisch, kulturell und sozial variierende und konstruierte Phänomene betrachtet." (BauSteineMänner 1996, S. 6)

Männlichkeit als Geschlecht

In den USA entstand dieser Ansatz, der von Beginn an politisch orientiert ist und das offensichtliche Machtgefälle zwischen Männern und Frauen kritisiert, in den späten 1960er-Jahren, teilweise in Reaktion auf die Neue Frauenbewegung. In den 1970er- und 1980er-Jahren etablierte er sich an den Hochschulen – 1976 wurde die wissenschaftliche Beschäftigung mit Männlichkeit erstmals in das Curriculum der Universität Berkeley aufgenommen. In Deutschland war die Männerforschung zunächst ebenfalls politisch engagiert (vgl. Martschukat/ Stieglitz 2005, S. 51): Die Mitglieder des zwischen 1985 und 1993 bestehenden *Arbeitskreises Antisexistische Männerstudien* waren in der profeministischen Männerbewegung aktiv, wobei mit Nachdruck diskutiert wurde, ob es primär um die Unterstützung von Frauen in ihrem Kampf gegen Sexismus gehe, oder aber um die Sensibilisierung für die eigene Unterdrückung (beispielsweise von emotionalen Anteilen) (vgl. Walter 1996, S. 18).

Men's Studies und Politik

Ebenso intensiv diskutiert wird das Verhältnis von Gender und Men's Studies, das durchaus als produktive Ergänzung zu beschreiben wäre. Judith Kegan Gardiner betont, dass beide Ansätze voneinander profitieren können, denn die Männerforschung lasse Lücken der Feminist Studies in Erscheinung treten, rücke das brisante Forschungsfeld der Heterosexualität in den Blick und sorge dafür, dass soziale Determinierung sowie Produktionsverhältnisse in stärkerem Maße Berücksichtigung finden (vgl. Gardiner 2002, S. 9). Die Gender Studies hingegen fokussieren eher die privaten Praktiken von Männern und schließen damit eine Forschungslücke der Men's Studies.

Men's und Gender Studies

Die Männerstudien interessieren sich insbesondere für Macht – die primär über Produktionsprozesse verteilt wird –, gehen aber z. B. auch den Konsequenzen der Globalisierung, der geschlechtlichen Semantisierung von internationalen Arbeitsbeziehungen und dem Typus des Managers nach (vgl. Connell 2005, S. XXf.). Die Ergebnisse der Men's Studies sind deshalb auch für diejenigen literarischen Texte des ausgehenden 20. Jahrhunderts instruktiv, die den Top Dog, den Börsianer und Karrieristen ins Zentrum stellen – seit 1995 ein überaus beliebtes Sujet in deutschsprachigen Dramen und Romanen.

Globalisierung (margin)

Die Men's Studies haben jedoch auch Kritik auf den Plan gerufen, denn der Fokus auf hegemoniale Männlichkeit, von der Robert W. Connell spricht (vgl. zuletzt Connell 2005, S. 77f.), scheint die männliche Herrschaft sowie ihre Dominanz im akademischen Diskurs fortzuschreiben. „Wozu Männerforschung? Ist nicht alles, was nicht Frauenforschung ist, Männerforschung?" (BauSteineMänner 1996, S. 5). Arbeiten die Gender und Queer Studies daran, Geschlechtlichkeit zu pluralisieren, so scheinen die Men's Studies auf den ersten Blick an den traditionellen Binaritäten festzuhalten, zumal Homosexualität eher in den Hintergrund tritt bzw. eine noch nicht gelöste theoretische Herausforderung darstellt. Tatsächlich hat die verstärkte Thematisierung von Männlichkeit auch reaktionäre Impulse ausgelöst und zu der Forderung nach einer starken Männlichkeit geführt, wie sie Robert Bly in seinem viel diskutierten Text *Eisenhans. Ein Buch über Männer* formuliert (Bly 1991). Diese Forderung mag auch darauf zurückzuführen sein, dass Männlichkeit meist im Zeichen der Krise wahrgenommen und beschrieben wird. Nach Connell bringt die permanent beschworene Krise der Männlichkeit zum Ausdruck, dass sich drei entscheidende Faktoren des Männlichkeitsdiskurses verändert haben: die Machtbeziehungen, die Produktionsbedingungen und die emotionalen Dispositionen, das heißt die kulturell entworfenen Gefühlswelten von Männlichkeit (vgl. Connell 2005, S. 84). Das Krisen-Konzept kann mithin genutzt werden, „um Verschiebungen von Männlichkeitsentwürfen und Geschlechterbeziehungen in den Griff" zu bekommen (Martschukat / Stieglitz 2005, S. 82).

Kritik (margin)

Krise der Männlichkeit (margin)

Scheinen die Men's Studies an den etablierten Binaritäten (Mann / Frau) festzuhalten, so zeigt sich jedoch bei genauerem Blick, dass sie eine ähnliche Pluralisierung und Relationierung von Geschlecht vornehmen wie die Gender und Queer Studies. Gesprochen wird nicht mehr von ‚der Männlichkeit', sondern von relational definierten Männlichkeiten (vgl. Erhart / Herrmann 1997, S. 25; Connell 2005,

Pluralisierung von Männlichkeits-entwürfen (margin)

S. XII). Männlichkeit definiert sich primär über die Abgrenzung von weiblichen Identitätsentwürfen, so dass Männergeschichte kein Konkurrenzunternehmen zur Frauengeschichte darstellt, sondern sich beides ergänzt (vgl. Kühne 1996, S. 11). Zusammen mit Männlichkeit steht immer auch Weiblichkeit zur Debatte, wobei es primär um Konzepte geht, nicht um Personen. Es lässt sich „über ‚Männlichkeiten' nachdenken, ohne daß von ‚Männern' auch nur die Rede zu sein braucht – und genauso über ‚Weiblichkeit' ohne Frauen" (Erhart / Herrmann 1997, S. 25). Darüber hinaus bestimmen sich Männlichkeitsentwürfe in Abgrenzung von anderen männlichen Identitätskonzepten sowie innerhalb eines komplexen Netzwerkes aus Class- und Race-Positionen (→ KAPITEL 9.1), zumal weitere Kategorien wie Religion oder Alter ins Spiel kommen können.

Männer- und Frauengeschichte

Wird also Männlichkeit durch Männlichkeiten ersetzt, so ergibt sich ein weites Feld für historische, soziologische und literaturwissenschaftliche Untersuchungen – der Familienvater, der wehrhafte Mann, der Turner etc., sie alle können zum Gegenstand der Men's Studies werden. Dabei ist grundsätzlich die Entwicklung von Männlichkeit zu berücksichtigen, denn sie entfaltet sich „über viele Stationen – von der frühkindlichen Ablösung und Differenzierung über die adoleszente Vater-, Mutter- und Selbstabgrenzung bis zur sexuellen Orientierung im Erwachsenenalter" (Erhart / Herrmann 1997, S. 9). Insbesondere der Bildungs- und Entwicklungsroman – neben Goethes Klassiker beispielsweise Gottfried Kellers *Grüner Heinrich* (1854 / 55) und Adalbert Stifters *Nachsommer* (1857) – führt die Genese von Männlichkeit als Abfolge heterogener Narrationen vor Augen.

Männlichkeit als Entwicklung

Aus dieser Perspektive, die Männlichkeit als dynamischen Prozess konzipiert, lässt sich ein einschlägiger Text über Männlichkeit kritisieren: Klaus Theweleits Studie *Männerphantasien* (1977 / 78), die nicht nur der Frauenbildforschung zugerechnet werden kann, sondern auch als Gründungstext der Männerstudien gilt. Theweleit analysiert die Frauenbilder in Briefen von Soldaten (→ KAPITEL 5.3) und entwirft folgendes Modell von Männlichkeit: Diese bilde sich durch die Abwehr der zugleich ersehnten Verschmelzung mit der Mutter aus. Männlichkeit ist mithin das Produkt einer Negation, wie Theweleit auch in seinen späteren Schriften betont. Dieses ebenso monokausale wie statische Modell ersetzen neuere Untersuchungen der Men's Studies durch prozessuale Konzepte, die der Entwicklung von Männlichkeit Rechnung tragen.

Kritik an statischen Konzepten

10.2 Der männliche Habitus

In Deutschland beschäftigt sich vor allem die Soziologie mit Männlichkeit (vgl. Meuser 1998; 2000), unter anderem im Anschluss an das Habitus-Konzept des Soziologen Pierre Bourdieu (vgl. Brandes 2001/02). Festgehalten wird gemeinhin, dass Männer einem weitaus größeren Identitätszwang unterliegen als Frauen (vgl. Axeli-Knapp 1995) und dass ihre Verweiblichung einen maximalen Anerkennungsverlust darstellt. Die soziologische Forschung setzt sich zudem intensiv mit Macht auseinander, denn Männer verfügen offensichtlich in weitaus stärkerem Maße als Frauen über das symbolische und ökonomische Kapital einer Gesellschaft, wobei sich männliche Macht strukturell aus der Unterdrückung von Frauen und anderen Männern ergibt – Macht ist immer die Ohnmacht eines anderen. Männliche Macht speist sich demnach aus der „systematische[n] Aneignung weiblicher Reproduktionskapazitäten [...] entlang von vier institutionellen Achsen [...]: Zwangsheterosexualität und Vaterschaft in einem eher privaten, wissenschaftliche und staatliche Reproduktionskontrolle in einem öffentlichen Rahmen" (Martschukat/Stieglitz 2005, S. 55).

Männlichkeit und Macht

Auf Macht konzentriert sich auch das Konzept der hegemonialen Männlichkeit von Robert W. Connell. „Hegemonial", ein Begriff des italienischen Marxisten Antonio Gramsci, bezeichnet eine Form von Macht, die sich nicht nur als staatlich-politische, sondern auch als kulturelle Kontrolle äußert.

Hegemoniale Männlichkeit

„Zentrale Merkmale moderner hegemonialer Männlichkeit sind etwa die Biologisierung von Geschlechterunterschieden sowie die heterosexuelle Dominanz, entscheidende Stützen des Konzepts sind neben der Fortschreibung der Institution Ehe in erster Linie homosoziale, ‚männerbündische' Zusammenschlüsse." (Martschukat/Stieglitz 2005, S. 57)

Geschichtswissenschaft

Die Geschichtswissenschaft verändert ihr Profil durch die Men's Studies ebenfalls, die allem voran das traditionsreiche Konzept einer ‚großen Geschichte' in Frage stellen – die Historiografie erzählt bekanntlich am liebsten von Königen und Kaisern, verliert also sowohl den ‚kleinen Mann' als auch Frauen aus den Augen. Die Historikerin Ute Frevert, die einschlägige Untersuchungen zum Militär, zur Wehrpflicht und zum Duell vorgelegt hat, bricht mit diesem Konzept von Geschichtsschreibung, indem sie Männer und Frauen als komplementäre Akteure begreift. Ihre Ergebnisse sind dabei auch für die Literaturwissenschaft von Bedeutung: Freverts Untersuchung *Ehrenmänner*.

Das Duell in der bürgerlichen Gesellschaft (1991) rekonstruiert beispielsweise die für die männliche Identität konstitutive Duell-Praxis im 19. Jahrhundert, wie sie auch Theodor Fontane in seinen Romanen zum Kulminationspunkt tragischer Entwicklungen macht. Frevert untersucht zudem Militär und Wehrpflicht, die die Zugangsbedingungen für Staatsbürgerschaft und politische Partizipation regeln und als männliche Institutionen Frauen von politischen Geschäften ausschließen (vgl. Frevert 1996, S. 84). Die historische Männerforschung setzt sich darüber hinaus intensiv mit Körperlichkeit auseinander, denn geschlechtliche Körperbilder sind als Metaphern für Gemeinschaft (der Staat als Leib) mit politischen Fragestellungen eng verknüpft (vgl. Schmale 1998, S. 20f.).

Das Duell

Insbesondere das Militär, die Kriegskameradschaft und Turnerbünde sind beliebte Themen der Men's Studies, wobei sich diese Gemeinschaften durch eine gemeinsame Organisationsstruktur auszeichnen: durch den Männerbund, wie er insbesondere um 1900, zur Zeit des Wilhelminismus, üblich ist. Nicolaus Sombart zum Beispiel analysiert die homosozialen Bünde um den Dichter Stefan George oder im politischen Kreis um Wilhelm II. und betont als konstitutives Moment die Ausgrenzung von Weiblichkeit:

Männerbünde

> „In seinen Lebensformen ist der ‚Männerbund' karg, asketisch, zölibatär; er definiert seine Einstellung dem Leben gegenüber in radikaler Abgrenzung gegen alles Weiche, Liebliche, Anmutige Weibliche; er grenzt sich ab gegen alles, was mit dem Weibe zu tun hat: seine Gefahren, seine Schrecken und seine Verlockungen." (Sombart 1996, S. 141)

Kennzeichnend für den Männerbund sind zudem sein Idealismus, das Charisma des Führers und das Opfer:

Charisma und Opfer

> „Die Mitgliedschaft [im Männerbund; Anm. d. Verf.] ist mit der Anerkennung von oft hochgesteckten Werten und Idealen verbunden, charakteristisch ist eine gewisse Aura des Geheimnisvollen, ein Aufnahmeritus, eine hierarchische Struktur und häufig die dominierende Stellung einer charismatischen Führerpersönlichkeit. Immer wieder tauchen zwei Kardinaltugenden auf, die den emotionalen Zusammenhang des Bundes gewährleisten sollen: die absolute Treue zum Führer des Bundes und den Bundesgenossen sowie die Bereitschaft zum Opfer." (Widdig 1997, S. 236)

Diese Organisationsform spielt auch in literarischen Texten eine Rolle, so wenn aufklärerische Logen geschildert werden. In Goethes Roman *Wilhelm Meisters Lehrjahre* wird Wilhelm in den letzten beiden Büchern mit einem Männerbund konfrontiert, der den Logenritus imitiert, über einen charismatischen Führer verfügt und sich über die Ausgrenzung von Weiblichkeit sowie über das Opfer konstituiert.

10.3 Männlichkeit als Narration und Maskerade

In der Literatur- und Filmwissenschaft wird, anders als in der Soziologie und der Geschichtswissenschaft, eher mit psychoanalytischen und performativen Konzepten gearbeitet, die Männlichkeit als Maskerade und Doing gender begreifen (→ KAPITEL 4.2, vgl. Kaltenecker, 1996). Geschlechtlichkeit als Maskerade aufzufassen, geht vornehmlich auf die Psychoanalytikerin Joan Riviere zurück, die dieses Modell in den 1920er-Jahren, allerdings in der Auseinandersetzung mit weiblichem Verhalten, entwickelt. Riviere beschreibt in einer berühmten Fallstudie eine intellektuelle Frau, die nach ihren wissenschaftlichen Vorträgen immer ein besonders weiblich-unterwürfiges Verhalten an den Tag legt – so, als wolle sie sich für die Anmaßung, das Wort ergriffen zu haben, entschuldigen. Hat sie sich, psychoanalytisch gesprochen, zusammen mit dem Wort den Phallus (die Macht) angeeignet, so maskiert sie sich nach diesem Akt der Aneignung als ‚Weibchen‘, um ihren ‚Übergriff‘ zu verbergen.

Männlichkeit als Doing gender

Riviere leitet aus diesem Verhalten ab, dass Weiblichkeit Maskerade sei, und zwar grundsätzlich:

Weiblichkeit als Maskerade

„Weiblichkeit war daher etwas, das sie [die Patientin; Anm. d. Verf.] vortäuschen und wie eine Maske tragen konnte, sowohl um den Besitz von Männlichkeit zu verbergen als auch um der Vergeltung zu entgehen, die sie nach der Entdeckung erwartete – ähnlich wie ein Dieb, der seine Taschen nach außen kehrt und durchsucht zu werden verlangt, um zu beweisen, daß er die gestohlenen Dinge nicht hat. Der Leser mag sich nun fragen, wie ich Weiblichkeit definiere und wo ich die Grenze zwischen echter Weiblichkeit und der ‚Maskerade‘ ziehe. Ich behaupte gar nicht, daß es diesen Unterschied gibt; ob natürlich oder aufgesetzt, eigentlich handelt es sich um ein und dasselbe." (Riviere 1994, S. 38f.)

Diese Definition von Weiblichkeit als Maskerade haben die Men's Studies übernommen und mit Blick auf Sigmund Freud und Jacques Lacan differenziert. Männlichkeit vermag weibliche Maskeraden zu übernehmen und diese durch forcierte Männlichkeitsinszenierungen (wie in den Mainstream-Filmen *Gladiator* und *Terminator* zum Beispiel → KAPITEL 11) wiederum zu maskieren (vgl. Benthien/Stephan 2003, S. 55f.). Auch Männlichkeit ergibt sich damit aus der Über-

Männlichkeitsinszenierungen

lagerung diverser Zuschreibungen, wobei die Literaturwissenschaft „genau die Prozesse verfolgen und offen legen [kann], mit denen solch unterschiedliche Männlichkeiten durch Zeichen, Symbole, Erzählungen und Inszenierungen hergestellt werden" (Erhart/Herrmann 1997, S. 16).

Auch die Vertreter der Men's Studies haben sich mit dem ‚Chefdenker' der Geschlechterdifferenz im 20. Jahrhundert, mit Sigmund Freud, beschäftigt und dessen Ansatz historisiert bzw. psychoanalytisch gegen seinen Urheber gewendet. Freud verschiebe störende Aspekte der Männlichkeitsentwicklung auf das Weibliche und blende so Irritationen aus der Genese des Mannes aus (vgl. Smith 1997). Sander L. Gilman betont zudem, dass Freuds Theorien auf die in seiner Zeit gängige Konzeption vom minderwertigen Juden reagieren: das Herzstück des Freudschen Konzepts, die Kastrationsdrohung, könne auf die jüdische Beschneidungspraxis zurückgeführt werden. Die Diffamierungen des rassistischen Diskurses verschwinden nach Gilman jedoch zunehmend aus Freuds Texten bzw. kehren verschoben als Deformation des Weiblichen wieder (vgl. Gilman 1994, S. 67).

Auseinandersetzung mit Freud

Auch Walter Erhart, dessen Arbeiten für die deutschsprachige Literaturwissenschaft einschlägig sind, knüpft an die Psychoanalyse als Meistererzählung über Familie bzw. Geschlecht an und historisiert diese Wissenschaft. Erhart betont, dass sich Männlichkeit allein als Geschichte erzählen lasse, genauer: als Abfolge von heterogenen Narrationen sowohl auf makrohistorischer als auch auf individueller Ebene. Eine zentrale Instanz, die Männlichkeit im 19. Jahrhundert formiert, sei die Familie:

Männlichkeit als Geschichte

„Die moderne Familie spielt zunächst (seit dem 18. Jahrhundert) eine neue und ganz entscheidende Schlüsselrolle am Ursprung der männlichen Subjektivität, und sie prägt darüber hinaus auch die Art und Weise, wie sich Männer in modernen Gesellschaften selbst verstehen, behaupten und konstruieren: als Familienmänner, die zuerst überwiegend von Müttern erzogen und später als Söhne und als Väter ihren Mann zu stehen haben." (Erhart 2001, S. 8)

In der Herkunftsfamilie bildet sich zwar die Geschlechtlichkeit des Mannes aus, doch auch die neu zu gründende Zeugungsfamilie verlangt spezifische Männlichkeitsentwürfe. Erhart stellt in diesem Zusammenhang die Grundannahme der Familienforschung in Frage, die bürgerliche Gesellschaft habe seit dem 18. Jahrhundert eine klare Trennung von Öffentlichkeit und Privatheit durchgesetzt. Neuere historische Studien weisen nach, dass die Grenzen zwischen beiden Bereichen vor allem im frühen 19. Jahrhundert durchlässig waren, zu-

Familie und Männlichkeit

mal Männer gemeinhin in beiden Sphären agieren und schon deshalb über multiple Verhaltensmodelle verfügen.

Regression und
Abgrenzung

Aus psychoanalytischer Perspektive lässt sich ein fundamentaler Widerstreit in den bürgerlichen Männlichkeitsentwürfen ausmachen: Dem Wunsch des Mannes nach Regression in einen präödipalen Bereich, wie ihn auch Klaus Theweleit beschrieben hat, steht der Wunsch nach der Abgrenzung von der Mutter gegenüber. Aufgrund dieser widersprüchlichen Tendenzen kommt es im Verlauf eines männlichen Lebens wiederholt zu Umdeutungen, wenn nämlich die mutterzentrierte Narration durch einen Männlichkeitsentwurf ersetzt wird, der die Grenze zum Weiblichen betont. Insbesondere die zahlreichen genealogischen Familienromane des 19. Jahrhunderts lassen diese konfliktreiche Konstellation männlicher Identität in Erscheinung treten, und zwar als Geschichte von instabilen Männlichkeitsentwürfen, als Ensemble von Performances und heterogenen Narrationen.

„Männlichkeit als eine geschlechtsspezifische Kategorie [...] besitzt eine narrative Struktur, und dies ganz besonders in der Moderne, in der sich die Geschichte der Männlichkeit in Form von Familiengeschichten beschreiben lässt." (Erhart 2001, S. 9)

Läuft diese Geschichte, literaturhistorisch betrachtet, auf den Verfall der bürgerlichen Familie zu, wie er in Thomas Manns *Buddenbrooks* (1901) kulminiert, so verhandeln auch frühere Texte des 19. Jahrhunderts die Krise der Familie und der Männlichkeit – häufig parallel zu einer Idealisierung dieser Gemeinschaftsform.

Zusammenfassung

Die Men's Studies definieren, so haben die vorangegangenen Ausführungen verdeutlicht, Männlichkeit ausdrücklich als Geschlecht und als widersprüchliches (narratives) Konstrukt, das durch Determinanten wie Weiblichkeit, Klasse, Ethnie, Religion, Alter etc. bestimmt wird. Bezeichnenderweise nehmen die Men's Studies eher ein Entwicklungsmodell für sich in Anspruch, während Weiblichkeit – so betont die Frauenbildforschung – auf statische Bildlichkeit fixiert bleibt. Zu überlegen wäre, ob die Gender Studies dieses narrative Modell für die Beschreibung von Weiblichkeit übernehmen könnten. Die Men's Studies fokussieren vornehmlich Themen wie Macht, Arbeitsverhältnisse (in einer globalen Welt), Männerbünde, Militär, Familie und erweitern so den Fokus der Gender-Forschung auf öffentliche Prozesse. Zudem lenken sie, ähnlich wie die Queer Studies, den Blick auf die verbindliche Welt der Heterosexualität, die aus einem ‚ethnografischen' Blickwinkel als fremde Landschaft mit eigentümlichen Riten erscheint.

Fragen und Anregungen

- Stellen Sie die Kritikpunkte an den Men's Studies zusammen und versuchen Sie diese zu entkräften.

- Überlegen Sie, welche Ähnlichkeiten zwischen den Men's Studies und den Gender Studies bestehen und wo markante Unterschiede auszumachen sind.

- Rekonstruieren Sie die Argumentation von Joan Riviere und überlegen Sie, inwiefern sich Männlichkeit als Maskerade beschreiben lässt.

- Warum ist es produktiv, Männlichkeit (und Weiblichkeit) im Anschluss an Walter Erhart als Narrationen (nicht als Bilder) zu begreifen?

- Lesen Sie Goethes *Wilhelm Meisters Lehrjahre* und analysieren Sie die Inklusions- wie Exklusionsstrategien des Männerbundes um Lothario.

Lektüreempfehlungen

- **Claudia Benthien / Inge Stephan (Hg.): Männlichkeit als Maskerade. Kulturelle Inszenierungen vom Mittelalter bis zur Gegenwart,** Köln / Weimar / Wien 2003. *Die Aufsätze beleuchten die Mythisierung des Männlichen sowie Inversionen und Krisenfiguren.*

- **Walter Erhart: Familienmänner. Über den literarischen Ursprung moderner Männlichkeit,** München 2001. *Untersucht die widersprüchlichen Identitätsentwürfe bürgerlicher Männer in Familienromanen des 19. Jahrhunderts.*

- **Walter Erhart / Britta Herrmann (Hg.): Wann ist der Mann ein Mann? Zur Geschichte der Männlichkeit,** Stuttgart 1997. *Überblicksaufsätze aus verschiedenen Disziplinen stehen neben Fallstudien, zum Beispiel zu Heinrich von Kleist, zu den Männerbünden um 1900, zu Western-Helden etc.*

- **Jürgen Martschukat / Olaf Stieglitz: „Es ist ein Junge!". Einführung in die Geschichte der Männlichkeit in der Neuzeit,** Tübingen 2005. *Die soziologische Einführung bündelt wesentliche Strömungen.*

- **Joan Riviere: Weiblichkeit als Maskerade** [1929], in: Liliane Weissberg (Hg.), Weiblichkeit als Maskerade, Frankfurt a. M. 1994, S. 34–47. *Die psychoanalytische Fallstudie entwickelt das für die Gender wie Men's Studies einschlägige Maskerade-Konzept.*

11 Gender und Film Studies

Abbildung 9: Filmstill aus *Gladiator* (2000)

Der Blockbuster „Gladiator" (2000) von Ridley Scott verbindet das etwas angestaubte Genre des Sandalen-Films mit Elementen des Science-Fiction- sowie des Fantasy-Films und entwirft – wie bereits das abgebildete Filmstill kenntlich werden lässt – eine heroische Narration von Männlichkeit, die zugleich Aufschluss über die Funktion des Weiblichen für die männlichen Abenteuer gibt. Eine der zentralen Szenen zeigt den Krieger inmitten eines reifen Kornfeldes, das als ‚Mutter Erde' im Verlauf des Films zum Substitut der ermordeten Ehefrau wird. Die Fantasie des Gladiators kreist geradezu obsessiv um die Heimat und die (verlorene) Frau, die zum offensichtlichen Fluchtpunkt seiner Heldentaten werden, zum Motor und Ziel seiner abenteuerlichen Unternehmungen. Die Geschlechteropposition wird in diesem Film also über den Topos der Heimaterde als Pendant des weiblichen Schoßes verhandelt.

Filme verknüpfen ihre Aussagen über Geschlechtlichkeit grundsätzlich mit Blickkonstellationen. Der Sandalen-Film etwa setzt auf offensive Weise Männlichkeit als Körperlichkeit (in homosozialen Verbänden) in Szene und macht die männlichen Protagonisten zu fetischisierten Objekten des Zuschauerblickes. Die seit den 1960er-Jahren entstehenden psychoanalytisch orientierten Filmtheorien beschäftigen sich deshalb mit Geschlecht und Voyeurismus, ebenso mit Fantasie, denn die Leinwand gilt als Projektionsfläche für unbewusste Wünsche, die über Rollenwechsel befriedigt werden können. Die Film Studies setzen sich sowohl mit dem Hollywood-Film als auch mit dem Independent-Film und dem Arthouse-Kino auseinander, das weit eher als die Populärkultur alternative Begehrensformen jenseits der heterosexuellen Ordnung zum Thema macht. Zudem werden die vielfältigen Perspektiven der Geschlechterforschung aufgegriffen, also die Men's, Gender, Queer und auch Postcolonial Studies, denn selbst im Mainstream-Film werden Hautfarben, nationale Identitäten und Fremdheit zum Thema.

11.1 Theorien des Zuschauens
11.2 Kino und Fantasie
11.3 Männlichkeit und Fremdheit im Film

11.1 Theorien des Zuschauens

Dass sich die Wissenschaft überhaupt mit Filmen, zumal mit Filmen der Populärkultur beschäftigt, ist nicht zuletzt den Cultural Studies zu verdanken, auf die sich auch heute noch genderorientierte Filmanalysen beziehen. Die Cultural Studies entstanden in den 1960er-Jahren in Birmingham am Centre for Contemporary Cultural Studies (CCCS), eroberten in den 1980er-Jahren die amerikanische Universitätslandschaft und haben inzwischen in weiteren Ländern Fuß gefasst, beispielsweise auch in Deutschland. Die frühe Birmingham School konzentrierte sich vornehmlich auf die Kultur der Arbeiterklasse und die Funktion von Massenmedien, die nicht primär als manipulatives Instrumentarium der Kulturindustrie verstanden wurden, sondern als komplexe Symbolsysteme, denen auch die Pädagogik Rechnung tragen sollte.

Cultural Studies

Die Untersuchung *The Popular Arts* (1964) von Paddy Whannel und Stuart Hall, der von 1968 bis 1979 das Zentrum für Cultural Studies in Birmingham leitete, wertet deshalb Medien bzw. Ausdrucksformen wie den Film und den Jazz auf, die eine konservative Schulpolitik ausgeschlossen, ja diffamiert hatte (vgl. Hall/Whannel 1964). Ziel der beiden Autoren ist ein kreativ-didaktischer Umgang mit Massenkultur, wie sie den Alltag von Schüler/innen zunehmend dominiert. Hall und Whannel nehmen damit eine Forderung vorweg, die seit dem letzten Jahrzehnt verstärkt geäußert wird, dass nämlich die Freizeitinteressen der Schüler/innen und das heißt ihre medialen Kompetenzen einem wissenschaftlich-pädagogischen Zugriff zugänglich zu machen seien. Die Deutschdidaktik erweitert sich entsprechend gegenwärtig zu einer Medienkulturdidaktik (vgl. Staiger 2007).

Medienkompetenz und Didaktik

Eine Verwissenschaftlichung des Mediengebrauchs ist nach Hall/Whannel deshalb möglich, weil sich auch Mainstream-Produktionen im Fernsehen und Kino als ästhetische Artefakte beschreiben lassen, also Formalisierungen aufweisen und mit verdichtenden Symbolisierungen arbeiten. Auch Filme sind komplex codiert, knüpfen zum Beispiel an kulturelle Traditionen an, um sie umzuschreiben und Genres zu überlagern, wie Hall/Whannel anhand des Westerns, des Melodrams, des Blues etc. zeigen. Die Cultural Studies nobilitieren mithin die populäre Filmkultur zum wissenschaftlichen Gegenstand und integrieren zunehmend feministische Fragestellungen, wie sie auch die amerikanischen Film Studies kennzeichnen, die gegen Ende der 1960er-Jahre die Kategorie Gender entdeckten:

Medien als komplexe Zeichensysteme

„Seit den späten 60er Jahren trugen von der so genannten zweiten Frauenbewegung inspirierte Filmwissenschaftlerinnen – darunter

Gender und Film Studies

Molly Haskell, Marjorie Rosen Joan Mellen – feministische Fragestellungen in den Bereich der Film Studies. Sie fragten nach der Repräsentation von Frauen im Film, untersuchten die kinematographische voyeuristische Konstellation und analysierten den Zusammenhang von Gender und Genre." (Liebrand 2003, S. 10)
Widmeten sich die frühen genderorientierten Filmanalysen vor allem den Weiblichkeitsikonen, den Stars, so stellt Laura Mulveys vieldiskutierter Aufsatz *Visual Pleasure and Narrative Cinema* (1975; *Visuelle Lust und narratives Kino*, 1980) einen Wendepunkt dar. Mulvey nutzt die Psychoanalyse, die für die Filmtheorie insgesamt zentral ist, als politisches Instrumentarium, um die verborgenen Geschlechterimplikationen des Kinos freizulegen, und entwirft folgendes Modell:

Kino und Schaulust

Das Kino bedient sich offensichtlich der Skopophilie des Menschen, also seiner Schaulust. Die Dunkelheit des Zuschauerraums schafft die Illusion voyeuristischer Distanz und produziert den Eindruck eines geschlossenen privaten Raums, in dem sich die Lust des Beobachters entfalten kann. Das narzisstische Moment dieser Schaulust wird dadurch gefördert, dass das auf der Leinwand Sichtbare als Ähnliches wiedererkannt wird: „Das erkannte Bild erscheint als der reflektierte Körper des Selbst." (Mulvey 1994, S. 53) Dieses Selbstbild ist jedoch

Ich-Verlust und Ich-Stärkung

paradoxal angelegt, denn es bedeutet sowohl einen Verlust des Egos als auch eine Stärkung. Die Selbstvergessenheit des Ichs (Schwächung) ist Kehrseite der vorbehaltlosen Identifikation mit Ich-Idealen (Stärkung), wie sie insbesondere das Starsystem, der Auftritt von glamourösen Diven ermöglicht. Diese spannungsreiche Verbindung von Distanz und Nähe, Trennung und Identifikation, Ego und Libido produziert nach Mulvey Lust. Oder anders formuliert: Der gesamte Kino-Apparat ist darauf ausgerichtet, Begehren herzustellen, das jedoch auf seinen traumatischen Ursprung bezogen bleibt – auf den Kastrationskomplex, den nach Sigmund Freud die Frau verkörpert.

Funktion des Weiblichen

Der Darstellung von Weiblichkeit auf der Leinwand kommt damit eine ganz bestimmte Funktion zu. Mulvey hält fest:

„In einer Welt, die von sexueller Ungleichheit bestimmt ist, wird die Lust am Schauen in aktiv / männlich und passiv / weiblich geteilt. Der bestimmende männliche Blick projiziert seine Phantasie auf die weibliche Gestalt, die dementsprechend geformt ist. In der Frauen zugeschriebenen exhibitionistischen Rolle werden sie gleichzeitig angesehen und zur Schau gestellt, ihre Erscheinung ist auf starke visuelle und erotische Ausstrahlung zugeschnitten, man könnte sagen, sie konnotieren ‚Angesehen-werden-Wollen'." (Mulvey 1994, S. 55)

Dass das Weibliche primär das Objekt des Blicks ist, zeigt sich unter anderem daran, dass der spektakuläre Auftritt der Frau den narrativen Kontext des Films gemeinhin durchbricht, dass sich also das schöne Bild des Stars verselbstständigt, jedoch meist durch den männlichen Blick fragmentarisiert wird, beispielsweise durch zerstückelnde Nahaufnahmen. Die Handlung des Films hält hingegen die männliche Figur in Gang, mit der sich der Zuschauer identifiziert, unterstützt durch eine unsichtbare Kamera und die „aktive Macht des erotischen Blicks" (Mulvey 1994, S. 57).

Weiblichkeit als Blickobjekt

Markiert in der Psychoanalyse die Frau den permanenten Mangel des Mannes, die Kastration, so kann das männliche Unbewusste auf diese Bedrohung in zweifacher Weise reagieren: Es kann das Trauma erneut durchleben und die weibliche Figur abstrafen wie im Film noir, oder aber es kann die Kastration durch Fetischisierung ignorieren. Die Frau wird zum Star, ihre Schönheit zum Fetisch, prototypisch zum Beispiel in den Filmen von Alfred Hitchcock. Mediale Voraussetzung dieser Fetischisierung ist eine unsichtbare Kamera, die die Identifikation des Zuschauers mit dem männlichen Helden, mit seinem Blick auf die schöne Frau, ermöglicht. Mulvey schlägt deshalb vor, die Filmkonvention der unsichtbaren Kamera, die im klassischen Hollywood-Kino nahezu verbindlich ist und das Medium, die Kamera, zum Verschwinden bringt, zu verabschieden, um das asymmetrische (Blick-)Verhältnis zwischen Frau und Mann zu durchbrechen. Sie fordert, ähnlich wie Judith Butler in *Körper von Gewicht* (1995; → KAPITEL 7.3), eine sichtbare Kamera, die die hegemoniale Geschlechterordnung stört, den Blick des Beobachters thematisiert und so das reibungslose Ineinander von Distanzierung und Identifikation verhindert. Eine sichtbare Kamera (beispielsweise durch den Gebrauch von Handkameras) thematisiert das Subjekt des Blicks, verweist also auf die Perspektivität eines nicht mehr allmächtigen Beobachters und markiert ihn gegebenenfalls geschlechtlich.

Abstrafung und Fetischisierung

Sichtbare Kamera

Laura Mulveys Definition von Weiblichkeit als Objekt und Männlichkeit als Subjekt des Blicks wurde vielfach kritisiert, unter anderem deshalb, weil sie spezifische weibliche Blickkonstellationen ignoriert (vgl. Gamman / Marshment 1988, S. 5f.). Steve Neale begreift zudem auch den männlichen Schauspieler als Objekt des kinematografischen Voyeurismus und geht dem Tabu des erotischen Blicks nach, den auch der männliche Protagonist herausfordert (vgl. Neale 1993, S. 9f.). Mary Ann Doane entwickelt darüber hinaus in Anlehnung an das Maskerade-Konzept von Joan Riviere (→ KAPITEL 10.3) eine Theorie der Zuschauerin, indem sie den weiblichen Blick als ge-

Der weibliche Blick als Maskerade

spaltenen und maskierten konzipiert. Doane geht ebenfalls davon aus, dass der Film Weiblichkeit zwar zum bevorzugten Gegenstand seines voyeuristischen und fetischistischen Interesses mache, als autonomes Subjekt jedoch ausschließe. Entscheidend für die Rolle der Zuschauenden sei dabei die Nähe und Distanz zum Filmbild, denn der ‚Spanner‘ gewinne seine Lust allein aus dem Abstand zum Objekt. Damit aber wird die Position der Frau, die durch das Filmbild in obsessiver Weise repräsentiert, also in die Nähe gerückt wird, problematisch bzw. ambivalent.

Nähe und Distanz

> „Für die Zuschauerin besteht eine gewisse Über-Gegenwärtigkeit des Bildes, denn sie *ist* das Bild. Vor dem Hintergrund dieser engen Beziehung kann das Begehren des weiblichen Zuschauers nur als eine Art Narzißmus beschrieben werden – der weibliche Blick verlangt, dieses Bild zu werden." (Doane 1994, S. 72)

Die Frau bewegt sich also zwischen Nähe (sie wird auf der Leinwand repräsentiert) und Ferne (als Beobachterin) und kann deshalb als Transvestitin beschrieben werden, die sowohl die (männliche) Distanz (als Zuschauer) als auch die (weibliche) Nähe (als Filmbild) kennt.

Mobilität und Maskerade

Doane spricht aus diesem Grund von „sexuelle[r] Mobilität" (Doane 1994, S. 77): Die Frau versuche einerseits mit dem Filmbild identisch zu werden, sich die gezeigte Weiblichkeit anzueignen, adaptiere andererseits in einer Maskerade den männlichen Blick.

> „Die Wirksamkeit von Maskerade liegt genau in ihrem Vermögen, eine Distanz zum Bild herzustellen, eine Ungewißheit zu erzeugen, in der das Bild manipulierbar, produzierbar und für Frauen lesbar gemacht wird." (Doane 1994, S. 86)

Die Zuschauerin übernimmt also den männlichen Blick der Distanz als Maskerade und positioniert sich zwischen Identifikation und Beobachtung.

Doanes Ansatz verdeutlicht, dass Blicke, wie sie Filme in zentraler Weise verhandeln – oft in zweiter Potenz, indem der / die Zuschauer/in beobachtet, wie der / die Filmheld/in andere Figuren beobachtet –,

Blick und Geschlecht

generell geschlechtlich codiert sind. Blick und Geschlecht bilden eine komplexe Einheit, wie auch E. Ann Kaplan betont. In ihrem einschlägigen Aufsatz *Is the Gaze Male?* (2000) diskutiert die Filmwissenschaftlerin am Beispiel des Westerns genretypische Blickordnungen, also diejenigen voyeuristischen Konstellationen, die das Genre Western konstituieren.

11.2 Kino und Fantasie

Die Nähe von Film und Psychoanalyse, wie sie die Zuschauertheorien der Film Studies entfalten, lässt sich historisch begründen, denn der frühe (Stumm-)Film und Sigmund Freuds Theorie des Unbewussten entstehen nahezu zeitgleich. Das Kino setze, so hält die Gender- und Filmwissenschaftlerin Elisabeth Bronfen fest, „die Metaphern der Freudschen Schriften in eine Filmsprache um" (Bronfen 1999, S. 77), weil es die visuellen Repräsentationen grundsätzlich auf Triebe und Wünsche zurückführe. Der psychoanalytische Film *Geheimnisse einer Seele* (1926) von Georg Wilhelm Pabst zum Beispiel, der zunächst als Lehrfilm in Zusammenarbeit mit Sigmund Freud geplant war, demonstriert diese Affinität von Traumwelt, Fantasie und Kino auf eindrückliche Weise: Die Leinwand produziert, ähnlich wie der Traum, Wunschbilder und eröffnet den Raum des Unbewussten.

Das Kino als Traumwelt

Der Film als kollektives Medienereignis artikuliert in chiffrierter Form Triebregungen und Begehren, reproduziert aber auch die Verdrängungen, die allein das Gesetz aufrechterhalten (vgl. Bronfen 1999, S. 80). Filmbilder lassen sich deshalb zumindest doppelt lesen: Sie transportieren neben der offensichtlichen Narration, die Bronfen als Deckfantasien bezeichnet und die den normativen Regeln folgen, Erzählungen über die Irritationen und verbotenen Wünsche der Figuren. Der Zuschauer im Kino gleicht damit dem Subjekt der Fantasie, wie es die Psychoanalyse seit Freud wiederholt beschrieben hat, wobei auch Frauen das Subjekt dieses fantasmatischen Blickes sein können, wie in feministischen und queeren Independent-Filmen deutlich wird – Teresa de Lauretis analysiert zum Beispiel *She Must Be Seeing Things* (1987; *Die Last der Gefühle*) von Sheila McLaughlin (vgl. Lauretis 1996, S. 113f.).

Die Herrschaft der Fantasie

Das Verhältnis von Leinwand und Zuschauer kann zudem über Jacques Lacans Spiegelmodell beschrieben werden, das die fantasierte Ganzheit des Ichs mit Destruktionserfahrungen zusammenfallen lässt: Erfährt sich das Kind im Spiegel „jubilatorisch" als ganzheitliches, indem es seine gespiegelte Kontur als geschlossene wahrnimmt, so zerbricht dieses Bild und erscheint nachträglich als Fehldeutung (→ KAPITEL 6.1). Diese ambivalente Erfahrung von Ganzheit und Zerstörung ermöglicht auch das Bild auf der Leinwand (vgl. Kaltenecker 1996, S. 13), das Geschlechtlichkeit auf diese Weise als Prozess, als krisenhafte Entwicklung zwischen widersprüchlichen Bildern kenntlich macht. Ist das Subjekt nach Lacan durch einen unaufhebbaren Mangel gekennzeichnet, weil es nicht mit sich identisch werden kann, so

Die Leinwand als Spiegel

verschieben männlich zentrierte Filmnarrationen diesen Mangel gemeinhin auf die Frau, um den männlichen Protagonisten in seiner Perfektion und als autonomes Subjekt erscheinen zu lassen – ein ähnliches Modell hatte Laura Mulvey entworfen. Auch der Film führt Geschlecht mithin als relationales Konstrukt vor (vgl. Kaltenecker 1996, S. 17), das unablässig neu konfiguriert wird und in seinen narrativ-performativen Strukturen beschrieben werden kann.

Arthouse und Hollywood

Diejenigen Studien, die an alternativen Geschlechterverhältnissen interessiert sind, analysieren bevorzugt Arthouse-Produktionen und Independent-Filme, die dem ästhetisch-ideologischen Apparat von Hollywood in geringerem Maße unterworfen sind und beispielsweise mit einer sichtbaren Kamera arbeiten. Diese lässt das Subjekt des Blicks in Erscheinung treten und ist Zeichen einer avancierten Filmpraxis, die nicht auf Illusionismus und Identifikation setzt, während für die Produktionen des klassischen Hollywood-Kinos die ästhetische Norm der unsichtbaren Kamera gilt, die den (geschlechtlichen) Blick nicht markiert (vgl. Bordwell/Staiger/Thompson 1985). Neben Avantgarde-Filmen sind zudem die Gender-Konfigurationen während der Entstehungsphase des Kinos untersucht worden, denn die Hinwendung zu narrativen Formen um 1910 ist eng mit der Genese eines weiblichen Publikums und seinen Vorlieben für das Melodram verbunden (vgl. Schlüpmann 1990).

Gender und Genre

Die feministischen Film Studies berücksichtigen darüber hinaus den konstitutiven Zusammenhang von Gender und Genre, weil es nicht zuletzt das Genre ist, das die internen und externen Blickkonstellationen sowie die damit verbundenen Geschlechterrepräsentationen vorgibt. Für das Genre des Film noir, das insbesondere in den 1980er- und 1990er-Jahren eine hohe Attraktivität besitzt (vgl. Bronfen 2004, S. 91f.), ist beispielsweise die Figur der Femme fatale (als Subjekt des Blicks) einschlägig und damit verbunden eine spezifische Narration, die auf die Auslöschung ihres Blicks (im Tod) zuläuft. Gender-Konstellationen und Genres definieren sich wechselseitig, vermögen sich gegenseitig zu verschieben und konstituieren auf diese Weise spezifische Traditionen. Steve Neale schlägt deshalb eine poststrukturalistische Definition von Genre vor: Genre ergebe sich aus der jeweils aktuellen Produktion, die die Tradition rückwirkend definiert, indem sie einen definitorischen Blick auf die Vorgänger wirft. Es sei der gegenwärtige Film, der die Tradition des Genres produziere, je neu und je anders. Neale betont zudem, dass jeder Film mehrere Genres kombiniere und hybridisiere, wie sich insbesondere im Hollywood-Film der 1990er-Jahre zeigt (vgl. Neale 2000, S. 219).

Ridley Scotts *Gladiator* (2000) zum Beispiel nimmt Elemente des Fantasy- und des Science-Fiction-Films auf, der Science-Fiction-Film *Terminator II* (1991) von James Cameron Elemente des Westerns. Jeder Film verbindet diverse Genres und setzt auf diese Weise ein komplexes Spiel zwischen Gender und Genre in Gang. Bezeichnenderweise gehen beide Begriffe etymologisch auf das lateinische „genus" (Gattung, Geschlecht), also auf die gleiche Sprachwurzel zurück (vgl. Liebrand / Steiner 2004, S. 7).

Die Film Studies beschäftigen sich neben Arthouse auch mit dem Mainstream-Kino, heben also die Grenze zwischen High und Low Culture auf – Mieke Bal führt den Erfolg der Film Studies auf die Dekonstruktion dieser Trennlinie zurück (vgl. Bal 1991). Der kassenfüllende Blockbuster wird dabei in Anlehnung an die Cultural Studies nicht als Teil einer manipulativen Kulturindustrie bewertet, sondern gilt als hybrides Artefakt vielfältiger ideologischer Verhandlungen, wie sich am Beispiel der beliebten James-Bond-Filme ebenso verfolgen lässt (vgl. Bennett / Woollacott 1987) wie an Filmen des 1990er-Jahre-Kinos, die die „Gender-Implikationen verschieben, verkehren und durchkreuzen, [...] traditionelle Gender-Topiken einspielen und in Bewegung setzen" (Liebrand 2003, S. 17). **Mainstream-Filme**

Anhand von Anthony Minghellas Film *The English Patient* (1996; *Der englische Patient*) geht Claudia Liebrand zum Beispiel den geschlechtlichen Semantisierungen der Topografie nach (Wüste, Meer, Luftraum) und verfolgt die Umkehrung von traditionsreichen Codierungen, die unter anderem die Wüste mit dem weiblichen Körper gleichsetzen. Am Beispiel von *Pearl Harbor* von Michael Bay (2001) und *Anna and the King* von Andy Tennant (1999; *Anna und der König*) lässt sich zudem das komplexe Wechselspiel zwischen Gender und Race verfolgen. Ihren Erfolg verdanken Blockbuster, so Liebrands Ausgangsthese, nicht zuletzt den Ambivalenzen ihrer geschlechtlichen und ethnischen Verhandlungen. **Ambivalenz der Geschlechtersemantik**

11.3 Männlichkeit und Fremdheit im Film

Die Film Studies orientieren sich nicht nur an der feministischen Theorie und den Gender Studies, sondern auch an den Men's, Queer und Postcolonial Studies (vgl. Brauerhoch u. a. 1994). Zunehmend wird das lange Zeit unmarkierte Zentrum der Blicke berücksichtigt, also Männlichkeit, um deren Instabilität wie Historizität sichtbar zu machen. Amerikanische Untersuchungen fokussieren beispielsweise **Männliche Blickordnung** das kineastische Männerbild während der Präsidentschaft Ronald Reagans in den 1980er-Jahren (vgl. Jeffords 1994) oder in den 1990er-Jahren. Galt zunächst der ‚harte Körper‘, der phallische Mann und Kämpfer als vorbildlich, so entwickeln die Protagonisten in den 1990er-Jahren die Fähigkeit zur Kooperation und zur Familienbildung. In dem Science-Fiction-Film *Terminator II: Judgment Day* (James Cameron, 1991) ist der Terminator nicht nur Kampfmaschine, sondern er vertritt auch Mutterstelle (vgl. Tasker 1993).

Queeres Begehren

Filmanalysen spüren zudem den verdeckten Erzählungen hinter den heterosexuellen Narrationen nach, also einem queeren Begehren, wie es insbesondere in Cross-dressing-Filmen wie *Tootsie* (1982), *Some like it hot* (1959; *Manche mögen's heiß*) etc. herrscht. So sehr sich „die dominante Fiktion der Crossdressing-Komödie um selbstbewußte Repräsentationen bemüht, so sehr bildet die transvestitische Diskursivierung heterosexueller Männlichkeit eine Art von Maske, unter der feminine, homosexuelle oder masochistische Begehrensformen wuchern." (Kaltenecker 1996, S. 20)

Traumata

Diese Filme bearbeiten über das Motiv der Maskerade meist historische Traumata (in *Tootsie* grassiert die Arbeitslosigkeit), die als „body trauma" reflektiert werden – ein Begriff von Kaja Silverman, die sich mit marginalisierter Männlichkeit in Filmen beschäftigt, beispielsweise mit dem Kino Rainer Werner Fassbinders, das für alternative Männlichkeitskonstruktionen einschlägig ist. Auch Silverman geht davon aus, dass die kineastische Fantasie ersehnte Identitätsentwürfe des (männlichen) Ichs zum einen fixiert, zum anderen jedoch unterläuft, indem verbotene Begehrensformen wie der Masochismus in die Filmbilder eingespeist werden (vgl. Silverman 1992, S. 7f.).

Männlichkeit als Fetisch

Die voyeuristische Blickordnung, der ein Film nicht entkommen kann, bringt es zudem mit sich, dass auch Männlichkeit zum Fetisch wird. In *Gladiator* zum Beispiel ist der Protagonist Maximus während seiner Kämpfe in der Arena internen wie externen Beobachtern ausgeliefert, ist Blickobjekt der Massen und besetzt damit eine Position, die die ältere Filmtheorie weiblich semantisiert hatte. Diese voyeuristische Konstellation (als Verweiblichung) kann als generelles Problem des Sandalen-Films gelten (vgl. Hark 1993, S. 151), der den männlichen, nahezu nackten Körper in ostentativer Weise ausstellt. Tragen die Gladiatoren während ihrer Kämpfe zudem Masken und Uniformen, so besteht nach John Ellis ein struktureller Zusammenhang zwischen Fetischisierung und Theatralität (vgl. Ellis 1982).

Restauration von Männlichkeit

Der Erotisierung des männlichen Körpers können zwei Strategien entgegenwirken: forcierte Enterotisierung (vgl. Neale 1993, S. 19) und ein spezifisches narratives Schema. Suggeriert werden kann, dass der Protagonist lediglich aufgrund ungerechter Staatsverhältnisse ein Opfer und damit ein Blickobjekt des Publikums geworden ist. Meist stellt der Schluss der Filme die patriarchale Autorität wieder her und löscht den Gegenspieler aus, so dass die Subjektposition bzw. die Männlichkeit des zuvor degradierten Protagonisten wieder hergestellt werden kann.

Die Film Studies berücksichtigen zudem die ethnischen Markierungen der Blickkonstellationen in ihrem Zusammenspiel mit Gender. Denn der männliche Blick fällt häufig mit einem imperialen zusammen, wie Ann Kaplan in ihrer Untersuchung zu alternativen Reisefilmen betont (vgl. Kaplan 1997) – dieses Genre eignet sich in besonderem Maße für postkoloniale Analysen, denn es erzählt von der Begegnung mit dem Anderen und macht die eigene Nation zum Gegenstand der Reflexion. Meist dominiert der westliche weiße Mann die Blickordnung, wie bereits Frantz Fanon betont hatte (→ KAPITEL 9.2): Die schwarze Identität zersplittert unter dem Blick des weißen Mannes, ohne diesen Blick zurückgeben zu können.

Ähnliches gilt für die schwarze Frau, die sich in noch stärkerem Maße als die weiße in einem sexualisierten Panoptikum bewegt, ohne über einen eigenen Blick zu verfügen. Kaplan geht allerdings von einer dynamischen, umkehrbaren Relation zwischen den tabuisierten und hegemonialen Blicken aus, wie sie sich in Avantgarde-Filmen von vietnamesischen, indischen und australischen Frauen zeigt. Diese postkoloniale Perspektive ist für den Blockbuster ebenfalls relevant, weil sich das Hollywood-Kino als globales Medium versteht, Globalisierung zum Sujet macht und unbewusste imperiale Imaginationen zum Ausdruck bringt (vgl. Kaplan 1997, S. 61).

Eine kulturwissenschaftliche Literaturwissenschaft kann auch die komplexen Symbolfigurationen des Films zum Untersuchungsgegenstand machen, wobei Avantgarde-Filme sowie Hollywood-Produktionen reichhaltiges Material für Gender-Analysen bieten. Insbesondere die Psychoanalyse Freuds und Lacans hat die frühe Filmtheorie inspiriert, weil sie differenzierte Modelle für Blickkonstellationen entwickelt hat. Die Leinwand gleicht demnach einem Spiegel, in dem sich der / die Zuschauer/in idealisiert und zugleich verzerrt wahrnimmt, gleicht dem mobilen Bilderarsenal der Fantasie bzw. dem chiffrierten Unbewussten. Galt anfänglich Weiblichkeit als pures Blickobjekt auf der Leinwand, so weist die neuere Filmforschung darauf hin, dass auch Männlichkeit dem fetischisierenden Voyeurismus der Kamera ausgeliefert ist und berücksichtigt die ethnischen Mar-

Ethnizität

Umkehrung der Blickordnung

Zusammenfassung

kierungen von Geschlecht und Blick. Die scheinbare Hierarchie von hegemonialen und verbotenen Blicken gilt dabei als brüchig und umkehrbar.

Fragen und Anregungen

- Rekonstruieren Sie die Ausführungen von Laura Mulvey über das Kino, die Schaulust, die Funktion von Männlichkeit / Weiblichkeit sowie die Rolle der Femme fatale und kommentieren Sie ihre Position.

- Warum bezeichnet Mary Ann Doane den weiblichen Blick als gespaltenen und in welcher Weise setzt sie Joan Rivieres Modell der Maskerade um?

- Auf welche Problematik kineastischer Männlichkeitsdarstellung macht die neuere Filmforschung aufmerksam?

- Überlegen Sie, wie eine sichtbare Kamera funktioniert und warum sie von Vertreter/inne/n der Gender Studies gefordert wird.

- Warum eignet sich das Spiegelmodell von Jacques Lacan für die Filmanalyse und wie lässt sich die Verbindung von Film und Unbewusstem denken?

- Beschreiben Sie für eine Szene aus einem Hollywood-Blockbuster die Kameraführung, die immanenten Blickordnungen sowie die Geschlechterkonstellationen.

Lektüreempfehlungen

- Annette Brauerhoch / Gertrud Koch / Renate Lippert / Heide Schlüpmann: Frauen und Film 54 / 55 (1994): Ethnos und Geschlecht. *Die Aufsatzsammlung untersucht Gender und Ethnizität im Film.*

- Elisabeth Bronfen: Heimweh: Illusionsspiele in Hollywood, Berlin 1999. *Die psychoanalytisch ausgerichteten Analysen zwischen Weimarer Kino und Gegenwart gehen Entortungserfahrungen und Deckfantasien nach.*

- Siegfried Kaltenecker: Spiegelformen. Männlichkeit und Differenz im Kino, Basel 1996. *Untersucht nach einer Rekapitulation der psychoanalytischen Film Studies Männlichkeit als Maskerade in unterschiedlichen Genres.*

- Claudia Liebrand: Gender-Topographien. Kulturwissenschaftliche Lektüren von Hollywoodfilmen der Jahrhundertwende, Köln 2003. *Liest Hollywood-Filme der 1990er-Jahre mit Bezug auf Race und Gender.*

- Laura Mulvey: Visuelle Lust und narratives Kino, in: Liliane Weissberg (Hg.), Weiblichkeit als Maskerade, Frankfurt a. M. 1994, S. 48–65. *Beschreibt Weiblichkeit als Objekt des Blickes, Männlichkeit als Subjekt.*

- Steve Neale: Masculinity as Spectacle. Reflections on Men and Mainstream Cinema, in: Steven Cohan / Ina Rae Hark (Hg.), Screening the Male. Exploring Masculinities in Hollywood Cinema, London / New York 1993, S. 9–20. *Überträgt das Maskerade-Konzept Joan Rivieres auf Männlichkeit.*

12 Gender und das literarische System

Abbildung 10: Albert Edelfeldt: *Lady Writing a Letter* (1887)

Das impressionistische Gemälde des finnischen Malers Albert Edelfeldt zeigt eine Frau, die sich selbstversunken mit einem Brief befasst. Diese Art von Textproduktion gilt als private Aktivität, weil sie meist den häuslichen Alltag zum Gegenstand hat und keine Kunst sein will. Darüber hinaus wird die Schreibende auf Edelfeldts Gemälde – insbesondere durch ihre Garderobe, durch das weit ausgeschnittene Dekolletee – sexualisiert. Das Bild verdeutlicht, dass die Produktion von Schrift geschlechtlich semantisiert ist und dass die ‚Geistigkeit‘ des Schreibaktes (wie der Lektüre) für Frauen nicht gilt. Seit dem 18. Jahrhundert werden vielmehr der Rausch, die Ekstase und das Fantasmatische des Lesens und Schreibens betont, sobald Frauen Literatur produzieren oder rezipieren. Der ‚Krankheit‘ der Lesewut, wie sie um 1800 grassiert, fallen demgemäß vor allem Leserinnen zum Opfer.

Das vorliegende Kapitel verdeutlicht, dass das gesamte literarische System geschlechtlich organisiert ist, dieser Aspekt jedoch gemeinhin verborgen wird. Die Produktions- wie Rezeptionsprozesse, das heißt auch einzelne Gattungen, werden über Gender definiert und auf diese Weise die Zugangsbedingungen zur Literatur geregelt. Diejenigen Leitdifferenzen, die das bürgerliche ästhetische System organisieren, also Hochkultur / Populärkultur, Elite / Masse, natürliche Sprache / kunstvoller Ausdruck etc., bedienen sich auf fundamentale Weise des Gender-Systems, um Ausschlüsse und Distinktionen vorzunehmen, wie im Folgenden für die Gattungen Roman und Drama gezeigt wird. Die Narratologie, die vor allem Prosatexte fokussiert, beschreibt die geschlechtliche Codierung von Erzählstrukturen. Im Bereich Drama / Theater wäre die Koinzidenz von Theatralität und Geschlechterperformanz zu untersuchen.

12.1 Produktion und Rezeption
12.2 Narratologie
12.3 Drama und Theater

12.1 Produktion und Rezeption

Das gesamte System der bürgerlichen Literatur ist auf den Gender-Diskurs bezogen; dieser vermag Abgrenzungen und Hierarchisierungen in besonders markanter Weise vorzunehmen und zugleich zu naturalisieren. So grenzte sich beispielsweise die Literatur der Klassik von den zeitgleichen massenmedialen Bedingungen der literarischen Produktion ab, wie sie die um 1800 besonders erfolgreichen Almanache, Zeitschriften, Intelligenzblätter etc. mit sich brachten. Die Hochliteratur definierte sich über die Unterscheidung von massenmedialer Kommunikation, das heißt über die Leitoppositionen Genie / Dilettant, Kunst / Unterhaltung, die noch dazu durch den bürgerlichen Geschlechterdiskurs gestützt wurden. Demnach sind der ‚Leserausch‘ – ein zentrales Phänomen um 1800 –, das Konsumieren von Romanen, die Institution der Leihbibliothek und die Zeitschriften, also all das, was das Lesen der Massen um 1800 ermöglichte, weiblich konnotiert (vgl. Vellusig 2000, S. 7). Der massenmediale Aspekt der literarischen Kommunikation wird von der Forschung gemeinhin ignoriert; die Literaturwissenschaftlerin Manuela Günter spricht von der „Basisfiktion" der „Geschlechtsneutralität" sowie der „Medienvergessenheit" der Hochkultur (Günter 2006, S. 326). Es stehen sich also elitäre Kunst und Unterhaltungskunst für die Massen gegenüber, wobei die Anonymisierungs- und Vermassungsprozesse im Verlauf des 19. Jahrhunderts zunehmend mit Metaphern des Weiblichen belegt werden.

Hochliteratur versus Massenproduktion

Anonymisierung und Weiblichkeit

> „Mit wachsender Anonymisierung gewinnt [...] das Publikum als Kollektiv überhaupt weibliche Züge – ein Vorklang der feminisierten modernen Massenformationen. Die Leserin, an die sich der Autor adressiert, ist [...] eine Singularbildung seines ‚an sich‘ weiblichen Publikums." (Koschorke 1998, S. 594)

Über die Kategorie Gender differenziert sich das literarische System aus – in Hoch- und Populärkultur, in Kunst und Unterhaltung, in Elite und Masse.

Im ausgehenden 18. Jahrhundert entsteht zudem, um dem weiblichen Lesebedürfnis zu entsprechen, das Genre des Frauenromans, das eng an massenmediale Publikationsbedingungen gebunden ist (vgl. Brandes 1990, S. 41f.). Das männliche Lesen scheint im ausgehenden 18. Jahrhundert nicht primär rauschhafte, sondern eher revolutionäre Impulse freizusetzen – Lektüre ist in dieser Zeit, in der bürgerliche Intellektuelle um gesellschaftliche Anerkennung ringen, eine Chiffre für Umsturz und Herrschaftsansprüche. Der adelige Fer-

Revolution und Lektüre

dinand aus Friedrich Schillers bürgerlichem Trauerspiel *Kabale und Liebe* (1784) liest sich seine emphatischen bürgerlichen (Liebes-)Fantasien auf Akademien an und überschreitet deshalb, so verdeutlicht das Drama, die gesellschaftliche Ständeordnung. Gräfin Orsina aus Gotthold Ephraim Lessings Trauerspiel *Emilia Galotti* (1772) und Evchen aus Heinrich Leopold Wagners Drama *Die Kindermörderin* (1776) hingegen fallen aufgrund ihrer Lektüre – den zeitgenössischen medizinischen Schriften entsprechend – der Melancholie anheim.

Erotik und Belletristik Weibliches Lesen zeichnet sich also scheinbar durch besondere Nähe, Hingabe und Identifikation aus und wurde zuweilen zum erotischen Selbstgenuss stilisiert, dem das geistige, körperlose Lesen des Mannes gegenübersteht. Im Verlauf des 19. Jahrhunderts radikalisierte sich diese Grenzziehung zwischen weiblichen und männlichen Lesepraktiken; der gesamte belletristische Markt richtete sich auf Frauen bzw. Mädchen aus, wobei die Geschlechterdifferenz den Code der Literatur vollständig bestimmte (vgl. Günter 2006, S. 232, 284).

Der implizite Leser Nicht nur die Definitionen von ‚realen‘ Leser/inne/n geben Auskunft über die Gender-Aspekte des literarischen Systems, sondern auch die impliziten Leser. In den 1970er-Jahren hat die Rezeptionsästhetik der Konstanzer Schule um den Romanisten Hans Robert Jauß und den Anglisten Wolfgang Iser darauf verwiesen, dass jeder Text immanent das Bild eines idealtypischen Lesers entwirft, mit dem der tatsächliche in Interaktion tritt. Auch dieser implizite Leser ist geschlechtlich codiert, wie Claudia Liebrand am Beispiel der männlich semantisierten Leseransprachen in E.T.A. Hoffmanns Novelle *Der goldne Topf* (1814) gezeigt hat. Die lesende Frau vermag jedoch in einer transvestitischen Maskerade diese männliche Position zu adaptieren – so Liebrands These. Gerade weil die Leserin nicht gemeint **‚Queeres‘ Lesen** ist, vermag sie den Text ‚quer‘ im Sinne von queer zu lesen. Leserinnen seien in der Lektüre frei, sich „unterschiedlicher Maskierungen zu bedienen, unterschiedliche Positionen einzunehmen" (Liebrand 1999a, S. 398). Mary Ann Doane hatte in einer ähnlichen Argumentation für die Rezeption von Filmen festgehalten, dass die Frau den männlichen Blick in einem Akt der Maskerade zu imitieren vermöge (→ KAPITEL 11.1).

Aufschlussreich für die geschlechtliche Organisation der ästhetischen Ordnung sind neben den Rezeptionsbedingungen auch die in literarischen Texten verhandelten Produktionsfantasien, also diejenigen Szenen, die das Schreiben, seine materiellen Bedingungen, seinen Status und seine Effekte immanent, das heißt in den Texten selbst, zu definieren versuchen. Tritt beispielsweise in Romanen ein Künstler

auf, so kann davon ausgegangen werden, dass diese Figur die immanente Poetologie mitbestimmt, also die Aussagen des Textes darüber,
was Kunst und Schreiben sei. Diese reflexive Strategie – Literatur
denkt über sich selbst nach – gilt seit der Romantik und der Verabschiedung von normativen Poetiken als verbindlich und gibt Auskunft über geschlechtlich semantisierte Produktionskonzepte. Meist
wird Autorschaft als männliche Schöpfung imaginiert und über traditionsreiche, zum Teil bereits in der Antike beliebte Topoi verklärt, **Die Frau als Muse**
wie beispielsweise die Anrufung der Musen, die den männlich-bür-
gerlichen Autor inspirieren. In E.T.A. Hoffmanns Novelle *Der goldne
Topf. Ein Märchen aus der neuen Zeit* (1814) gelingt dem Kopisten
Anselmus das Abschreiben verschlungener Zeichen lediglich deshalb,
weil ihm die ‚Schlangenfrau‘ und Muse Serpentina, die die Rundheit
der Schrift geradezu verkörpert, die Worte ins Ohr flüstert. Die Frau
ist Anlass des Schreibens, der Mann jedoch Schöpfer und Vollender
der Kunst, denn er lässt den flüchtigen akustischen Ausdruck zu dau-
erhafter Schrift werden.

Das männliche Schreiben wird zudem vielfach mit einem Geburts-
akt verglichen, in dem sich der androgyne Dichter veräußert (und **Der Mann als
androgyner Schöpfer**
verewigt). Walter Benjamins Denkbild *Nach der Vollendung* (1980)
entwickelt dieses Modell schöpferischer Androgynie, das Lena Lindhoff wie folgt zusammenfasst:

> „[E]in ‚Weibliches‘ in ihm [dem Autor; Anm. d. Verf.] ‚empfängt‘
> die Idee zum Kunstwerk, während eine ‚männliche‘ Meisterschaft,
> die den ‚wahren‘ Künstler ausmacht, das Empfangene zum Werk
> vollendet. Der Produktionsprozeß gipfelt in einer Vernichtung des
> ‚Weiblichen‘ im Künstler [...].“ (Lindhoff 1995, S. 22)

Der Autor vollzieht – so suggeriert diese beliebte Produktionsfanta-
sie – eine (männlich-autonome) Selbstschöpfung aus dem Geist der
Schrift, die das Faktum der Geburt (durch die Mutter) durchstreicht.
Dieser Konfiguration folgt beispielsweise auch Max Frischs Roman
Stiller (1954, vgl. Schößler 2004b, S. 70f.): In seinen Träumen imaginiert sich der Protagonist als Schöpfer seiner selbst, als sein eigener
Vater und sein Sohn, so dass Stillers Sehnsucht nach vollkommener
Autonomie erfüllt zu sein scheint. Diese visionierte Unabhängigkeit
(von der Mutter) manifestiert sich allem voran in der Schrift, in Stil-
lers Tagebuch, in dem sich die Auslöschung der Frau (diesmal von
seiner ehemaligen Frau Julika) wiederholt.

Die Rivalität zwischen weiblichen und männlichen Produktions- **Rivalität zwischen
Ausdrucksformen**
formen, die diese Schöpfungsidee zum Ausdruck bringt, kann zum
Gegenstand des Erzählens selbst werden, wie sich prototypisch in

Goethes Märchen *Die neue Melusine* aus dem Roman *Wilhelm Meisters Wanderjahre* (1829) zeigt, das von der Begegnung eines weiblichen Fabelwesens mit einem hitzigen Wanderer erzählt. Bevorzugt die Frau bei Goethe die Musik, so ist diese dem sprachorientierten Mann zuwider. Bei dieser Rivalität geht es „um die Gegenüberstellung zweier unterschiedlicher Formen des Wissens; um eine untergründige, geheime, geradezu magische Weisheit auf der einen, um die männliche Erkenntnis auf der anderen Seite" (Lubkoll 1991, S. 56).

Produktions-bedingungen

Jenseits dieser traditionsreichen Produktionsfantasien können die realen Produktionsbedingungen von Literatur in ihren Gender-Figurationen beschrieben werden, wie es Klaus Theweleit (1988/94) und Friedrich A. Kittler (1986) aus einer medienwissenschaftlichen Perspektive unternommen haben: Stellen Mann und Frau Texte häufig gemeinsam her, so ist er gemeinhin der ‚Schöpfer‘, sie hingegen das materialisierende Medium, genauer: die Sekretärin oder Schreibkraft, die der Imagination ihre Dauer verleiht. In Kafkas Briefen an die Prokuristin Felice Bauer zeigt sich ganz in diesem Sinne die Faszination des Autors für eine Frau, die Texte vervielfältigt und Manuskripte abschreibt.

Weibliche Autorschaft

Weil in diesem Produktionsdiskurs weibliche Autorschaft kaum vorgesehen ist, haben sich Autorinnen notgedrungen vielfältigster Listen und Umwege bedient, die sich zu einer eigenen Literaturgeschichte zusammenstellen ließen. Zu diesen Listen gehören anonyme Veröffentlichungen, Veröffentlichungen unter einem männlichen Pseudonym sowie die Vormundschaft eines männlichen Autors (der das Vorwort schreibt und den Text herausgibt, wie etwa Christoph Martin Wieland den Briefroman *Geschichte des Fräuleins von Sternheim* (1771) von Sophie von La Roche). Nach Virginia Woolf hat die soziale Situation von Frauen obendrein formale Konsequenzen, denn weibliches Schreiben tendiert aufgrund des Zeit- und Raummangels zum relativ formlosen Roman, der Unterbrechungen verträgt (→ KAPITEL 4.1). Es besteht mithin ein enger Zusammenhang zwischen sozialer Situation, Gender und Genre (vgl. Hahn 1991; 1994). Verbirgt beispielsweise die Erlebnisdichtung ihre rhetorischen Finessen, um als authentischer Ausdruck einer emphatischen Subjektivität zu gelten, so ermöglicht genau diese Genre-Definition weibliche Autorschaft. Ähnliches gilt für den Brief und Gelegenheitsgedichte, die im familiären Kreis produziert werden. Die Kehrseite dieser Integration in das literarische System ist, dass Frauen die Begabung zur wahren, hohen Kunst abgesprochen wird. Nicht von ungefähr entwickeln Schiller und Goethe ihre einflussreiche Kategorie des Dilettantischen

Gattungen und Geschlecht

vornehmlich an weiblich codierten Genres, um so das ‚große' Werk gegen ‚minore' weibliche Artefakte abzugrenzen (vgl. Bürger 1990). Die Literaturwissenschaftlerin Hannelore Schlaffer bestimmt zudem die Novelle, eine kleine Form und Ausdruck eines geselligen Erzählens, als weibliches Genre (vgl. Schlaffer 1993). Das Drama hingegen, das im 18. und 19. Jahrhundert die Spitze der Gattungshierarchie besetzt, wird für gewöhnlich als männliche Ausdrucksform definiert, denn es verlangt die Kenntnis großer historischer Zusammenhänge (als Historiendrama) und wagt sich in den öffentlichen Raum (als Theater). Der Roman, der aufgrund seiner Formlosigkeit als mittlere Gattung gilt, scheint beiden Geschlechtern zugänglich zu sein; allerdings werden die Texte von Frauen vielfach der Unterhaltungsliteratur zugeordnet und damit abgewertet. Die bürgerlichen Geschlechtscharaktere und ihre Hierarchie kehren also transformiert in den literarischen Produktionsformen und Gattungsbestimmungen wieder – Geschlecht wird zur Poetik. Insbesondere die hierarchisierenden Oppositionen Form / Formlosigkeit und Kunst / Unterhaltung fungieren als flexible Leitdifferenzen, die das literarische System an die bürgerliche Geschlechterordnung anschließen.

Novelle, Drama und Roman

12.2 Narratologie

Ähnlich wie in den Film Studies wäre es auch für die literarische Analyse sinnvoll, die Gender-Konstellationen eines Textes eng auf das spezifische Genre und seine formalen Vorgaben zu beziehen. Allerdings ist das konstitutive Zusammenspiel von Gattung und Gender in der Literaturwissenschaft bislang kaum untersucht worden. Eine Ausnahme bildet die Narratologie, die die Grundelemente des epischen Erzählens – also Plot, Raum, Zeit, Figur, Erzählhaltung – ausdrücklich mit Gender verbindet, und die darüber hinaus audiovisuelle Medien (Film, Computer, TV) berücksichtigt. Grundannahme dieses Ansatzes ist, dass sich Gender und Erzählen strukturell ähneln, dass Erzählen „eine Form des *doing gender*" ist, „das medienübergreifend in verschiedenen Diskursen" herrscht (Nieberle / Strowick 2006, S. 7).

Erzähltheorie und Gender

In der Raumdarstellung von Romanen dominieren zum Beispiel topische, binär organisierte Orte wie Stadt / Land, Heimat / Fremde etc. – Orte, die aufgrund ihrer semantischen Offenheit variabel für die Organisation von Geschlechterverhältnissen eingesetzt werden können (vgl. Nünning / Nünning 2004, S. 49f.). Topologische Konfigurationen wie der Blick durch das Fenster, der Garten, die Groß-

Topologie

stadt, die Arbeitswelt etc. besitzen einen Geschlechterindex, wobei die literarischen Texte eindeutige Fixierungen (etwa: der Mann gilt als städtisch, die Frau als ländlich) häufig unterlaufen.

Zeit, Emplotment, Erzählfunktion

Bezogen auf die Zeitstruktur könnte ein lineares Zeitmodell, das wie im Bildungsroman eine organische Entwicklung suggeriert, einer weiblichen Temporalität entgegengesetzt werden, die auf Augenblicklichkeit, Bruch, Simultaneität und Verräumlichung von Zeit setzt (vgl. Nünning/Nünning 2004, S. 72f.). Darüber hinaus weisen das Emplotment, also wie der Gang der Erzählung strukturiert ist, und die Schlussgebung von Texten Gender-Semantisierungen auf, ebenso die Erzählfunktion. Gilt in dem strukturalistischen narratologischen Entwurf, den Ansgar und Vera Nünning in ihrem Sammelband *Erzähltextanalyse und Gender Studies* (2004) vorstellen, das auktoriale, allwissende Erzählen als männlich, das polyperspektivisch-subjektivierende als weiblich, so sperren sich allerdings moderne Erzählverfahren gegen diese Zuordnung, indem sie generell auf Heterogenität, auf das Fragment und Polyperspektivität setzen. James Joyces berühmter Roman *Ulysses* (1922) etwa kombiniert diverse Erzählhaltungen wie Er-Form, erlebte Rede und den inneren Monolog, der assoziative Gedankenfluchten produziert und ein überaus komplexes Verweisungssystem entstehen lässt, das sich erst in der Relektüre erschließt.

Strukturalismus versus Dekonstruktion

Ein Problem dieses narratologischen Ansatzes ist mithin sein Strukturalismus, der von binären Strukturen ausgeht, während die Gender Studies vielfach mit dekonstruktivistischen Modellen arbeiten. Die recht eindeutige Zuordnung von Erzählkategorie und Geschlecht reproduziert tendenziell das binäre Geschlechtermuster, während es in literarischen Texten auch um Verwerfungen geht und die Topoi meist widersprüchlich angelegt sind. Gleichwohl leistet dieser Ansatz eine methodologische Verknüpfung von Gattung und Gender, wie sie für die Lyrik bislang aussteht und sich auch für das Drama/Theater nur zögerlich entwickelt, obgleich es zwischen Geschlechterforschung und Dramatik bzw. Theater auffällige Schnittstellen gibt. Denn die Gender-Theorie weist eine hohe Affinität zu Maskerade, Performanz und Theatralität auf.

12.3 Drama und Theater

Die neuere Gender-Forschung bedient sich – so sollten die vorangegangenen Ausführungen deutlich gemacht haben – mit Vorliebe eines Vokabulars des Theatralischen, um die performative Herstellung von Geschlechtlichkeit (als Effekt von Mimik, Gestik und Kleidung) zu beschreiben: Geschlecht gilt als Performance, als Darstellung, als Maskerade. Entsprechend erweist sich das Theater als besonders tauglicher Ort, um Geschlechtlichkeit in ihrer Konstruktivität vorzuführen. Denn als plurimediales Medium (vgl. Pfister 1982, S. 24f.) kombiniert es akustische mit visuellen Momenten und stellt Körper leibhaftig auf die Bühne. In diesem sinnlichen Spielraum können Verhaltensnormen (des Alltags) semiotisch wiederholt und in ihren einzelnen Facetten (Gang, Stimme, Körperhaltung etc.) reproduziert werden. Das Theater stellt mithin einen multimedialen Anschauungsraum für Geschlechterexperimente bereit, der gegebenenfalls alle Sinne anspricht, ähnlich wie die Performanz von Geschlecht plurimedial angelegt ist, das heißt Stimme, Aussehen, Geruch etc. umfasst. Theater und neuere Geschlechterforschung scheinen sich insofern besonders nahe zu stehen.

Theater und Gender

Aus Gender-Perspektive können dabei sowohl Inszenierungen, die institutionellen Bedingungen am Theater, die Theatertexte als auch die Interferenzen zwischen diesen Feldern untersucht werden. Mit Blick auf die Institution ist beispielsweise aufschlussreich, welche Positionen wie besetzt sind, wer Prinzipal/in und wer Schauspieler/in ist (vgl. Möhrmann 2000) und wie sich die institutionellen Bedingungen mit der Etablierung der bürgerlichen Geschlechtscharaktere verändern. Erst seit Beginn der 1990er-Jahre – bezeichnenderweise eine Krisenzeit für das deutsche Theater nach 1989, weil sich die Theater zahlenmäßig verdoppelten und ihren während der Teilung Deutschlands geltenden Kulturauftrag verloren – behaupten sich zunehmend Intendantinnen, nachdem die erfolgreichen Prinzipalinnen nach 1750 systematisch vom Theater verdrängt worden waren.

Theater als Institution

Aufschlussreich ist desgleichen, welche Geschlechter auf der Bühne zugelassen sind. Noch im Shakespeare-Drama dürfen Frauen die Bühne nicht betreten, weil sie im christlichen Milieu als grundsätzlich anstößig und verführerisch, ja geradezu als Boten des Bösen galten (vgl. Möhrmann 2000, S. 10f.). Eine erste Ausnahme dieser Praxis brachte die Commedia dell'Arte mit sich, die zudem eine bestimmte Frauenfigur ohne Maske zeigt und sie so auf das Gesicht als Markenzeichen (der Schönheit) festlegt (vgl. Hecker 2000, S. 33f.). Spielten bis dahin Männer die weiblichen Figuren, so ergaben sich aus dieser Aufführungspraxis unweigerlich Travestie- und Maskeradeeffekte. Auf der Shakespeare-Bühne geben androgyne Boy-actors die jungen Frauen, und die Dramen verdoppeln bzw. verdreifachen diese

Die Frau auf der Bühne

Maskerade. In Shakespeares *As you like it* (1623; *Wie es Euch gefällt*) spielen Männer Frauen, die sich dem Dramentext nach wiederum in Männer verwandeln. Theatertext und Theaterpraxis bilden mithin einen sich kommentierenden und verstärkenden Zusammenhang (vgl. Lehnert 1997, S. 58f.).

Eine markante Schnittstelle zwischen Drama / Theater und Gender-Forschung stellt also offensichtlich die Maskerade dar, die nach Judith Butler und Joan Riviere jegliche Geschlechterinszenierung kennzeichnet und Geschlechtlichkeit als kulturell-performativen Akt verdeutlicht (→ KAPITEL 7.2, 10.3). Umgekehrt besitzt nach der Theaterwissenschaftlerin Erika Fischer-Lichte jede Theateraufführung neben einem illustrativen auch einen performativen Aspekt (vgl. Fischer-Lichte 2004), der reflexiv für Geschlechterinszenierungen genutzt werden kann. Oder noch grundsätzlicher: Die Bühne eröffnet einen geschlechtlich codierten, performativen Raum, in dem Körper durch Kostüm und Rolle generiert und so die Konstitutionsbedingungen von Geschlecht überdacht werden können. Insofern ist das Spiel auf der Bühne antiessentialistisch, denn ein Mann kann als Frau erscheinen und umgekehrt, wie beispielsweise in Hugo von Hofmannsthals Komödie *Der Rosenkavalier* (1909 / 10). Geschlecht ist auf der Bühne per se Maskerade, auch wenn die binäre Geschlechterordnung reproduziert wird und die Rolle das ‚biologische' Geschlecht der Darsteller wiederholt, wie bevorzugt im bürgerlich-illusionistischen Theater.

Lassen sich also die Gender-Implikationen von Aufführungspraktiken und Stücken untersuchen, so bietet die Institution Theater aus sozialgeschichtlicher Perspektive ebenfalls reichhaltiges Material für Geschlechteranalysen. Insbesondere das im 19. Jahrhundert geradezu mythisch aufgeladene Verhältnis von Regisseur und Schauspielerin folgt geschlechtlich codierten Schöpfungsfantasien, denn der Regisseur lässt (scheinbar) das geistige Wort des Dichters im Körper der Schauspielerin ‚Fleisch' werden. Bis heute ist die Schauspielerin ein beliebtes Objekt des Begehrens, wird prinzipiell sexualisiert und der Prostitution nahe gerückt (vgl. Möhrmann 2000, S. 292f.), wie sich unter anderem in Heinrich Manns Roman *Professor Unrat oder das Ende eines Tyrannen* (1905) zeigt, der mit Marlene Dietrich als *Der blaue Engel* von Josef von Sternberg 1929 erfolgreich verfilmt wurde. Auch Autoren partizipieren an dieser Produktionsfantasie, indem sie ihre Dramen begehrten Schauspielerinnen förmlich auf den Leib schreiben, wie zum Beispiel Gerhart Hauptmann sein neuromantisches Märchendrama *Und Pippa tanzt!* (1906) der Schauspielerin

Geschlechter-maskerade

Regisseur und Schauspielerin

Ida Orloff. Die Avantgarde-Dramatikerin Elfriede Jelinek wehrt sich in ihren Texten gegen diese geschlechtlich semantisierte Schöpfungsvision – der Regisseur haucht dem Wort und der Schauspielerin Leben ein –, indem sie ausdrücklich kein Leben auf der Bühne sehen will, sondern Untote, Gespenster und Vampire auftreten lässt (vgl. Schößler 2006b, S. 46f.).

Seit 1900 stellt sich die Frage nach Gender im Theatersystem noch einmal neu, weil sich im Zuge der Historischen Avantgarden das Verhältnis von Dramentext und Inszenierung nachhaltig verändert. Die Bühne wird als autonomer Kunstraum entdeckt und retheatralisiert, das wortorientierte Literaturtheater verabschiedet (vgl. Fischer-Lichte 1997). Die Bühne gilt nicht mehr als Medium, das das dichterische Wort verlautbaren lässt, sondern als eigenständige Kunstform mit einer autonomen Sprache (Licht, Farben, Bühnenbild etc.). Inszenierung und Theatertext treten damit in ein Rivalitätsverhältnis, das auch für Gender-Fragen bedeutsam ist, denn die Inszenierung kann die vom Text vorgegebenen Geschlechterkonstellationen – durch das neue ästhetische System beglaubigt – dekonstruieren und kommentieren. Zudem fordert das Avantgarde-Theater eine Verbannung des Schauspielers als (geschlechtlich definierte) ‚Natur' von der Bühne, arbeitet mit geometrischen Formen (Oskar Schlemmer) und mit Masken (Hugo Ball). Um 1900 entstehen diejenigen ästhetischen Rahmenbedingungen, die es ermöglichen, Geschlechtlichkeit in offensiver Weise als Kostüm und Travestie erscheinen zu lassen, den Körper als soziale Konstruktion.

An die Avantgarde-Experimente knüpft in den 1960er-Jahren die Performance an, die Körperlichkeit (als Ort geschlechtlicher Zuschreibungen) zum Gegenstand von Schmerz- und Tranceerfahrungen macht. In der gleichen Zeit entsteht das Regietheater, das sich ebenfalls vom Text löst und postdramatische Formen entwickelt (vgl. Lehmann 1999). Insbesondere das postdramatische Theater, das für die zeitgenössische Bühnenkunst immer noch paradigmatische Bedeutung besitzt, stellt neue Möglichkeiten der Geschlechterrepräsentation bereit. Gilt der Schauspieler im bürgerlichen Illusionstheater, wie es Denis Diderot und Gotthold Ephraim Lessing im 18. Jahrhundert wirkmächtig etabliert haben, als psychisch organisierte und geschlechtlich eindeutige Figur, so verabschiedet das postdramatische Theater diese Größe, indem es die zentralen dramatischen Einheiten wie Fabel, Figur etc. auflöst. Geschlecht ist in dieser Theaterform in besonderem Maße ein Spracheffekt und verhandelbar. Entsprechend experimentiert das Regietheater seit den 1960er-Jahren verstärkt mit

Drama und Theater im 20. Jahrhundert

Rivalitäten

Regietheater und Postdramatik

der Geschlechternorm, indem beispielsweise große Helden von Schauspielerinnen gegeben werden. Spielt eine Schauspielerin den ‚Mohr' Othello aus Shakespeares gleichnamigem Drama, so kann die weibliche Besetzung die Fremdheit der ethnisch markierten Figur in besonderer Weise verdeutlichen.

Dramatikerinnen Seit Mitte der 1990er-Jahre erobern darüber hinaus Dramatikerinnen die deutschsprachigen Bühnen (u. a. Sybille Berg, Gesine Danckwart, Dea Loher, Theresia Walser) – ein ergiebiges Thema für eine gendersensible Theater- und Literaturwissenschaft. Zuweilen rezipieren diese inzwischen international wahrgenommenen Dramatikerinnen ihrerseits die feministische Theorie, wie Elfriede Jelinek und Marlene Streeruwitz (vgl. Schößler 2004a, S. 104f.). Die Theatertexte der 2004 mit dem Nobelpreis gekrönten Autorin Elfriede Jelinek zum Beispiel, die die Einzelsprecher nivellieren und den Text von den Körpern ablösen, führen vor, dass kulturelle Zuschreibungen den stummen Körper der Frau als begehrenswerten bzw. als Ware produzieren, dass sich (Sprach-)Bilder an den weiblichen Körper heften, um ihn zum Objekt zu machen. Die postdramatische Trennung von Sprache und Körper lässt mithin Zuschreibungsprozesse kenntlich werden, die eine normierte Weiblichkeit generieren.

Schnittstellen Eine genderorientierte Theater- und Literaturwissenschaft könnte auch die Schnittstellen zwischen Institution und Text in den Blick rücken. Allerdings ist damit ein gerade erst entstehendes Forschungsfeld umrissen, denn die komplexen Interferenzen zwischen Inszenierung, institutionellen Bedingungen und Theatertexten sind aufgrund der disziplinären Trennung von Theater-, Kunst- und Literaturwissenschaft bislang kaum in den Blick getreten.

Zusammenfassung Das literarische System ist in vielerlei Hinsicht mit der Geschlechterordnung verknüpft, das heißt es bedient sich der stereotypen Geschlechtscharaktere, um seine Binnenoppositionen wie Populärkultur / Hochkultur, Unterhaltung / Kunst etc. auszudifferenzieren. Auch das variable Gattungssystem, die Produktionsbedingungen, die in immanenten Poetologien reflektiert werden, sowie die Rezeption strukturieren sich über die binären Geschlechterdifferenzen. Auf diese Weise reproduziert die (scheinbar autonome) Kunst als hegemoniale kulturelle Macht den Geschlechterdiskurs, den literarische Texte ebenso wie Inszenierungen allerdings auch reflektieren, kommentieren und kritisieren.

Fragen und Anregungen

- Rekapitulieren Sie, inwieweit die Geschlechterordnung für die Trennung von Hoch- und Massenkultur maßgeblich ist.

- Welche Vorstellungen werden mit dem weiblichen Lesen verbunden und in welcher Weise lässt sich die Gender-Forschung auf das Modell des impliziten Lesers anwenden?

- Skizzieren Sie den Zusammenhang von Gattungen und Gender am Beispiel der narratologischen Forschung.

- Auf welchen Ebenen kann Geschlecht im Theatertext und im Theater thematisiert werden?

- Inwieweit lassen sich (männliche) Schöpfungsfantasien insbesondere auf der bürgerlichen Bühne des Illusionstheaters umsetzen?

- Warum bietet das Avantgarde-Theater neue Spielräume für die Inszenierung von Geschlecht auf der Bühne?

Lektüreempfehlungen

- **Claudia Liebrand: Als Frau lesen?**, in: Heinrich Bosse / Ursula Renner (Hg.), Literaturwissenschaft. Einführung in ein Sprachspiel, Freiburg 1999, S. 385–400. *Entwickelt ein queeres Konzept der Leserin.*

- **Renate Möhrmann (Hg.): Die Schauspielerin. Zur Kulturgeschichte der weiblichen Bühnenkunst**, Frankfurt a. M. / Leipzig 2000. *Die Aufsätze des Sammelbandes rekonstruieren die sich wandelnden Funktionen von Frauen in der Institution Theater und im Starsystem des Kinos.*

- **Sigrid Nieberle / Elisabeth Strowick (Hg.): Narration und Geschlecht. Texte – Medien – Episteme**, Köln / Weimar / Wien 2006. *Untersucht in verschiedenen Aufsätzen die theoretischen Schnittstellen zwischen Narratologie und Gender und legt Fallstudien für den Film, das Fernsehen und die Malerei vor.*

- **Vera Nünning / Ansgar Nünning (Hg.): Erzähltextanalyse und Gender Studies**, Stuttgart / Weimar 2004. *Verbindet die strukturalistische Narratologie mit Gender-Ansätzen.*

- Franziska Schößler: Augen-Blicke. Erinnerung, Zeit und Geschichte in Dramen der neunziger Jahre, Tübingen 2004. *Liest Stücke von Elfriede Jelinek und Marlene Streeruwitz vor dem Hintergrund der Gender-Theoreme.*

- Uwe Wirth (Hg.): Performanz. Zwischen Sprachphilosophie und Kulturwissenschaften, Frankfurt a. M. 2002. *Versammelt einschlägige Aufsätze zur Performanztheorie.*

13 Gender und Memoria

Friedrich Schiller zeigt in seiner berühmten Rede „Was heißt und zu welchem Ende studiert man Universalgeschichte?" (26. Mai 1789 in Jena), wie wir alle auf den Schultern unserer Vorfahren stehen. Selbst in den alltäglichsten Verrichtungen des bürgerlichen Lebens können wir es nicht vermeiden, die Schuldner vergangener Jahrhunderte zu werden. Daraus leitet er nicht allein die Notwendigkeit ab, die Geschichte zu kennen, deren vorläufiges Endprodukt wir sind, sondern auch die Verpflichtung, unseren Nachkommen diese Kenntnis zu überliefern. [...] Viele Traditionslinien sind unterbrochen, der europäische Bildungskanon existiert, wie Manfred Fuhrmann in seinen jüngsten Büchern gezeigt hat [...], nur noch in Restbeständen. Die Ökonomisierung der Gesellschaft hat auch die Schulen ergriffen. Sie beugen sich nolens volens dem Druck, führen die Schüler ins Internet, bieten Berufskunde und Wirtschaftslehre an und unterrichten grundlegende Fächer wie Geschichte und Erdkunde auf Englisch. Dagegen wäre wenig zu sagen, wenn nicht bei all diesem Anpassungseifer die Kenntnis der deutschen Sprache und Literatur ins Hintertreffen geriete.

Ulrich Greiner: *Die ZEIT-Schülerbibliothek. Weshalb wir einen literarischen Kanon brauchen* (Die Zeit 42/2002)

In den Zeitungsfeuilletons wird mit großer Regelmäßigkeit darüber debattiert, ob es einen Kanon für Studierende oder auch Schüler/innen geben solle. 2002 beispielsweise erstellte eine Kommission für die Wochenzeitung „Die Zeit" einen literarischen Schüler-Kanon mit 50 Titeln, die das kulturelle Gedächtnis der deutschen Gesellschaft zu repräsentieren beanspruchen. Die getroffene Auswahl verdeutlicht jedoch auch die Selektionspraktiken eines Kanons, der die Rezeption und Publikation von Literatur beeinflusst, ja steuert. Der Schüler-Kanon der „Zeit" versammelt nicht etwa internationale Weltliteratur, sondern ausschließlich deutschsprachige. Und vertreten ist ausnahmslos ‚Höhenkammliteratur', über die sich ein (bildungs-)bürgerliches Publikum definiert – die Kunst der Arbeiterklasse und die ‚Migrationsliteratur', zum Beispiel die deutschtürkische, werden ebenso wenig zur Kenntnis genommen wie Texte von Frauen ‚angemessen' vertreten sind (sechs von insgesamt 50 Titeln).

Die Gender Studies, die sich seit den 1990er-Jahren verstärkt an die kulturwissenschaftliche Gedächtnisforschung und die Kanontheorie anschließen, gehen bereits seit den 1970er-Jahren der Frage nach, welche Texte von Autorinnen tradiert bzw. kanonisiert werden. Sie verweisen auf massive Ausgrenzungen besonders im 19. Jahrhundert und arbeiten an der Rekanonisierung vergessener Schriftstellerinnen. Darüber hinaus erweitern die Gender Studies die einschlägigen Gedächtnistheorien, wie sie beispielsweise Sigmund Freud, Aby Warburg und Maurice Halbwachs vorgelegt haben, indem sie auf die Relevanz von Gedächtnis und Erinnerung für Geschlechterfragen bzw. die Bedeutung von Gender für die Geschichtsschreibung (als kollektive Form der Erinnerung) verweisen. Denn auch die Historiografie reproduziert Geschlechterstereotype, so dass ein wechselseitiges Bestätigungsverhältnis zwischen Gender und Geschichte entsteht.

13.1 Kanon und Archiv

13.2 Memoria-Theorien

13.3 Genres und Geschichte(n)

13.1 Kanon und Archiv

„*Gender* ist ein Produkt kultureller Erinnerung und Traditionsbildung; *Gender* wird konstruiert, indem es sowohl individuell als auch kollektiv erinnert und erinnernd re-artikuliert oder auch ‚iteriert‘, d. h. (immer zugleich verändernd) wiederholt wird. Und Erinnerungen sind ‚gendered‘ [...].“ (Penkwitt 2006, S. 1)

Aus diesem Grund gehört nach Inge Stephan die Frage, wer, wie, was, wozu, warum und für wen erinnert (wird), zu den wichtigsten Gegenständen der Gender Studies überhaupt (vgl. Stephan 2000, S. 84). Die feministische Forschung hat sich bereits seit den 1970er-Jahren, allerdings von etwas anderen theoretischen Prämissen ausgehend, eindringlich mit diesem Thema beschäftigt, genauer: mit dem männlich zentrierten literarischen Kanon, der über das Gedächtnis einer Kultur entscheidet.

Gender und Kanon

Das gegenwärtig aktuelle Thema Kanon rückt die institutionellen und lebensweltlichen Kontexte von Literatur in den Blick, wie Aleida Assmann, eine der wichtigsten Memoria-Forscherinnen, unterstreicht (vgl. Assmann 1998, S. 50). Denn Literatur fungiert aus der Perspektive der Kanonbildung als gesellschaftliches Macht- und Distinktionsverfahren, ermöglicht Elitebildungen und Identitätskonstruktionen. Der Kanon stellt autorisiertes Wissen – in der Diktion von Pierre Bourdieu: kulturelles Kapital – bereit, lässt „an herrschenden Lebensstilen [...] partizipieren“ und bildet „Formen sozialer Distinktion heraus [...], die gesellschaftliche Einfluss- und Machtsphären symbolisch markieren“ (Korte 2002, S. 63). Ein Kanon versieht bestimmte Gruppen mit (rivalisierenden) Leit- bzw. Identitätsbildern und gibt Maximen des Handelns vor.

Der Kanon als Distinktionsstrategie

Der Kanon, wie wir ihn heute kennen, entstand um 1800, als der Geltungsanspruch der traditionsreichen religiösen Auslegungspraxis zurückgedrängt wurde und Friedrich Schleiermacher eine säkulare Hermeneutik entwickelte (→ ASB JOISTEN). Seit diesem Zeitpunkt kann jeder Text interpretiert werden, ohne dass es verbindliche Leseanweisungen gäbe. Der Kanon versucht diesen Kosmos relativer Beliebigkeit zu stabilisieren und Leitlinien für das ‚Lesenswerte‘ und ‚Interpretationswürdige‘ bereitzustellen. Voraussetzung für die Entstehung des modernen Kanons ist mithin die Autonomisierung der Kunst, wie sie sich seit 1800, insbesondere mit der Romantik, vollzieht: Literatur wird zu einem eigenständigen Feld, das sich keinen fremden Ansprüchen (didaktischer oder religiöser Natur) mehr zu unterwerfen hat, sich deshalb aber selbst organisieren muss, beispielsweise über Lese-

Die Geschichte des Kanons

empfehlungen. Im 19. Jahrhundert war der Kanon primär Ausdruck und Instrumentarium der herrschenden Nationalkultur, also mit der „innere[n] Geschichte der Nationenbildung" (Korte 2002, S. 63) eng verknüpft. Seit dem Zweiten Weltkrieg und verstärkt seit den 1970er-Jahren zeichnet sich jedoch ein massiver Geltungsverlust der Literatur und des verbindlichen Kanons ab – auch deshalb wird die Notwendigkeit eines Kanons in Feuilletons wiederholt diskutiert. Gliedert sich die deutsche Gesellschaft seit den 1970er-Jahren in unterschiedliche Milieus auf, so bilden sich Milieukanones aus, die an Lebensstile gekoppelt sind. Zudem wären heutige Kanones „unter den Bedingungen der Mediengesellschaft" (Korte 2002, S. 68) neu zu formieren.

Die (Re-)Kanonisierung von Autorinnen

In den 1970er-Jahren setzte, von dem Geltungsverlust des herrschenden Kanons profitierend, eine Revision aus weiblicher Perspektive ein, die zu zahlreichen (Wieder-)Entdeckungen von Autorinnen sowie zu Neueditionen von kaum mehr zugänglichen Texten führte. Es entstanden zahlreiche Überblicksdarstellungen und Lexika (vgl. z. B. Gnüg / Möhrmann 1985; Stephan / Venske / Weigel 1987; Brinker-Gabler 1988; Lehmstedt 2001) – eine Entwicklung, die das *Lexikon deutschsprachiger Epik und Dramatik von Autorinnen (1730–1900)* von Gudrun Loster-Schneider und Gaby Pailer (2006) überdenkt. Die Herausgeberinnen bestätigen zum einen die (Re-)Kanonisierung einzelner Autorinnen – dazu gehören beispielsweise Therese Huber, Caroline von Wolzogen, Sophie Mereau, Caroline de la Motte-Fouqué, Louise Aston, Johanna Schopenhauer, Luise Mühlbach, Louise Otto-Peters, Louise von François und Helene Böhlau. Zum anderen jedoch sind Nachschlagewerke und literaturhistorische Überblicke vielfach auch heute noch männlich zentriert. Das umfassende Lexikon von Loster-Schneider und Pailer profitiert also einerseits von dem „erheblichen sozialen wie epistemischen Akzeptanzgewinn und eine[m] beträchtlichen Erkenntniszuwachs genderorientierter Literaturwissenschaft" (Loster-Schneider / Pailer 2006, S. VI) und versucht andererseits. immer noch bestehende Defizite auszugleichen, beispielsweise die Konvention, Darstellungen zu Autorinnen eher an Lebensdaten als an Werkdaten zu orientieren.

Kanondebatten der 1990er-Jahre

Seit den 1990er-Jahren besitzt die Debatte über den Kanon eine „gesteigerte kulturpolitische Aktualität", weil die Gender und Postcolonial Studies ihre Kritik verstärkt und theoretisch präzisiert haben (vgl. Assmann 1998, S. 47). Neben der Exklusion von Autorinnen wird der Eurozentrismus des Kanons moniert, also der verbindliche Fokus auf eine europäisch-westliche männliche Literatur. Diese Kritik geht von drei Einsichten aus, wie Aleida Assmann herausstreicht:

„(1) die in den lebenswichtigen Zusammenhang von kultureller Überlieferung und kollektiver Identität, (2) die in die Vielheit, Verschiedenheit und gegenseitige Ausschließlichkeit kultureller Identitäten und (3) die in die Entwertung weiblicher Kulturpotentiale durch männliche Dominanz sowie in die Zerstörung indigener Traditionen durch koloniale Herrschaft." (Assmann 1998, S. 48)

Der Kanon wird also vornehmlich für diejenigen zum Thema, die das kulturelle Steuerungsinstrument und Gedächtnismedium ausschließt:

„Viele finden sich in ihm nicht (mehr) wieder, die durch ihn über Jahrhunderte vertreten wurden: allen voran Frauen und Angehörige sozialer und kultureller Minderheiten. Die Kanondebatte hat sich damit grundsätzlich dezentriert; sie wird zunehmend von Standpunkten aus diskutiert, die außerhalb der europäischen Mitte und jenseits des Zentrums dominanter Kulturen und Gesellschaftsschichten liegen." (Assmann 1998, S. 48)

Kritik von außen

In den Blick rückt zudem, dass die im Kanon gesicherte Literatur als kulturelle Identitätskonstruktion ein „Medium geschlechts- und schichtenspezifischer Sozialisation" ist (Assmann 1998, S. 53). Kanonbildung habe, so Aleida Assmann, unmittelbare Konsequenzen für Lebenspraktiken und Selbstbilder; Lektüre beeinflusse und fixiere geschlechtlich und schichtspezifisch organisierte Lebensformen.

Einer kritischen Revision wird darüber hinaus das Konzept der Nationalliteratur unterzogen, das über zwei Jahrhunderte hinweg mit dem Kanon eng assoziiert war. Gisela Brinker-Gabler beispielsweise entwickelt Richtlinien für einen Kanon jenseits der Nationalität, indem sie Identität nicht aus nationaler Zugehörigkeit ableitet, sondern aus einer gemeinsamen politischen Praxis, aus dem Status als Bürger, über den unterschiedliche ethnische Gruppen verfügen können. An die Stelle einer nationalen Kultur träte damit eine politische, an die Stelle eines xenophobischen Nationalismus ein „konstitutioneller Patriotismus" (Brinker-Gabler 1998, S. 92).

Kritik am Nationalkanon

Ein Kanon, der diesen Partizipationsregeln folgt, würde diverse ethnische Kulturen repräsentieren:

„Eine postnationale radikale Politik der Differenz mit Rücksicht auf ‚andere Orte subalterner Bedeutung' wird anstelle einer Vielfalt die Vielfalt verschiedener paralleler Traditionen setzen." (Brinker-Gabler 1998, S. 94)

Gleichzeitig müssten diejenigen ästhetischen Wertmaßstäbe überwunden werden, die die ausgrenzenden Kanones legitimieren – vor dem Hintergrund einer männlichen weißen Stilnorm erscheinen weibliche

Revision ästhetischer Wertung

und ethnisch markierte Texte meist als schlecht, als ästhetisch indiskutabel (vgl. Heydebrand 1998, S. 613f.). Es geht also in der kulturwissenschaftlichen Diskussion seit den 1990er-Jahren um eine Neukonstruktion von Kanones, die das theoretische Wissen über geschlechtliche und ethnische Exklusionsverfahren berücksichtigt. Zur Disposition steht die Zentrierung des Kanons auf männliche Kunst, auf den Nationaldiskurs sowie auf bürgerliche Höhenkammliteratur.

13.2 Memoria-Theorien

Die Aktualität der Gedächtnisforschung

Nach Jan Assmann, der die Memoria-Forschung wesentlich initiiert hat, ist der Kanon eng mit der Frage nach dem Gedächtnis verbunden, die seit den 1980er-Jahren Konjunktur hat und in diversen disziplinären Feldern bearbeitet wird, in der neurobiologischen Gedächtnisforschung ebenso wie in der Kognitionswissenschaft und der Psychologie. Die kulturwissenschaftlichen Memoria-Theorien konzentrieren sich vornehmlich auf die sozialen und ästhetischen Aspekte von Erinnerung, die auch in geschlechterpolitischer Hinsicht einschlägig sind. Jan Assmann selbst begreift in seiner Studie *Das kulturelle Gedächtnis. Schrift, Erinnerung und Identität in frühen Hochkulturen* (1992) Erinnerung als Grundlage eines kollektiven Gedächtnisses, das die Kontinuität und Identität einer Kultur garantiert – eine Auffassung, die aus poststrukturalistischer Sicht nachhaltig in Frage gestellt wurde.

Zeitgeschichtliche Entwicklungen

Warum Memoria – ein Sammelbegriff für Gedächtnis und Erinnerung – seit den 1980er-Jahren so attraktiv ist, führt Jan Assmann im Vorwort seiner Untersuchung auf drei zeitgeschichtliche Gründe zurück:

1. Die elektronischen Medien vergrößern die Speicherkapazitäten in unüberschaubarer Weise, so dass das Verhältnis von individueller Erinnerung und kollektiven Speicherformen überdacht werden muss.

2. Man scheint sich im Zustand einer ‚Nach-Kultur‘ zu befinden, die der französische Philosoph Jean-François Lyotard auf das Verschwinden großer Erzählungen (wie die Aufklärung) zurückführt – nach Lyotard gibt es im 20. Jahrhundert keine umfassenden Erklärungsmodelle für Ereignisse und historische Entwicklungen mehr. Für diese ‚Nach-Kultur‘ ist Erinnerung, also die Rückwendung auf Traditionen im Zeichen des Verlustes zentral.

3. Zum Ausgang des 20. Jahrhunderts verändert sich die Erinnerung an den Holocaust. Die überlebenden Zeitzeugen der Judenvernichtung sterben, so dass an die Stelle individueller Erinnerungen eine medial vermittelte Form von Memoria treten muss. Dieser neuartige Umgang mit Auschwitz lässt sich beispielsweise an Hollywood-Produktionen wie *Schindlers Liste* (1993) von Steven Spielberg ablesen, die die Vergangenheit in fiktionaler Form vergegenwärtigen und das Darstellungsverbot, das Claude Lanzmann in seinem berühmten Film *Shoah* (1985) noch befolgt, übertreten.

Anders als Jan Assmann, dem vor allem an kultureller Identitätsbildung liegt, betonen dekonstruktivistisch angelegte Studien, dass Erinnerung eine Konstruktion ist, die eher Aussagen über die Gegenwart trifft als über die vergangenen Ereignisse, dass Erinnerung also in gewissem Sinne Fiktion und verändernde Wiederholung ist. Aus dieser Perspektive lässt sich eine Nähe zu den Gender Studies ausmachen. Ähnlich wie sich Erinnerung aus transformatorischen Erinnerungsakten generiert, entsteht Geschlecht aus wiederholten Darstellungsakten. Erinnerung und Geschlecht sind performative Prozesse (→ KAPITEL 4.2, 7.2), das Doing gender gleicht dem Doing memory (vgl. Fischer-Lichte / Lehnert 2000, S. 14) – allerdings wäre die Reichweite dieser Analogie genauer auszuloten. Eine genderorientierte Memoria-Theorie könnte darüber hinaus an den Erinnerungsmodellen von Sigmund Freud, Maurice Halbwachs und Aby Warburg ansetzen, die um 1900 Gedächtnis als kollektiven Prozess neu denken.

Erinnern und Gender als performative Akte

Der Kulturtheoretiker und Kunsthistoriker Aby Warburg, der in den 1920er- und 1930er-Jahren in Hamburg tätig war und dort eine berühmte Bibliothek anlegte, initiierte den Iconic turn in den Kulturwissenschaften, das heißt er legt die Grundlagen für die wissenschaftliche Beschäftigung mit Bildern, die er als Medien der Erinnerung konzipiert (vgl. Gombrich 1992, → ASB BRUHN). Warburg überführt auf diese Weise die traditionelle Kunstgeschichte in eine Kulturtheorie des Gedächtnisses. Er beschreibt seine Hamburger Bibliothek als Versuch, „auf die Funktion des europäischen Kollektivgedächtnisses als stilbildende Macht hinzuweisen, indem sie die Kultur des heidnischen Altertums als Konstante nimmt" (Warburg 1928 in: Gombrich 1992, S. 359). Im Zentrum seiner Gedächtnisarbeit steht das Bild, das widersprüchliche Kräfte zu vereinigen und zu transformieren vermag. Bilder als Fundament des sozialen Gedächtnisses spielen dabei sowohl in der Inszenierung von politischen Auftritten eine Rolle – Warburg analysiert die Ausdrucksformen des italienischen Faschis-

Gedächtnis und Bild

mus – als auch im Sport, dessen Bewegungen Warburg als Sublimierung ekstatischer Gebärden begreift.

Pathosformeln

Die Bilder, für die sich Warburg interessiert, vergegenwärtigen allem voran Pathosformeln, das heißt Ausdruckschiffren – Gebärden oder Bewegungen –, die sich in künstlerischen Darstellungen verschiedenster Epochen auffinden lassen und auf das Repertoire der heidnischen Antike zurückzuführen sind. Pathosformeln entstehen nach Warburg, weil sie die Angst vor unbekannten Mächten kanalisieren. Sie artikulieren und übermitteln die emotionalen Erlebnisse des Künstlers im Angesicht einer bedrohlichen Wirklichkeit, bändigen und distanzieren die irritierenden Eindrücke jedoch auch. Warburg geht davon aus, dass im Verlauf der Kulturgeschichte eine Befreiung von diesen ursprünglichen heidnischen Ängsten möglich ist, weil die Pathosformeln die menschliche Angst humanisieren.

Gedächtnis als Energiespeicher

Die Kunst konserviert diese archetypischen Formeln und fungiert damit als soziales Erinnerungsorgan. Warburg knüpft an die damals gängige Vorstellung eines ‚Rassengedächtnisses‘ an und greift zeitgenössische biologistische Erinnerungskonzepte auf, die das Gedächtnis als Energiespeicher begreifen. Insbesondere diejenigen kulturellen Symbole, die aus intensiven Urerlebnissen stammen, konservieren Energien, wie Warburg in der Einleitung zu seinem großen, fragmentarisch gebliebenen Bilderatlas *Mnemosyne* ausführt. In diesem Werk dokumentiert er die Wiederkehr bestimmter Symbole über die Epochen hinweg, wobei die ekstatische Gebärde der Mänade, der rauschhaft verzückten Frau, eine besondere Rolle spielt.

Pathosformeln und Geschlecht

An dieser Stelle vermögen die Gender Studies anzuknüpfen. Denn die Pathosformeln sind in hohem Maße geschlechtlich organisiert, fixieren bestimmte Weiblichkeits- und Männlichkeitschiffren, die in modifizierter Form wiederkehren und die kulturellen Repräsentationen einer Epoche bestimmen. Signifikant ist zum Beispiel, dass sich Warburg insbesondere für die Mänade, für die ekstatische Frau, interessiert, ähnlich wie der gängige Hysteriediskurs um 1900 Weiblichkeit mit Expressivität verbindet (→ KAPITEL 3.1). Warburgs Studien verdeutlichen, dass das Bildgedächtnis als Bedingung von Geschichte und kultureller Kontinuität prinzipiell geschlechtlich organisiert ist, dass es einen Traditionszusammenhang gibt, der bestimmte Repräsentationen von Männlichkeit und Weiblichkeit überliefert, der aber auch in Reaktion auf konkrete historische Bedingungen transformiert wird.

„In historischer Hinsicht bezeugen Warburgs Bilderreihen, dass sich Geschlechterverhältnisse bzw. geschlechtsspezifisches Erinnern

in die Pathosformeln der jeweiligen Epochen eingeschrieben haben." (Öhlschläger 2005, S. 254)

Steht die Gebärde im Zentrum von Warburgs Bildersammlung, so
untersucht die gendersensible Memoria-Forschung insbesondere den
Zusammenhang von Körper und Gedächtnis bzw. die geschlechtliche
Spezifik von Körpergedächtnissen. Die vergangene Geschichte eines **Körpergedächtnis**
Menschen – so die Grundannahme – präge sich in den Körper ein,
zeige sich gestisch, affektiv und mimisch.

> „Sowohl physische wie psychische Erfahrungen hinterlassen ihre
> Spuren, die in Form von Körperzeichen lesbar werden. Und diese
> Körperzeichen sind unweigerlich geschlechtlich codiert." (Öhl-
> schläger 2005, S. 249)

Allerdings geben diese Körperzeichen die Traumata und Erlebnisse
nicht unmittelbar preis, sondern wie im Traum finden Entstellungen
und Überlagerungen statt. Das Körpergedächtnis, wie es auch literarische Texte zuweilen beschreiben, bedarf also einer sorgfältigen De-
codierung, die der von Texten gleicht.

Dem Thema Gedächtnis, Körper und Trauma geht beispielsweise **Gedächtnis, Körper**
der Sammelband *Bilder des kulturellen Gedächtnisses* (1994) von **und Trauma**
Sigrid Weigel genauer nach und kommt u. a. zu dem Ergebnis, dass
sich in den Texten von Ingeborg Bachmann und Christa Wolf verdrängte Traumata als körperliche Symptome bzw. als Materialität
des Textes zeigen, der mit Leibmetaphern durchsetzt ist und bevorzugt von körperlichen Erfahrungen spricht. Die Annahme eines spezifisch weiblichen Körpergedächtnisses, wie es die untersuchten literarischen Texte illustrieren, wiederholt auf der Ebene literarischer
Erinnerung die geläufige Gleichsetzung von Weiblichkeit und Körper,
die die Frau aus dem Reich der symbolischen Sprache ausschließt
(→ KAPITEL 2.3).

Ein weiterer Denker, der für eine genderorientierte Gedächtnistheo-
rie einschlägig wäre, ist Maurice Halbwachs, mit dem sich auch Jan
Assmann beschäftigt. Halbwachs entwickelt seit den 1920er-Jahren
die Idee einer Mémoire collective, eines kollektiven Gedächtnisses. Sei- **Das kollektive**
ner Auffassung nach bewegt sich jeder Erinnerungsakt innerhalb eines **Gedächtnis**
sozialen Rahmens, ist Bestandteil eines Gruppengedächtnisses.

> „Im Vordergrund des Gedächtnisses einer Gruppe stehen die Erin-
> nerungen an Ereignisse und Erfahrungen, die die größte Anzahl ih-
> rer Mitglieder betreffen und die sich entweder aus ihrem Eigenle-
> ben oder aus ihren Beziehungen zu den ihr nächsten, am häufigsten
> mit ihr in Berührung kommenden Gruppen ergeben." (Halbwachs
> 1967, S. 25)

Diejenigen Erinnerungen, zu denen der Einzelne mühelos Zugang hat, sind Gemeingut eines oder auch mehrerer Milieus, denn man ist meist Mitglied verschiedener Gruppen. Erinnerung ist nach Halbwachs also ein soziales Phänomen und wird durch verbindliche Rahmungen („cadres") organisiert, die unterschiedliche Reichweiten haben – Halbwachs spricht von einem Familiengedächtnis, vom Kollektivgedächtnis religiöser Gruppen oder auch gesellschaftlicher Klassen und von einem Gedächtnis der Nation.

Bezugsrahmen Allein die Rahmungen vermitteln dem individuellen Akt der Erinnerung seine Bedeutung und intersubjektive Relevanz.

> „Es gibt kein mögliches Gedächtnis außerhalb derjenigen Bezugsrahmen, deren sich die in der Gesellschaft lebenden Menschen bedienen, um ihre Erinnerungen zu fixieren und wiederzufinden." (Assmann 1992, S. 35)

Allerdings konfiguriert die individuelle Erinnerung ihrerseits die Gruppenmemoria auf spezifische Weise – Halbwachs geht nicht von einem kollektiven Unbewussten aus wie der Tiefenpsychologe Carl Gustav Jung, stellt jedoch auch Sigmund Freuds Konzept eines individuellen Unbewussten in Frage. Halbwachs hält fest:

> „Wir würden sagen, jedes individuelle Gedächtnis ist ein ‚Ausblickspunkt' auf das kollektive Gedächtnis; dieser Ausblickspunkt wechselt je nach der Stelle, die wir darin einnehmen, und diese Stelle selbst wechselt den Beziehungen zufolge, die ich mit anderen Milieus unterhalte." (Halbwachs 1967, S. 31)

Der Eindruck einer unhintergehbar persönlichen Erinnerung ergibt sich allein aus dem Umstand, dass der Einzelne die zahlreichen Determinanten der sich überschneidenden kollektiven Erinnerungen nicht überschaut.

Kollektivität und Geschlecht Der Ansatz von Maurice Halbwachs hat den Vorzug, dass er – anders als es die Gehirnforschung unterstellt – von gemeinschaftlichen Erinnerungsformen ausgeht, die auch geschlechtlich organisiert sind. Es liegt auf der Hand, dass es spezifische weiblich und männlich semantisierte Gedächtnisformen gibt – allein deshalb, weil sich Männer und Frauen in verschiedenen Räumen bewegen. Diese unterschiedlichen Gedächtnisformen, wie sie beispielsweise Denkmale, Geschichtsbücher und auch literarische Texte dokumentieren, rückt eine gendersensible Memoria-Forschung ins Zentrum ihrer Untersuchungen.

13.3 Genres und Geschichte(n)

Insbesondere die Tätigkeiten Erinnern und Vergessen als Bedingung von Geschichte scheinen den Geschlechtern arbeitsteilig zugeordnet zu sein, wie Aleida Assmann betont. Frauen sind weit eher mit Erinnerungen belastet und sorgen für das Andenken, wie sich im Umgang mit Kriegsgeschehnissen und Trauer zeigt. Die überlebenden Frauen konservieren, so Assmann, den Ruhm der gefallenen Männer, während umgekehrt männliche Tatkraft mit Vergessen verknüpft ist. Der ‚aktive Mann' muss seine Erinnerungen ausblenden, um handeln zu können, wie bereits Goethe und Nietzsche wussten. Stellt man allerdings die Frage, wer erinnert wird, so kehren sich die Verhältnisse um: Während Weiblichkeit meist aus der historischen wie literarischen Erinnerung ausgeschlossen ist, bestimmen männliche Taten die Erinnerungslandschaft (vgl. Assmann 2006, S. 37f.). Das Denkmal der trauernden, den Sohn beweinenden Mutter führt diese Arbeitsteilung der Erinnerung prototypisch vor Augen.

Erinnern und Vergessen

Auch Genres, die die Verschriftlichung von Erinnerung organisieren, besitzen einen geschlechtlichen Index, sind mithin „an der Etablierung, Tradierung und Dekonstruktion von Geschlechterdifferenz maßgeblich beteiligt" (Erll / Seibel 2004, S. 191). Bestimmte Genres, die als weiblich bzw. männlich gelten, generieren spezifische Erinnerungsformen. So steht die Memorialliteratur, das kulturell hoch stehende Genre der Memoiren, das auf die ‚große Geschichte' fixiert ist, eher Männern zur Verfügung, während Frauen auf das privat gehaltene Tagebuch verwiesen sind.

Genres und Gender

Die Literaturwissenschaftlerin Martina Wagner-Egelhaaf betont jedoch, dass auch das Genre der Autobiografie eher männlich codiert ist; allerdings sei eine Vielzahl an weiblichen Autobiografien aus dem 17. und 18. Jahrhundert in Vergessenheit geraten (vgl. Wagner-Egelhaaf 2006, S. 49, 53). Dieses weibliche autobiografische Erinnern bediene sich differenzierter narrativer Strategien, die sich von männlichen Schreibverfahren zumindest teilweise unterscheiden. Viele der Texte zeichnen sich, so führt Wagner-Egelhaaf aus, durch ihren dialogischen Stil aus, der die Adressat/inn/en berücksichtigt, zudem durch zirkuläre Strukturen, die der Linearität männlicher Entwicklungsgeschichten entgegenstehen, während andere Autobiografien verbindliche Erzählmuster der männlichen Tradition imitieren.

Autobiografisches Erinnern

Genres als Verfahren kultureller Kontinuierung, die Geschichte(n) organisieren, reproduzieren also die Geschlechterordnung und differenzieren sie aus. Gattungen und Genres strukturieren geschlechtlich

organisierte Erinnerungen, wobei für die Autobiografie- und Roman-
forschung der Bruch mit Erzählkonventionen zu berücksichtigen ist,
den der Holocaust mit sich bringt (vgl. Berg / Jochimsen / Stiegler
1996).

Geschlechterbilder in der Geschichts-schreibung

Auch die Geschichtswissenschaft setzt sich mit geschlechtlich semantisierten Erinnerungsformen auseinander, und zwar auch deshalb,
weil sie zunehmend von der narrativen Verfasstheit der Historiografie
ausgeht (vgl. White 1986; 1991). Auch Geschichte ist Narration und
wird von Geschlechterbildern bestimmt, wie sich wiederum unter anderem am Umgang mit dem Holocaust zeigen lässt (vgl. Eschebach /
Jacobeit / Wenk 2002, S. 13), denn die Wahrnehmungen, Beschreibun-
gen und Bewertungen des Genozids reproduzieren ganz offensichtlich
traditionelle Geschlechterdifferenzen. Nicht die historischen Tat-
bestände, sondern einschlägige Metaphern und topische Geschlechterbilder geben die Argumentation vor, wenn beispielsweise Täterinnen
(in Konzentrationslagern) sexualisiert werden – als Perverse scheinen
sie die Norm nicht zu repräsentieren –, oder wenn das jubelnde Publikum bei Hitlers Auftritten feminisiert wird, so dass das deutsche
Volk als Opfer, als verführte, berauschte (weibliche) Masse erscheint.
Zentral für die damals wie heute herrschende Erinnerungskultur ist
die Ikone der Mutter, die meist zur Pietà, zur trauernden Gottesmut-
ter stilisiert wird und ein traditionsreiches Weiblichkeitsbild festschreibt. Die historiografisch reproduzierten Geschlechterbilder haben
insgesamt die Funktion, Geschichte zu naturalisieren, als unveränderlichen naturhaften Ablauf zu behaupten, wobei die Faktizität der Geschichte umgekehrt die Unveränderlichkeit der Geschlechterordnung
impliziert. Die (erzählte) Geschichte und das traditionelle Geschlechtersystem (als Natur) stabilisieren sich insofern gegenseitig.

Zusammenfassung

Die Gender Studies schließen an die kulturwissenschaftliche Memoria-Forschung an, markieren auf diese Weise die Lücken in den
Erinnerungstheorien und erweitern das eigene Untersuchungsfeld. Sie
partizipieren an der virulenten Kanon-Debatte, indem sie auf die Exklusion insbesondere von weiblichen, aber auch ethnisch markierten
Texten hinweisen und die etablierten ästhetischen Wertmaßstäbe in
Frage stellen. Die Auseinandersetzung mit den Theorien von Aby
Warburg und Maurice Halbwachs macht zudem die Geschlechtsspe-
zifik von Pathosformeln und kulturellem Gedächtnis kenntlich, ebenso von Autobiografie und Historiografie. Erinnern und Vergessen als
kulturelle Akte sind unhintergehbar geschlechtlich organisiert und arbeiten gemeinsam am Ausschluss von Frauen aus der 'großen Geschichte', die gleichwohl auf weiblichen Erinnerungsakten basiert.

Fragen und Anregungen

- Diskutieren Sie, was für und gegen einen Kanon verbindlicher Werke spricht, und überdenken Sie den Zusammenhang von Kanon und ästhetischen Maßstäben.

- Stellen Sie spontan 20 Werke für einen Kanon zusammen und reflektieren Sie in einem zweiten Schritt Ihre Auswahl.

- Rekonstruieren Sie den Ansatz von Aby Warburg und beschreiben Sie die Anknüpfungspunkte für die Gender Studies.

- Skizzieren Sie die Argumentation von Maurice Halbwachs und diskutieren Sie die Leistungen, aber auch Probleme eines identitätsstiftenden kollektiven Gedächtnisses.

- Beschaffen Sie sich Zeitungsausschnitte, die sich mit dem Berliner Denkmal für verfolgte Schwule während der NS-Zeit beschäftigen, und analysieren Sie die Argumentationen in Bezug auf Gender und Memoria.

- Lesen Sie Ruth Klügers Autobiografie *weiter leben* (1992) und beschreiben Sie die dort vorgenommene Differenzierung von (weiblichem und männlichem, aber auch kindlichem und erwachsenem) Erinnern.

Lektüreempfehlungen

- **Aleida Assmann: Kanonforschung als Provokation der Literaturwissenschaft**, in: Renate von Heydebrand (Hg.), Kanon Macht Kultur. Theoretische, historische und soziale Aspekte ästhetischer Kanonbildung, Stuttgart 1998, S. 47–59. *Einschlägiger Aufsatz zu Kanon, Erinnerung und Gender.*

- **Astrid Erll / Klaudia Seibel: Gattungen, Formtraditionen und kulturelles Gedächtnis**, in: Vera Nünning / Ansgar Nünning (Hg.), Erzähltextanalyse und Gender Studies, Stuttgart / Weimar 2004, S. 180–208. *Verbindet die Narratologie, die kontinuitätsbildende Erzählformen untersucht, mit der Memoria-Forschung.*

- **Insa Eschebach / Sigrid Jacobeit / Silke Wenk (Hg.): Gedächtnis und Geschlecht. Deutungsmuster in Darstellungen des nationalsozialistischen Genozids**, Frankfurt a. M. / New York 2002. *Der Sammel-*

*band analysiert die Geschlechterbilder in der geschichtswissen-
schaftlichen Analyse des Holocaust.*

- **Ernst H. Gombrich: Aby Warburg. Eine intellektuelle Biographie,**
  Hamburg 1992. *Die anschauliche Biografie stellt die Erinnerungs-
  konzeption Warburgs vor.*

- **Claudia Öhlschläger: Gedächtnis,** in: Christina von Braun / Inge
  Stephan (Hg.), Gender@Wissen. Ein Handbuch der Gender-Theorien, Köln / Weimar / Wien 2005, S. 239–260. *Stellt die Ansätze
  von Halbwachs, Freud sowie Warburg vor und zeigt die Anknüpfungspunkte für die Gender Studies auf.*

- **Meike Penkwitt (Hg.): Freiburger Frauenstudien 19 / 20
  (2006 / 07): Erinnern und Geschlecht,** 2 Bde., Freiburg 2006, 2007.
  *Interdisziplinäre Beiträge zu Geschlecht und Erinnerung in Theo-
  rie, Literatur, Philosophie, Film etc.*

14 Wissenschaftskritik

Jetzt gab ihr ein Computer Ratschläge über die Liebe: ein körperloser
Computer, oder vielmehr einer, dessen Körper sie bewohnte, dessen
Körper das Haus war. „Jetzt gehören wir einander mehr denn je",
sagte sie dem Spiegel, aber stumm, damit das Haus sie nicht um
Erklärung bat, was sie damit meinte, jemand anders zu gehören.
Statt dessen fragte sie laut: „Warum gibt es ein weltweites
Übereinkommen, daß Roboter Menschen nicht ähneln dürfen? Seit
ich zur Schule gehe, höre ich das. Warum müssen Roboter einfältige
Maschinen sein?"
„Als Roboter mit genügend künstlicher Intelligenz zur Ausführung
komplizierter Aufgaben erschaffen wurden, erhob sich eine
Oppositionsbewegung, Shira, etwa um 2040. Malkah hat mich
belehrt, daß die Menschen die ersten humanoiden Roboter niedlich
fanden, faszinierend, aber dann sehr rasch beängstigend. Krawalle
entstanden und die Aufstände der Maschinenstürmer. Die Leute
hatten Angst, daß die Maschinen sie ersetzen würden, nicht bei den
gefährlichen Arbeiten, sondern bei den gutbezahlten und
angenehmen Arbeiten. Roboter fielen Sabotageakten zum Opfer und
vernichtende Unruhen brachen selbst in den Konzernenklaven aus –

Marge Piercy: *Er, Sie und Es* (1993)

Die Science-Fiction-Autorin Marge Piercy thematisiert in ihren faszinierenden Zukunftsentwürfen einerseits die Ängste, die die Ähnlichkeit von Mensch und Maschine provoziert, bedient sich andererseits jedoch der Möglichkeit, durch den Entwurf maschineller Wesen die Grenze den Geschlechtern zu durchkreuzen, die binäre Geschlechterordnung zu unterlaufen. Das Maschinen-Zeitalter wird aus einer quasi-wissenschaftlichen Perspektive für einen Gegenentwurf genutzt, der Biologie, die binäre Geschlechtermatrix, Genealogie und Weiblichkeitsmythen (Mutterschaft u. a.) suspendiert. Aus diesem Grund beschäftigt sich die Biologin und Wissenschaftshistorikerin Donna Haraway mit den utopischen Entwürfen der Science-Fiction-Literatur – unter anderem mit Marge Piercy –, und setzt sie der herrschenden Wissenschaft entgegen. Haraway entwirft auf diese Weise utopische ‚Gegenmythen‘, die die Wertsetzungen der männlich zentrierten Wissenschaft (Objektivität, Neutralität, Uninteressiertheit) konterkarieren und als Fiktionen bzw. Erzählungen markieren.

Im Folgenden wird die Wissenschaftskritik der Gender Studies in den Naturwissenschaften vorgestellt. Dieser Ansatz konzipiert die Wissenschaftsgeschichte, die meist auf ‚große‘ (männliche) Forscherpersönlichkeiten ausgerichtet ist, aus der Geschlechter-Perspektive neu und macht sich für eine fundamentale Wissenschaftsreflexion stark, die die Gender-Implikationen der Ergebnisse und der institutionellen Ordnung berücksichtigt. Die Wissenschaftskritik beschreibt den Objektivitätsanspruch der Wissenschaft als verdeckten männlichen Habitus und setzt das Konzept eines situierten Wissens dagegen, das insbesondere die sprachliche Verfasstheit von Theorien und Daten berücksichtigt. Dass Wissen immer auf Narration und Mythos beruht, unterstreicht die Wissenschaftshistorikerin Donna Haraway dadurch, dass sie eigene neue Mythen wie „die Cyborg" entwirft. Abgeschlossen wird das Kapitel mit einem Resümee, das die Ergebnisse der Einführung bündelt und zukünftige Entwicklungen anzudeuten versucht.

14.1 Women in Sciene
14.2 Das Geschlecht der Natur und das situierte Wissen
14.3 Ausblick

14.1 Women in Science

Der Feminismus hat sich auch den Naturwissenschaften zugewendet und eine (in Nordamerika) inzwischen akademisch anerkannte Form der Wissenschaftskritik entwickelt. Die Wissenschaftsphilosophin Sandra Harding fasst die Kernfragen dieser Position wie folgt zusammen:

Feministische Wissenschaftskritik

> „Feministinnen stellen die ‚Frauenfrage' in der Wissenschaft: ‚Was erwarten Frauen von den Wissenschaften und deren Technologien?' Aber sie stellen auch die ‚Wissenschaftsfrage im Feminismus': ‚Ist es möglich, dieselben Wissenschaften, die gegenwärtig so eng mit wesentlichen, bürgerlichen und männlichen Projekten verknüpft sind, für emanzipatorische Projekte zu nutzen?'" (Harding 1994, S. 7)

Im Zentrum dieser vielfach sozialistisch inspirierten Kritik stehen die scheinbare Neutralität der Wissenschaften, also ihre Abstinenz von politischen Zielen, sowie das Konzept objektiven Wissens. Die feministischen Forscher/innen unterstreichen, dass Wissenschaft – ähnlich wie Edward W. Said ausgeführt hat (→ KAPITEL 9.2) – immer interessiert sei, die Machtverhältnisse also reproduziere und stabilisiere. Die Wissenschaften, die vornehmlich auf die Interessen des westlichen Mannes zugeschnitten sind, bekräftigen entsprechend die herrschende Gender-Ordnung und bestätigen sie als Wahrheit bzw. Natur.

Kritik am Objektivitätsanspruch

Ist Wissenschaft grundsätzlich Machtpolitik, so versuchen Forscher/innen der ‚harten Wissenschaften' diese Erkenntnis für eine ethische Wendung, für die Vision einer neuen Wissenschaft zu nutzen, die die ausgeschlossenen Interessen von Minoritäten berücksichtigt, und zwar auch ‚rückwirkend': Ein zentrales Untersuchungsfeld der feministischen Wissenschaftskritik ist die Biografieforschung (vgl. Orland/Scheich 1995, S. 17f.), die die Exklusionspraktiken insbesondere in den Naturwissenschaften, das heißt den dominierenden Fokus auf männliche Errungenschaften zu durchbrechen versucht. In der Umweltforschung haben sich ebenfalls gendersensible Positionen entwickelt, die allerdings zu einer Essentialisierung von Weiblichkeit tendieren. Denn der Ökofeminismus, wie ihn beispielsweise die Amerikanerinnen Ynestra King und Carolyn Merchant vertreten, geht davon aus, dass Frauen als ‚naturnahe' Wesen die Bedürfnisse der Natur eher wahrnehmen und vertreten können als Männer (vgl. Orland/Scheich 1995, S. 37f.) – eine Position, die poststrukturalistische Denkerinnen wie Donna Haraway mit Nachdruck kritisieren.

Biografieforschung

Ökologie

Metaphern in der
Wissenschafts-
sprache

Eine zentrale Methode der feministischen Wissenschaft ist die Sprachkritik bzw. die Metaphernanalyse. Zwar behauptet die wissenschaftliche Sprache gemeinhin, transparent zu sein, als ‚durchsichtiges Fenster‘ die Dinge selbst zu repräsentieren, doch ist sie selbstverständlich ihrerseits von Metaphern durchsetzt, die auf verborgene Weise Wertungen transportieren. Die Physikerin Evelyn Fox Keller hält fest, dass die heutige Welt „von den metaphorischen Strukturen, die die Naturphilosophen des 17. Jahrhunderts zu errichten halfen, derart durchdrungen [sei], daß wir sie kaum noch wahrnehmen. So werden etwa die grundlegenden Assoziationen von Natur / weiblich und Geist / männlich, die in der wissenschaftlichen Kultur seit jener Zeit faktisch eine Konstante darstellen, inzwischen für so selbstverständlich gehalten, daß sie gar nicht mehr bemerkenswert erscheinen." (Fox Keller 1995, S. 74) Die philosophischen Metaphern, die sich der Sprache der Geschlechter bedienen, bestimmen auch den Naturbegriff, der wissenschaftlichen Experimenten und ihren Ergebnissen zugrunde liegt: „In den ‚Naturgesetzen‘ wird die Natur als blind, gehorsam und einfach bezeichnet; gleichzeitig gilt ihr Schöpfer als gebieterisch, zeugungskräftig, erfinderisch und komplex." (Fox Keller 1995, S. 83) Das Verhältnis zwischen Natur und Forscher wird mithin nach Maßgabe der asymmetrischen Geschlechterordnung organisiert; die unterstellte Passivität der Naturobjekte entspricht dem weiblichen Geschlechtscharakter und wird in den naturwissenschaftlichen Formulierungen reproduziert.

Gender in der
Hierarchie der
Wissenschaften

Die grundlegende Binarität der bürgerlichen Geschlechtscharaktere, die auch den wissenschaftlichen Naturbegriff und das Experiment bestimmt, wiederholt sich zudem auf der Metaebene der Wissensorganisation, und zwar als Hierarchie zwischen Geistes- und Naturwissenschaften. Nicht nur in Deutschland lässt sich eine unübersehbare Abwertung geisteswissenschaftlicher Disziplinen feststellen (auch in der Wissenschaftsförderung), die mit einer Feminisierung der ‚weichen Wissenschaften‘ Hand in Hand geht. Es ist wohl kein Zufall, dass sich in diesen Disziplinen der Anteil an Wissenschaftlerinnen etwas erhöht hat, während das ökonomische sowie symbolische Kapital dieser Berufe und Forschungsrichtungen drastisch sinkt. Christina von Braun und Inge Stephan halten fest:

„Die ‚traditionelle‘ Dichotomie Kultur versus Natur wurde in der Wissenschaft der Moderne zunehmend durch eine Spaltung in Natur- und Geisteswissenschaft überlagert – eine Spaltung, die ihrerseits auch in der symbolischen Geschlechterordnung ihren Ausdruck fand, gelten doch die Naturwissenschaften einerseits als *hard sciences*, andererseits aber auch als vornehmlich ‚männliche Fächer', während die Geisteswissenschaften gerne als ‚weiblich' gehandelt werden [...]." (Braun / Stephan 2005, S. 7) Die akademische Wissensordnung ist in ihrer Gesamtstruktur geschlechtlich semantisiert, und auch die einzelnen Fächer, bis hin zu scheinbar neutralen Disziplinen wie Betriebswirtschaft, Jura, Informatik, Agrarwissenschaft etc., prozessieren verborgene Geschlechterdiskurse, die erst nach und nach sichtbar werden (vgl. Braun / Stephan 2000). Wissen und Wissenschaft sind mithin in fundamentaler Weise durch den Geschlechterdiskurs und seine Ungleichheiten strukturiert.

Wissen und Geschlecht

14.2 Das Geschlecht der Natur und das situierte Wissen

Eine Forscherin, die sich ebenfalls mit den (geheimen) Geschlechter-Implikationen der Naturwissenschaften auseinandersetzt und attraktive Gegenentwürfe entwickelt, ist Donna Haraway, deren Arbeiten im Folgenden genauer vorgestellt werden. Haraway ist von Haus aus Biologin, genauer: Primatologin, das heißt sie beschäftigt sich mit der Wissenschaft vom Ursprung des Menschen und seinem Verhältnis zum Affen – die Primatologie entwirft also (spekulative) Ursprungsfantasien, denen ebenfalls traditionelle Geschlechterbilder eingeschrieben sind. Arbeiten in der Primatologie inzwischen vermehrt Frauen – bekannt ist die von Hollywood zur Filmikone stilisierte Jane Goodall –, so besteht ein enger Konnex zwischen den scheinbar empirischen Ergebnissen und dem Geschlecht der Forscher/innen: Männliche Biologen betonen gemeinhin, Primaten hätten den Werkzeuggebrauch auf der Jagd erfunden, während Forscherinnen die werkzeuggeleitete Alltagspraxis von Primatinnen herausstreichen. Die wissenschaftlichen Ergebnisse reproduzieren, von einer wissenschaftskritischen Metaebene aus betrachtet, die Geschlechterordnung bzw. die Geschlechterrivalität, ohne dass eine Position objektiver wäre als die andere.

Primatologie und Geschlechterordnung

Für Haraway stellt die unsichere Wissenschaft der Primatologie, die sich ‚wilden Tieren' aus dem ‚dunklen Kontinent' widmet, eine Art Orientalismus im Sinne Edward Saids dar (→ KAPITEL 9.2). Was über Tiere sowie die fragile Grenze zwischen Mensch / Tier ausgesagt wird, ist eine Konstruktion des Westens, der so genannten ‚ersten Welt':

„Die rekonstruierte Natur bleibt indessen zutiefst westlich: tief durchdrungen von der Logik des Natur-Kultur-Gegensatzes, von

Primatologie als Orientalismus

der westlichen Suche nach dem Selbst im Spiegel eines untergeordneten Anderen, durch das ständige Wiederholen von Ursprungsgeschichten, die die westliche politische Kultur begründen. Ich begriff dies beides zur gleichen Zeit: daß Primatologie auf Affen bezogener Orientalismus ist, und von welcher immensen Bedeutung es ist, daß es Frauen gegeben hat, die sich erfolgreich für gute wissenschaftliche Geschichten in der Primatologie einsetzten." (Haraway 1995b, S. 140f.)

Situiertes Wissen

Haraway formuliert deshalb bereits in den 1980er-Jahren die Forderung nach einem situierten Wissen, mit dem kenntlich wird, dass wissenschaftliche Aussagen unhintergehbar aus einem Gespinst von rhetorischen Figuren, von Metaphern und Narrationen bestehen – Hayden White hat ganz analog für die Geschichtswissenschaft betont, dass die großen Historiografien narrativen Mustern folgen (wie Komödie, Tragödie, Romanze etc.). Nach Haraway orientieren sich auch die naturwissenschaftlichen Aussagen an bestimmten Erzählregeln, reproduzieren Mythen und bedienen sich einer metaphernreichen Sprache, behaupten gleichwohl Objektivität und Sprachunabhängigkeit. Haraways eigene Ausführungen stellen diese Metaphorizität wissenschaftlicher Sprache aus, das heißt die Wissenschaftlerin macht ihre Erzählungen und Mythen als solche kenntlich.

Greift die Wissenschaft Erzählmuster auf und schreibt sie fort, so heißt das allerdings nicht, dass wissenschaftliche Erkenntnisse bloße Erfindungen seien und damit von zweifelhafter Relevanz. Vielmehr bewertet die Biologin Haraway – so summieren Hammer / Stieß in ihrer instruktiven Einleitung zu *Die Neuerfindung der Natur* – die traditionsreichen naturwissenschaftlichen Erzählungen als historische Errungenschaft, „durch die eine verläßlichere Interaktion mit unserer materiellen Umwelt möglich geworden ist" (Hammer / Stieß 1995, S. 17).

Narrativität der Wissenschaften

Erst die Narrativität von Wissenschaft lässt Kontinuität und Tradition entstehen, denn das, was beschrieben oder beobachtet werden soll, „was überhaupt als zu erklärendes Wissensobjekt angenommen werden kann, [muss] im Zusammenhang bereits etablierter Erzählungen plausibilisiert werden. Erzählungen betten diese derart selektierten Objekte in einen bestimmten kulturell vorgegebenen Typ von (Wissenschafts-)Geschichte ein." (Hammer / Stieß 1995, S. 17)

Die Auffassung, Wissenschaft sei narrativ, ist vornehmlich gegen den Objektivitätsanspruch gerichtet, der bis heute verbindlich ist und als Wertsetzung eines männlichen hegemonialen Subjekts gelten kann. Haraway setzt gegen das objektive Wissen (das es als solches nicht geben kann) ein situiertes, partikulares, offenes Wissen, das seinen eigenen Standpunkt berücksichtigt. Nach Haraway ist Wissen immer schon verkörpert (Haraway 1995c, S. 18), das heißt es geht eine enge Allianz mit (geschlechtlichen) Körpern ein, die sowohl diejenigen der Forscher/innen als auch Apparate und Institutionen sein können. Das situierte Wissen bewegt sich zudem in einem Geflecht verschiedenster Positionen und versteht sich als Übersetzung unterschiedlicher Haltungen.

Wissen als Übersetzung

> „Wissenschaft war immer eine Suche nach Übersetzung, Verwandlung und Beweglichkeit von Bedeutungen und nach Universalität – die ich Reduktionismus nenne, wenn eine Sprache (wessen wohl) als Maßstab für alle Übersetzungen und Verwandlungen aufgezwungen werden muß." (Haraway 1995a, S. 79)

Haraway propagiert also ein offenes Netzwerk des Wissens, das die Begrenztheit der eigenen Position reflektiert und zwischen diversen Haltungen zu vermitteln sucht, ohne eine universale Theorie anzustreben.

Zudem sollte die Aktivität, die Tatkraft („agency") des Objekts Berücksichtigung finden (vgl. Haraway 1995b, S. 145), das in der traditionellen Wissenschaft gemeinhin passiv ist, weil einzig das Subjekt als aktiv, als schaffendes gilt. Die Natur kann jedoch auch als Akteurin begriffen werden, wie ein Blick auf nicht-menschliche Lebewesen (etwa Tiere) plausibel macht. Haraway plädiert also für ein Wissenschaftsverständnis, das dem Untersuchungsgegenstand – der Natur – Aktivität zuerkennt und die Idee der Objektivität zugunsten dialogischer Verhandlungen zwischen Standpunkten und permanenter Sprachreflexion verabschiedet.

Die Natur als Akteurin

Geht die Biologin gegen unreflektierte Mythenbildungen in den Wissenschaften an, so arbeitet sie ihrerseits mit (neuen) Mythen, denn eine Wissenschaft ohne Narrationen hält sie für nicht vorstellbar. Ihr Leitbegriff, der in der Forschung ausgiebig debattiert und auch kritisiert wurde, ist „die Cyborg", der hybride Körper zwischen Mensch, Maschine und Tier.

Die Cyborg

> „Im späten 20. Jahrhundert, in unserer Zeit, einer mythischen Zeit, haben wir uns alle in Chimären, theoretisierte und fabrizierte Hybride aus Maschine und Organismus verwandelt, kurz, wir sind Cyborgs. Cyborgs sind unsere Ontologie. Sie definieren unsere Politik. Die Cyborg ist ein verdichtetes Bild unserer imaginären und materiellen Realität [. . .]." (Haraway 1995a, S. 34)

Die Cyborg, die Haraway ausdrücklich als Mythos bezeichnet, ist einerseits Ausdruck eines bedrohlichen technologischen Fortschritts, der jedoch andererseits in eine humane Utopie transformiert werden soll.

Der Bruch mit Geschlechtermythen

Die Cyborg zwischen Mensch und Maschine verabschiedet eine Vielzahl an traditionellen Geschlechtermythen, denn sie kennt keine Mutterschaft, keine Genealogie und keine Unterwerfung unter den Vater, das heißt kein ödipales Begehren; ebensowenig eignet sie sich für die notorische Opferrolle. Der hybride Körper der Cyborg, wie er in Science-Fiction-Filmen beliebt ist – zu erinnern wäre etwa an die beiden *Terminator*-Filme von James Cameron (1984, 1991) –, dementiert zudem die Fantasie von physischer Ganzheit und Einheit, denn er ist Stückwerk, repräsentiert ein nicht mit sich identisches Subjekt. „Die Cyborg ist eine Art zerlegtes und neu zusammengesetztes, postmodernes kollektives und individuelles Selbst. Es ist das Selbst, das Feministinnen codieren müssen." (Haraway 1995a, S. 51) Haraway allegorisiert in der Gestalt der Cyborg also offensichtlich postmodernes Wissen, das die Identität des Subjekts in Frage stellt, denn die Cyborg kennt kein eindeutiges Geschlecht und steht jenseits natürlicher Reproduktionszusammenhänge.

,Sie' ist also ein Geschöpf der Post-Gender-Welt und steht für den Zusammenbruch binärer Ordnungen:

„Die Dichotomien von Geist und Körper, Tier und Mensch, Organismus und Maschine, öffentlich und privat, Natur und Kultur, Männer und Frauen, primitiv und zivilisiert sind seit langem ideologisch ausgehöhlt." (Haraway 1995a, S. 51)

Die Neuerfindung der Natur

Die Cyborg deutet diesen Zusammenbruch positiv als utopische Hoffnung auf eine neu erfundene Natur jenseits der geschlechtlichen Machtverhältnisse. Denn Natur als eine vom Menschen gemachte Konstruktion lässt sich verändern, so die Überzeugung Haraways. „Die Natur ist auch ein *trópos*, eine Trope. Sie ist Figur, Konstruktion, Artefakt, Bewegung, Verschiebung. Die Natur kann nicht vor ihrer Konstruktion existieren." (Haraway 1995c, S. 14) Deshalb kann sie neu erfunden werden, und zwar als „gemeinsame Konstruktion von menschlichen und nichtmenschlichen Wesen" (Haraway 1995c, S. 15). Nicht zuletzt diese Ausführungen machen plausibel, warum Haraway eine begeisterte Sciene-Fiction-Leserin und -Forscherin ist (vgl. Haraway 1995c, S. 21), wobei diese Gattung, die das Verhältnis von Körper und Technologie narrativ verhandelt, auch für eine genderorientierte Medienwissenschaft aufschlussreich ist (vgl. Angerer/Peters/Sofoulis 2002).

14.3 Ausblick

Die bisherigen Darlegungen machen bestimmte Entwicklungstendenzen in der Geschlechterforschung kenntlich und ermöglichen vielleicht sogar eine Prognose, welchen Themen sich die Gender-Forschung künftig verstärkt zuwenden wird.

Seit den 1970er-Jahren differenziert sich die Kategorie „Frau" aus (durchaus im Sinne von Niklas Luhmann, nach dem sich die spezialisierten Systeme in der bürgerlichen Moderne diversifizieren). Wurde zunächst der universalisierende Begriff „die Frau" problematisiert, weil er die spezifischen Lebensbedingungen von Frauen aus nichtbürgerlichen Klassen und anderen Ethnien als der weißen ignoriert (→ KAPITEL 9.1), so richten die Gender Studies seit Beginn der 1990er-Jahre den Blick auf Weiblichkeit *und* Männlichkeit, weil sich die Positionen gegenseitig definieren. An die Stelle von Substanzbegriffen treten relationale Konzepte, die Geschlechtlichkeit als komplexe performative Interaktionen in einem Netz aus diversen, auch widersprüchlichen Rollenmustern beschreiben. Gender wird mithin im Kontext von Race und Class verhandelt, Weiblichkeit in relationaler Abgrenzung von Männlichkeit (→ KAPITEL 10.1). Die Tendenz, die sich in den letzten Jahrzehnten abzeichnet, führt von essentialistischen Vorstellungen und totalisierenden Kategorien zu performativen Konzepten, die Geschlecht als Handeln beschreiben, und zwar im Sinne Michel Foucaults als äußerliche Akte, die den Schein von Innerlichkeit und Wesenhaftigkeit (und damit Unveränderlichkeit) hervorbringen (→ KAPITEL 7.2).

Dieser Pluralisierung entspricht, dass zunehmend minoritäre Formen des Begehrens und der Identitätsbildung berücksichtigt werden, wie sie insbesondere die Queer Studies seit den 1990er-Jahren im Anschluss an die Gay und Lesbian Studies untersuchen (→ KAPITEL 8.2). Doch auch die Gender Studies formulieren eine Kritik an der heterosexuellen Norm und gehen den Verdrängungen bzw. Marginalisierungen von homosexuellem Begehren nach. Die minoritären Standpunkte fokussieren also auch die Norm der Heterosexualität mit ihren bizarren Riten und Verbindlichkeiten, mit ihrer Homosozialität und ihren Tabus, die aus einer ‚ethnografischen' Perspektive – in der das Bekannte fremd wird – als überaus lohnenswerter Untersuchungsgegenstand erscheint. Die Gender und Queer Studies stellen zudem die scheinbar strikte Trennung von ‚Norm' und ‚Perversion' in Frage – nicht zuletzt durch eine konsequente Historisierung von Sexualität –, denn die heterosexuelle Ordnung ist unhintergehbar

Pluralisierung

Minoritäre Formen

von einem queeren Begehren durchzogen, wie beispielsweise das Phänomen der Homosozialität verdeutlicht. Zudem tritt mit den Men's Studies zunehmend auch Männlichkeit als Geschlecht in Erscheinung (→ KAPITEL 10), während die traditionelle bürgerliche Ordnung und ihre Forschung Mannsein mit Menschsein gleichgesetzt hatte und Geschlechtlichkeit allein für die Frau als sexualisiertes Wesen vorgesehen war.

Diese grundlegende Pluralisierung in der Geschlechterforschung wird einerseits begrüßt, denn sie verspricht das weite Feld sexuellen Begehrens sowie geschlechtlicher Identitätsentwürfe abzubilden und führt Heterosexualität als labiles Gebilde vor Augen, das sich von seinen Rändern und Ausschlüssen her definiert. Umgekehrt jedoch erschwert diese Ausdifferenzierung das politische Statement, denn eine politische Situierung verlangt per se die Bündelung von Interessen. In den Gender Studies stehen sich entsprechend Vertreter/innen eines politischen Engagements und Anhänger/innen dekonstruktivistischer Entwürfe gegenüber, die das Subjekt als grundsätzlich unterworfenes und heterogenes konzipieren.

Pluralität versus Politik

Insgesamt ist die Euphorie über das Performativitätsmodell und das heißt über die Wandelbarkeit von Geschlecht, wie sie Judith Butler anfänglich vertreten hat und wie sie in zahlreichen Untersuchungen zum Cross-dressing zum Ausdruck kommt, abgeflaut; der Blick fällt verstärkt auf die Grenzziehungen des Geschlechterdiskurses, auf die Normierungen und Zwänge, auf Macht, wie sie auch den Wissenschaftsdiskurs dominiert.

Macht statt Variabilität

Eine Pluralisierung zeichnet sich auch dann ab, wenn sich die Gender Studies mit anderen Ansätzen der kulturwissenschaftlichen Forschung vernetzen. Sie schließen beispielsweise an die Memoria-Theorie an, um die geschlechtsspezifische Organisation von Erinnerung zu beschreiben, um den Zusammenhang von Memoria, Kanon und Geschlecht zu eruieren, denn kulturelle Erinnerung reproduziert die etablierte Geschlechterordnung und wiederholt ihre Ausschlüsse (→ KAPITEL 13.1). Untersucht wird zudem das diskursive Zusammenspiel von Geschichte und Gender, ebenso von Geschlecht und Nation, die auch die Postcolonial Studies zum Gegenstand ihrer kritischen Interventionen machen (→ KAPITEL 9.2).

Interdisziplinäre Vernetzung

Aufschlussreich ist darüber hinaus der Zusammenhang von Geschlecht und Zeit, die zugleich als ästhetische Kategorie aufgefasst werden kann. Die Men's Studies betonen beispielsweise, dass Männlichkeit allein als Abfolge von heterogenen Narrationen begriffen werden kann, dass im Verlauf einer Biografie widersprüchliche Rol-

Geschlecht und Zeit

lenentwürfe kombiniert werden (→ KAPITEL 10.3). Weiblichkeit hingegen hatte die feministische Forschung, der gängigen ästhetischen Praxis entsprechend, auf Bildlichkeit festgelegt (→ KAPITEL 5.1). Diese Bildlichkeit (als Zeitlosigkeit) schreibt die Geschichtslosigkeit von Frauen fest und wäre eventuell durch ein zeitliches Modell zu ersetzen, das weibliche Entwicklungsgeschichten fokussiert, allerdings nicht im Sinne linearer Narrationen. Denn es besteht ein enger Konnex zwischen bürgerlicher Geschlechtermatrix (als Fundament von Identität) und der Vision von Linearität – als individuelle Entwicklung oder auch als ‚große' Geschichte. Nicht von ungefähr wird die binäre Geschlechterordnung genau in dem Moment von der feministischen Forschung in Frage gestellt, in dem der Poststrukturalismus die übergreifenden linearen Erzählungen (wie die Aufklärung, das Subjekt etc.) verabschiedet. Zeit ist darüber hinaus eine zentrale Kategorie des Erzählens bzw. der Narratologie, so dass ein Bezug zwischen Gender und ästhetischen Ausdrucksformen hergestellt werden kann.

Bildlichkeit versus Narration

Die Gender Studies arbeiten neben ihrer kulturwissenschaftlichen Expansion daran, die Kategorie des (kulturellen) Geschlechts an die theoretischen wie methodischen Modelle der Einzeldisziplinen anzuschließen, um so eine weitere Differenzierung und Präzisierung zu erreichen. Die Narratologie untersucht beispielsweise Erzählstrategien in ihrer Verquickung mit Geschlechtermustern und versucht die in den Film Studies geführte Debatte über Gender und Genre zu adaptieren. Zudem kann das gesamte literarische System mit seinen Leitdifferenzen Kunst / Unterhaltung, Elite / Masse in Hinsicht auf den eingeschriebenen Geschlechterdiskurs rekonstruiert werden (→ KAPITEL 12). Es besteht das Bestreben, die Kategorie Gender enger mit etablierten Methoden und Theorien (zum Beispiel der Literaturwissenschaft) zu verknüpfen, um einer Ghettoisierung vorzubeugen und zum unhintergehbaren Bestand der Disziplinen zu werden. Eine stärkere Anbindung an Einzeldisziplinen und ihre traditionellen Instrumentarien steht also als Entwicklungstendenz neben der kulturwissenschaftlichen Vernetzung der Gender Studies.

Integration in Einzeldisziplinen

Von den Gender Studies können auf allen Feldern des Wissens Anstöße für eine Reflexion wissenschaftlicher Theorien und Praktiken ausgehen, die sowohl die Wissenschaftsgeschichte als auch den Status quo betreffen. Zeichnet sich Wissenschaft prinzipiell dadurch aus, dass sie ihre eigenen Methoden überdenkt, so machen die Gender Studies die unausgesprochenen Prämissen der männlich dominierten Wissensordnung kenntlich, indem zum Beispiel bestimmte wis-

Zusammenfassung

senschaftliche Standards (wie Objektivität, Uninteressiertheit etc.) markiert und als Praktiken der Exklusion verdeutlicht werden. Die Gender Studies lassen auch innerhalb der Naturwissenschaften unübersehbar werden, dass Wissen bzw. Wissenschaft ein Geschlecht besitzt und sprachlich-narrativ organisiert ist. Sie betreiben Sprach- bzw. Mythenkritik, entwerfen neue, deutlich markierte Mythen (wie die Cyborg) und fordern ein situiertes Wissen, das dialogisch angelegt ist und den eigenen Standpunkt reflektiert.

Fragen und Anregungen

- Rekonstruieren Sie die Wissenschaftskritik und die Untersuchungsgegenstände, mit denen sich die feministischen Forscher/innen in den Naturwissenschaften beschäftigen.

- In welcher Weise wiederholt der traditionelle Naturbegriff der Wissenschaften die Geschlechterordnung und was bringt es mit sich, wenn Natur als passive Größe begriffen wird?

- Warum bedeutet Wissenschaftskritik auch Sprachkritik?

- Erklären Sie den Begriff des „situierten Wissens" von Donna Haraway und setzen Sie das traditionelle Wissenschaftskonzept dagegen.

- Warum arbeitet Haraway mit dem Mythos der Cyborg und welche poststrukturalistische Konstellation wird auf diese Weise zum Ausdruck gebracht.

Lektüreempfehlungen

- **Anne Fausto-Sterling: Myths of Gender,** New York 1985. *Analysiert die medizinische Praxis im Umgang mit Geburten, also die Zuweisung des biologischen Geschlechts.*

- **Donna Haraway: Die Neuerfindung der Natur. Primaten, Cyborgs und Frauen,** hg. und eingeleitet von Carmen Hammer und Immanuel Stieß, Frankfurt a. M. / New York 1995. *Stellt einschlägige Aufsätze Haraways wie „Ein Manifest für Cyborgs", „Situiertes Wissen", „Die Biopolitik postmoderner Körper" zusammen.*

- Sandra Harding: Das Geschlecht des Wissens. Frauen denken die Wissenschaft neu, Frankfurt a. M. / New York 1994. *Differenziert die Standpunkt-Theorie aus, indem ethnische und lesbische Perspektiven berücksichtigt werden.*

- Sabine Lucia Müller / Sabine Schütting (Hg.): Geschlechter-Revisionen. Zur Zukunft von Feminismus und Gender Studies in den Kultur- und Literaturwissenschaften, Königstein / Ts. 2006. *Bündelt u. a. Aufsätze zu Geschlecht im posthumanen Zeitalter der Maschinen.*

- Barbara Orland / Elvira Scheich (Hg.): Das Geschlecht der Natur. Feministische Beiträge zur Geschichte und Theorie der Naturwissenschaften, Frankfurt a. M. 1995. *Nach einer instruktiven Einleitung folgen einschlägige Aufsätze von Fox Keller, Donna Haraway, Londa Schiebinger etc.*

15 Serviceteil

15.1 Allgemeine bibliografische Hilfsmittel

Laufende und abgeschlossene Bibliografien

- Hiltrud Bontrup: Doing Gender. Das Konzept der sozialen Konstruktion von Geschlecht. Eine Bibliographie mit Einführung, Münster 1999.

- Marion Heinz (Hg.): Feministische Philosophie. Bibliographie 1970–1995, Bielefeld 1996.

- Marion Heinz / Meike Nordmeyer (Hg.): Feministische Philosophie. Bibliographie 1996–1997, Bielefeld 1999.

- Sabine Hering: Bibliographie „Frauenbewegung und soziale Praxis", Kassel 2001 (Schriftenreihe des Archivs der Deutschen Frauenbewegung, Bd. 13).

- Renate Kroll: Bibliographie der deutschsprachigen Frauenliteratur. Belletristik, Sachbuch, Gender Studies, Herbolzheim 2005. *Fortlaufend seit 1994, als Reihe angelegt.*

Lexikon

- Renate Kroll (Hg.): Metzler Lexikon Gender Studies – Geschlechterforschung. Ansätze, Personen, Grundbegriffe, Stuttgart / Weimar 2002. *Hilfreiches Nachschlagewerk zu Namen und Fachtermini der Gender Studies.*

15.2 Einführungen, Handbücher und Textsammlungen

Einführungen

- Regina Becker-Schmidt / Gudrun Axeli-Knapp: Feministische Theorien zur Einführung, Hamburg 2000. *Rekonstruiert die Entwicklungsgeschichte sowie systematische Gender-Positionen, wobei insbesondere der Frage nach der sozialen Differenz zwischen Mann und Frau sowie zwischen Frauen nachgegangen wird.*

- Christina von Braun / Inge Stephan (Hg.): Gender Studien. Eine Einführung, Stuttgart / Weimar 2000. *Interdisziplinärer Sammelband, der den Status quo u. a. in den Wirtschafts-, Sozial-, Geschichts-, Rechts-, Sexual- und Naturwissenschaften beschreibt.*

- Hannelore Faulstich-Wieland: Einführung in Genderstudien, 2. durchgesehene Auflage Opladen 2006. *Erziehungswissenschaftlicher Fokus; mit einer Übersicht über das Lehrangebot an Universitäten und Hochschulen.*

- Annamarie Jagose: Queer Theory. Eine Einführung, Berlin 2001. *Verständliche Hinführung mit einem historischen und einem theoretischen Schwerpunkt.*

- Ellen Krause: Einführung in die politikwissenschaftliche Geschlechterforschung, Opladen 2003. *Rekonstruiert die Ansätze von politischen Denkerinnen (Carole Pateman, Nancy Fraser, Eva Kreisky etc.), ebenso die aktuellen Debatten in der Politikwissenschaft.*

- Lena Lindhoff: Einführung in die feministische Literaturtheorie, Stuttgart 1995. *Setzt sich insbesondere mit den Ansätzen der Écriture feminine auseinander.*

- Michiko Mae / Britta Saal (Hg.): Transkulturelle Genderforschung. Ein Studienbuch zum Verhältnis von Kultur und Geschlecht, Wiesbaden 2007 (Geschlecht & Gesellschaft, Bd. 9). *Die Beiträge diskutieren das Verhältnis von Kultur und Gender; vertreten sind acht Kulturkreise.*

- Claudia Opitz: Um-Ordnungen der Geschlechter. Einführung in die Geschlechtergeschichte, Tübingen 2005. *Geschichtswissenschaftliche Einführung, die eine Geschichte der Disziplin entwirft und einschlägige Quellen bereitstellt (Jakob Burkhardt, August Bebel etc.).*

- Jutta Osinski: Einführung in die feministische Literaturwissenschaft, Berlin 1998. *Problemgeschichtliche Darstellung, die die Tendenzen seit den 1970er-Jahren in den USA, der Bundesrepublik, der DDR und Frankreich rekapituliert.*

- Sabine Wesley (Hg.): Gender Studies in den Sozial- und Kulturwissenschaften. Einführung und neuere Erkenntnisse aus Forschung und Praxis, Bielefeld 2005. *Die Beiträge behandeln Wissenschaftskritik und -methoden aus Gender-Perspektive sowie das*

Verhältnis von Gender und Schule, Kommunikation, Musik, Medien etc.

- Anja Zimmermann: Kunstgeschichte und Gender. Eine Einführung, Berlin 2006. *Erste Einführung in diese Disziplin; nimmt eine Historisierung der feministischen Kunstwissenschaft vor und setzt Schwerpunkte u. a. bei Körperrepräsentationen, Institutionen, Technik und Material.*

Handbücher

- Ruth Becker / Beate Kortendiek (Hg.): Handbuch Frauen- und Geschlechterforschung. Theorie, Methoden, Empirie, Wiesbaden 2004 (Geschlecht und Gesellschaft, Bd. 35). *(95 Wissenschaftler/ innen entwickeln grundlegende Konzepte, Fragestellungen sowie Methoden und stellen Ergebnisse in den Arbeitsfeldern Körper, Arbeit, Bildung, Kultur etc. vor.*

- Christina von Braun / Inge Stephan (Hg.): Gender@Wissen. Ein Handbuch der Gender-Theorien, Köln / Weimar / Wien 2005. *Behandelt Schlüsselbegriffe wie Körper, Identität, Gewalt, Natur / Kultur etc. und stellt angrenzende Felder wie Queer, Postcolonial, Media und Cultural Studies vor.*

- Hadumod Bußmann / Renate Hof (Hg.): Genus. Geschlechterforschung – Gender Studies in den Kultur- und Sozialwissenschaften. Ein Handbuch, Stuttgart 2005. *Interdisziplinärer, neu aufgelegter Sammelband mit 15 Beiträgen von einschlägigen Wissenschaftler/ inne/n insbesondere aus den Sozial- und Kulturwissenschaften.*

Textsammlung

- Sabine Doyé / Marion Heinz / Friederike Kuster (Hg.): Philosophische Geschlechtertheorien. Ausgewählte Texte von der Antike bis zur Gegenwart, Stuttgart 2002. *Auf eine ausführliche Einleitung folgen Textauszüge von kanonischen Autor/inn/en wie Plato, Aristoteles, Hobbes, Locke, Butler etc.*

15.3 Zeitschriften und Periodika

Geschichtswissenschaftlich

- ARIADNE – Forum für Frauen- und Geschlechtergeschichte (vormals: Almanach des Archivs der deutschen Frauenbewegung); hg. v. Archiv der deutschen Frauenbewegung e. V., Kassel 1985ff., Web-Adresse: http://www.uni-kassel.de/frau-bib/publikationen.htm.

- Gender & History, Oxford u. a. 1989ff., Web-Adresse: http://www.blackwell-synergy.com/loi/GEND. *Themenschwerpunkte sind Frauen- und Geschlechtergeschichte.*

- Hawwa. Journal of women in the Middle East and the Islamic World, Leiden 2003ff. *Mit den Schwerpunkten Europa, Neuere und Neueste Geschichte sowie Frauen- und Geschlechtergeschichte.*

- L'homme. Europäische Zeitschrift für feministische Geschichtswissenschaft, Köln / Weimar 1990ff., Web-Adresse: http://www.univie.ac.at/Geschichte/LHOMME/. *Versteht sich als Schnittstelle verschiedener Sprach- und Wissenschaftskulturen.*

- Metis. Zeitschrift für historische Frauen- und Geschlechterforschung, Berlin 1992–2001. *Thematisiert Frauen in der Geschichte und ihre Erfahrungen mit Geschichte; erschien 1992 bis 2001.*

Sozialwissenschaftlich

- beiträge zur feministischen theorie und praxis, Köln 1978ff., Web-Adresse: http://www.beitraege-redaktion.de/. *Älteste Zeitschrift der autonomen Frauenbewegung.*

- Gender & Society. Official publication of Sociologists for Women in Society, New York u. a. 1987ff., Web-Adresse: http://gas.sagepub.com/. *Fokussiert Geschlecht als zentrale Kategorie des Sozialen.*

- Zeitschrift für Frauenforschung, hg. v. Forschungsinstitut Frau und Gesellschaft und der Senatsverwaltung für Arbeit, Berufliche Bildung und Frauen, Berlin, Förderprogramm, Berlin 1993–1999. *Erschien 1993 bis 1999.*

Politikwissenschaftlich

- femina politica – Zeitschrift für feministische Politik-Wissenschaft, hg. v. femina politica e. V., Berlin 1997ff., Web-Adresse: http://www.femina-politica.de. *Kommunikationsorgan für politisch und politikwissenschaftlich arbeitende Frauen.*

Kulturwissenschaftlich

- differences. A Journal of feminist cultural studies, Durham / NC 1989ff., Web-Adresse: http://www.dukeupress.edu/differences/. *Darstellung und Diskussion von Konzepten und Kategorien der Differenz; fortlaufend seit 1989, seit 1994 auch als Online-Ressource.*

Medienwissenschaftlich

- Camera Obscura. Feminism, culture, and media studies, Durham / NC 1976ff., Web-Adresse: http://cameraobscura.dukejournals.org/. *Fokussiert feministische Perspektiven in den Medienwissenschaften; fortlaufend seit 1976, seit 2000 auch als Online-Ressource.*
- Frauen und Film, Basel / Frankfurt a. M. 1974ff. *Feministische Zeitschrift für Film, Filmkritik und Filmgeschichte; 1974 von Helke Sander gegründet; bis 1983 in Berlin erschienen.*

Literaturwissenschaftlich

- Forum Homosexualität und Literatur, Siegen 1987ff., Web-Adresse: http://www.ph-heidelberg.de/wp/haerle/ab_homli/Forum.html. *Periodikum des Forschungsschwerpunkts Homosexualität und Literatur im Fachbereich Sprach- und Literaturwissenschaften an der Universität-Gesamthochschule Siegen; Veröffentlichung auch von Primärtexten.*

Kunstwissenschaftlich

- Frauen Kunst Wissenschaft – Halbjahreszeitschrift, Marburg 1987ff., Web-Adresse: http://www.frauenkunstwissenschaft.de. *Publikationsorgan für feministische Kunst, Kunstwissenschaft und Kulturarbeit.*

Philosophisch

- **Die Philosophin. Forum für feministische Theorie und Philosophie**, Tübingen 1990–2005, Web-Adresse: http://www.culture. hu-berlin.de/philosophin/. *Fokussiert Theorie- und Diskursgeschichte, Frauen- und Geschlechtergeschichte; erschien 1990 bis 2005.*

Interdisziplinär

- **Feministische Studien – Zeitschrift für interdisziplinäre Frauen- und Geschlechterforschung**, Stuttgart 1982ff., Web-Adresse: http://www.feministische-Studien.de. *Disziplinenübergreifendes Forum für Frauen- und Geschlechterforschung.*

- **Freiburger FrauenStudien. Zeitschrift für interdisziplinäre Frauenforschung**, Freiburg 1995ff., Web-Adresse: http://www.zag.uni-freiburg.de/fff/ffs/zeitschrift.html. *Zeitschrift zur Vorlesungsreihe Freiburger Frauenforschung.*

- **GLQ. A Journal of Lesbian and Gay Studies**, Durham / NC 2000ff., Web-Adresse: http://glq.dukejournals.org/. *Diskussion queerer Fragestellungen in disziplinenübergreifender Perspektive; auch mit Primär-Material zu den Lesbian und Gay Studies.*

- **Potsdamer Studien zur Frauen- und Geschlechterforschung**, hg. v. Potsdamer Studien zur Frauen- und Geschlechterforschung e. V., Potsdam 1997–2006, Web-Adresse: http://www.uni-potsdam.de/u/potsdamerstudien/. *Themenschwerpunkte sind Theorie- und Diskursgeschichte, Film- und Mediengeschichte, Frauen- und Geschlechtergeschichte; wird ab 2006 in lockerer Folge und verändertem Layout weitergeführt.*

- **Querelles-Net. Rezensionszeitschrift für Frauen- und Geschlechterforschung**, hg. v. d. Zentraleinrichtung zur Förderung von Frauen- und Geschlechterforschung an der Freien Universität Berlin, Berlin 2000ff., Web-Adresse: http://www.querelles-net.de/. *Kommentierte Fachinformationen zu Datenbanken, Bibliografien, Einrichtungen; kostenfreies Volltextangebot zu Besprechungen von aktuellen wissenschaftlichen Publikationen und Schwerpunktthemen.*

15.4. Forschungseinrichtungen (exemplarische Auswahl in alphabetischer Folge)

Die im Folgenden aufgeführten Forschungseinrichtungen zielen mit ihrer Arbeit auf eine interdisziplinär und/oder transdisziplinär ausgerichtete Forschung sowie auf deren (institutionelle) Förderung. Sie engagieren sich für eine (internationale) Vernetzung von (Nachwuchs-)Wissenschaftler/inne/n in der Frauen- und Geschlechterforschung sowie für eine Förderung der Kommunikation zwischen Wissenschaft und Praxis. Die Kommentare lehnen sich in Teilen an die Darstellung auf den angegebenen Homepages an.

- **Universität Basel: Zentrum Gender Studies,** Web-Adresse: http://www.genderstudies.unibas.ch/. *Das 2001 gegründete Zentrum besteht als eigenständige Einheit im Departement Gesellschaftswissenschaften und Philosophie der Philosophisch-Historischen Fakultät. Es verfügt über eine eigene Bibliothek. Das Zentrum hat in zwei gesamtschweizerischen Projekten eine leitende Position inne: im Kooperationsprojekt „Gender Studies Schweiz" und im „Gender-Graduiertenkolleg". Die Internetplattform „Gendercampus" ist ein Forum für Informationen und Kommunikation über die Gender Studies und Gleichstellung an Universitäten und Fachhochschulen der Schweiz. Sie ermöglicht die Vernetzung von Nachwuchswissenschaftler/inne/n und bietet Studierenden den Zugriff auf ein nationales Vorlesungsverzeichnis. Arbeitsschwerpunkte liegen derzeit in den Bereichen Familie, Beruf und Sozialisation sowie bei der Queer Theory und den Postcolonial Studies. Im Aufbau begriffen ist ein Schwerpunkt zur Geschlechterforschung in den Naturwissenschaften.*

- **Freie Universität Berlin: Zentraleinrichtung zur Förderung von Frauen- und Geschlechterforschung (ZE),** Web-Adresse: http://www.fu-berlin.de/zefrauen/. *1981 gegründet, unterstützt die Zentraleinrichtung die Integration der Gender Studies in Wissenschaft und Ausbildung. Sie war die erste Einrichtung dieser Art, die an einer bundesdeutschen Universität in den 1980er-Jahren gegründet wurde. 2005 erreichte die Einrichtung den ersten Platz in dem vom Kompetenzzentrum „Frauen in Wissenschaft und Forschung" (CEWS) erstellten Ranking der Hochschulen, das dem Kriterium der Frauenförderung folgt. Ein Schwerpunkt der Förderungsarbeit liegt in der Herausgabe und Betreuung einschlägiger*

Publikationen, u. a. das „Jahrbuch für Frauen- und Geschlechter-forschung" mit dem Titel „Querelles" (seit 1996) und die Online-Rezensionszeitschrift „Querelles-Net" (→ KAPITEL 15.3).

- **Humboldt-Universität zu Berlin: Zentrum für transdisziplinäre Geschlechterstudien,** Web-Adresse: https://www.gender.hu-berlin.de/. *Die Einrichtung führt die Arbeit des Zentrums für interdisziplinäre Frauenforschung an der HU Berlin (ZiF) fort. Sie koordiniert den transdisziplinären Studiengang Gender Studies und stellt eine Infrastruktur für den Austausch, die Forschung und Projekte im Rahmen transdisziplinärer Geschlechterstudien zur Verfügung. Die Homepage ermöglicht, neben vielen anderen Informationsangeboten, einen Zugriff auf eine Genderbibliothek und stellt ein weblog bereit. Verlinkt mit dem Zentrum sind das Graduiertenkolleg „Geschlecht als Wissenskategorie" sowie das „Gender Kompetenz Zentrum" der Humboldt-Universität.*

- **Technische Universität Berlin: Zentrum für Interdisziplinäre Frauen- und Geschlechterforschung (ZIFG),** Web-Adresse: http://www2.tu-berlin.de/zifg/. *Das 1995 von Prof. Dr. Karin Hausen gegründete ZIFG ist ein eigenständiges Zentrum an der Fakultät I, Geisteswissenschaften. Es ist in Berlin das einzige Zentrum für Frauen- und Geschlechterforschung, das in Forschung und Lehre kultur-, geistes- und sozialwissenschaftliche Perspektiven mit denen aus Naturwissenschaft und Technik zusammenführt. An das ZIFG angeschlossen ist der „Techno-Club", der Schülerinnen für natur- und technikwissenschaftliche Studiengänge begeistern will.*

- **Universität Bielefeld: Interdisziplinäres Zentrum für Frauen- und Geschlechterforschung (IFF),** Web-Adresse: http://www.uni-bielefeld.de/IFF/. *Das 1980 gegründete IFF ist eine eigenständige Forschungseinrichtung an der Universität Bielefeld. Es gibt eine eigene IFF-Forschungsreihe heraus. Schwerpunkte der Arbeiten bilden die Themen Organisation und Lebensführung, geschlechtersensible Gewaltforschung, Geschlechterverhältnisse in Mathematik, Natur- und Technikwissenschaften sowie Curriculumsentwicklung/Lehrinnovationen.*

- **Johann Wolfgang Goethe-Universität Frankfurt am Main: Cornelia Goethe Centrum für Frauenstudien und die Erforschung der Geschlechterverhältnisse,** Web-Adresse: http://www.cgc.uni-frankfurt.de/. *Das 1997 gegründete Zentrum ist die erste univer-*

sitäre hessische Einrichtung für Frauenstudien und die Erforschung der Geschlechterverhältnisse. Zu den Gründungsmitgliedern zählen die Professorinnen Ute Gerhard (Soziologie), Susanne Opfermann (Amerikanistik), Brita Rang (Historische Erziehungswissenschaft) und Heide Schlüpmann (Filmwissenschaft). Angeschlossen ist seit 1999 das Graduiertenkolleg „Öffentlichkeiten und Geschlechterverhältnisse. Dimensionen von Erfahrung", das in Kooperation mit der Interdisziplinären Arbeitsgruppe Frauenforschung der Universität Kassel ausgerichtet wird.

- **Justus-Liebig-Universität Gießen: Arbeitsstelle Gender Studies,** Web-Adresse: http://www.uni-giessen.de/genderstudies/portrait.htm. *Die 2005 gegründete Arbeitsstelle widmet sich schwerpunktmäßig den Bereichen Wissenschaftsforschung, Demokratietheorie und -politik, Arbeitsforschung, kulturelle Konstruktionen von Geschlecht, Biopolitik sowie Bildung und Chancengleichheit. Diese Schwerpunkte sind in vier Sektionen gebündelt: Arbeit, Demokratie, Kultur und Natur / Wissenschaft.*

- **Universität Hildesheim: Zentrum für Interdisziplinäre Frauen- und Geschlechterforschung (ZIF),** Web-Adresse: http://zif.fh-hildesheim.de/. *Das 2002 gegründete ZIF ist eine gemeinsame Einrichtung der Fachhochschule Hildesheim / Holzminden / Göttingen und der Universität Hildesheim. Forschungsschwerpunkte des Zentrums sind Organisation und Geschlecht, Geschlechterordnungen sowie Medialität und Geschlecht. In Planung ist ein interdisziplinärer Studiengang für Postgraduierte mit dem Abschluss eines Master of Human Services, der auf die Verknüpfung von Wissenschaft und sozialer Dienstleistung zielt.*

- **Philipps-Universität Marburg: Zentrum für Gender Studies und feministische Zukunftsforschung,** Web-Adresse: http://www.uni-marburg.de/genderzukunft/. *Die Arbeit am Zentrum fokussiert die Zukunftsforschung und hat ihre Schwerpunkte in den Forschungsfeldern Zukunft der Arbeit, Partizipation und gesellschaftliche Transformation; Kommunikation, Medien, Kunst und Kultur; Religion und Geschlecht sowie Körper, Identität und Gesundheit. Das Zentrum koordiniert das Studienprogramm „Gender Studies und feministische Wissenschaft", das mit einem Zertifikat abgeschlossen werden kann. Es organisiert seit 2002 einen Habilitandinnen-Arbeitskreis. Angeschlossen an das Zentrum ist das von der Hans-Böckler-Stiftung sowie den Institutionen für Politikwissenschaft,*

Europäische Ethnologie / Kulturwissenschaft und Soziologie der Philipps-Universität Marburg getragene Graduiertenkolleg „Geschlechterverhältnisse im Spannungsfeld von Arbeit, Politik und Kultur" (ab 2008: „Geschlechterverhältnisse im Spannungsfeld von Arbeit, Organisation und Demokratie").

- **Netzwerk Frauenforschung NRW,** Web-Adresse: http://www.netzwerk-frauenforschung.nrw.de/index.php?lang=de. *Das Netzwerk wird vom Wissenschaftsministerium des Landes Nordrhein-Westfalen unterstützt. Beteiligt sind 40 Professuren (plus ca. 20 assoziierte Professuren) unterschiedlicher Disziplinen an 21 Hochschulen in Nordrhein-Westfalen mit dem Arbeitsschwerpunkt Frauen- und Geschlechterforschung. Die dreisprachige Homepage bietet ein Informationsportal zu Tagungen und Projekten sowie Literatur zu Frauen- und Geschlechterforschung mit inter- und transdisziplinärer Ausrichtung. Eine gezielte Recherche ist mit Hilfe mehrerer Suchfunktionen (u. a. einer Schlagwortliste) leicht möglich.*

- **Universität Trier: Centrum für Postcolonial und Gender Studies,** Web-Adresse: http://www.uni-trier.de/index.php?id=11692. *Das Zentrum verbindet Forschungsfragen aus dem Bereich der Gender Studies mit den Postcolonial Studies, wobei die Analyse medialer Repräsentationen von Alterität im Mittelpunkt steht. Das Zentrum ermöglicht den Erwerb des Zertifikats „Interdisziplinäre Gender Studies", indem es das interdisziplinäre Studienangebot koordiniert.*

- **Universität Wien: Referat Genderforschung,** Web-Adresse: http://www.univie.ac.at/gender/. *Das eigenständige Referat Genderforschung initiiert und betreut das erste österreichische Magisterstudium Gender Studies an der Universität Wien. Im Rahmen des Programms „Forum Gender Schriften" erfasst es Qualifikationsarbeiten an der Universität Wien, die über eine Suchmaschine zu recherchieren sind. Das Referat gibt unter dem Titel „Gendered Subjects" eine eigene Publikationsreihe heraus, die sich jeweils aktuellen Themenschwerpunkten widmet. Es verfügt über einen der bestsortierten Zeitschriftenbestände aus dem Bereich der Frauen- und Geschlechterforschung im deutschsprachigen Raum.*

16 Anhang

16.1 Zitierte Literatur

Angerer / Dorer 1994 Marie-Luise Angerer / Johanna Dorer (Hg.): Gender und Medien. Theoretische Ansätze, empirische Befunde und Praxis der Massenkommunikation. Ein Textbuch zur Einführung, Wien 1994.

Angerer / Peters / Sofoulis 2002 Marie-Luise Angerer / Kathrin Peters / Zoë Sofoulis (Hg.): Future Bodies. Zur Visualisierung von Körpern in Science und Fiction, Wien 2002.

Arendt 1959 Hannah Arendt: Rahel Varnhagen. Lebensgeschichte einer deutschen Jüdin aus der Romantik, München 1959.

Arnold 2006 Heinz Ludwig Arnold (Hg.): Literatur und Migration (Text und Kritik. Sonderband), München 2006.

Assmann 1992 Jan Assmann: Das kulturelle Gedächtnis. Schrift, Erinnerung und politische Identität in frühen Hochkulturen, München 1992.

Assmann 1998 Aleida Assmann: Kanonforschung als Provokation der Literaturwissenschaft, in: Renate von Heydebrand (Hg.), Kanon Macht Kultur. Theoretische, historische und soziale Aspekte ästhetischer Kanonbildung, Stuttgart 1998, S. 47–59.

Assmann 2006 Aleida Assmann: Geschlecht und kulturelles Gedächtnis, in: Freiburger Frauenstudien 19 (2006): Erinnern und Geschlecht, Bd. 1, S. 29–46.

Austin 1972 John L. Austin: Zur Theorie der Sprechakte (How to do Things with Words), Stuttgart 1972.

Axeli-Knapp 1995 Gudrun Axeli-Knapp: Unterschiede machen: Zur Sozialpsychologie der Hierarchisierung im Geschlechterverhältnis, in: Regina Becker-Schmidt / Gudrun-Axeli Knapp (Hg.), Das Geschlechterverhältnis als Gegenstand der Sozialwissenschaften, Frankfurt a. M. 1995, S. 163–194.

Bal 1991 Mieke Bal: Reading „Rembrandt". Beyond the Word-Image Opposition, Cambridge 1991.

BauSteineMänner 1996 BauSteineMänner (Hg.): Kritische Männerforschung. Neue Ansätze in der Geschlechtertheorie, Berlin / Hamburg 1996.

Beauvoir 1968 Simone de Beauvoir: Das andere Geschlecht. Sitte und Sexus der Frau, Reinbek bei Hamburg 1968.

Benhabib 1993 Seyla Benhabib: Feminismus und Postmoderne. Ein prekäres Bündnis, in: dies. / Judith Butler / Drucilla Cornell / Nancy Fraser (Hg.), Der Streit um Differenz. Feminismus und Postmoderne in der Gegenwart, Frankfurt a. M. 1993, S. 9–30.

Benhabib 1995 Seyla Benhabib: Selbst im Kontext. Kommunikative Ethik im Spannungsfeld von Feminismus, Kommunitarismus und Postmoderne, Frankfurt a. M. 1995.

Bennett / Woollacott 1987 Tony Bennett / Janet Woollacott: Bond and Beyond. The Political Career of a Popular Hero, Basingstoke 1987.

Benthien / Stephan 2003 Claudia Benthien / Inge Stephan (Hg.): Männlichkeit als Maskerade. Kulturelle Inszenierungen vom Mittelalter bis zur Gegenwart, Köln / Weimar / Wien 2003.

Berg / Jochimsen / Stiegler 1996 Nicolas Berg / Jess Jochimsen / Bernd Stiegler (Hg.): Shoah. Formen der Erinnerung. Geschichte, Philosophie, Literatur, Kunst, München 1996.

Bhabha 2000 Homi K. Bhabha: Die Verortung der Kultur. Mit einem Vorwort von Elisabeth Bronfen, Tübingen 2000.

Bhavnani 2001 Kum-Kum Bhavnani (Hg.): Feminism and „Race", Oxford 2001.

Bly 1991 Robert Bly: Eisenhans. Ein Buch über Männer, München 1991.

Boa 1996 Elizabeth Boa: Kafka. Gender, Class, and Race in the Letters and Fictions, Oxford 1996.

Bogdal 1993 Klaus-Michael Bogdal: Eliminatorische Normalisierungen. Lebensläufe von ‚Zigeunern' in narrativen Texten, in: Ute Gerhard / Walter Grünzweig / Jürgen Link / Rolf Parr (Hg.), (Nicht)normale Fahrten. Faszinationen eines modernen Narrationstyps, Heidelberg 1993, S. 157–167.

Bordwell / Staiger / Thompson 1985 David Bordwell / Janet Staiger / Kristin Thompson: The classical Hollywood cinema: Film style and mode of production to 1960, London 1985.

Bovenschen 1979 Silvia Bovenschen: Die imaginierte Weiblichkeit. Exemplarische Untersuchungen zu kulturgeschichtlichen und literarischen Präsentationsformen des Weiblichen, Frankfurt a. M. 1979.

Brandes 1990 Helga Brandes: Der Frauenroman und die literarisch-publizistische Öffentlichkeit im 18. Jahrhundert, in: Helga Gallas / Magdalene Heuser (Hg.), Untersuchungen zum Roman von Frauen um 1800, Tübingen 1990, S. 41–51.

Brandes 2001 / 02 Holger Brandes: Der männliche Habitus, 2 Bde.; Bd. 1: Männer unter sich. Männergruppen und männliche Identität, Opladen 2001; Bd. 2: Männerforschung und Männerpolitik, Opladen 2002.

Brauerhoch u. a. 1994 Annette Brauerhoch / Gertrud Koch / Renate Lippert / Heide Schlüpmann: Frauen und Film 54 / 55 (1994): Ethnos und Geschlecht.

Braun 1985 Christina von Braun: Nicht ich: Logik, Lüge, Libido, Frankfurt a. M. 1985.

Braun / Stephan 2000 Christina von Braun / Inge Stephan (Hg.): Gender Studien. Eine Einführung, Stuttgart / Weimar 2000.

Braun / Stephan 2005 Christina von Braun / Inge Stephan (Hg.): Gender@Wissen. Ein Handbuch der Gender-Theorien, Köln / Weimar / Wien 2005.

Breger 1998 Claudia Breger: Ortlosigkeit des Fremden. „Zigeunerinnen" und „Zigeuner" in der deutschsprachigen Literatur um 1800, Köln 1998.

Brinker-Gabler 1988 Gisela Brinker-Gabler (Hg.): Deutsche Literatur von Frauen, 2 Bde., München 1988.

Brinker-Gabler 1998 Gisela Brinker-Gabler: Vom nationalen Kanon zur postnationalen Konstellation, in: Renate von Heydebrand (Hg.), Kanon Macht Kultur. Theoretische, historische und soziale Aspekte ästhetischer Kanonbildung, Stuttgart 1998, S. 78–96.

Bronfen 1994 Elisabeth Bronfen: Nur über ihre Leiche. Tod, Weiblichkeit und Ästhetik, München 1994.

Bronfen 1998 Elisabeth Bronfen: Das verknotete Subjekt. Hysterie in der Moderne, Berlin 1998.

Bronfen 1999 Elisabeth Bronfen: Heimweh: Illusionsspiele in Hollywood, Berlin 1999.

Bronfen 2004 Elisabeth Bronfen: „You've got a great big dollar sign where most women have a heart". Refigurationen der Femme fatale im Film Noir der 80er- und 90er-Jahre, in: Claudia Liebrand / Ines Steiner (Hg.), Hollywood Hybrid. Genre und Gender im zeitgenössischen Mainstream-Film, Marburg 2004, S. 91–135.

Bronfen / Benjamin / Steffen 1997 Elisabeth Bronfen / Marius Benjamin / Therese Steffen (Hg.): Hybride Kulturen. Beiträge zur anglo-amerikanischen Multikulturalismusdebatte, Tübingen 1997.

Bürger 1990 Christa Bürger: Leben Schreiben. Die Klassik, die Romantik und der Ort der Frauen, Stuttgart 1990.

Bußmann / Hof 1995   Hadumod Bußmann / Renate Hof (Hg.): Genus. Zur Geschlechterdifferenz in den Kulturwissenschaften, Stuttgart 1995.

Butler 1991   Judith Butler: Das Unbehagen der Geschlechter, Frankfurt a. M. 1991.

Butler 1995   Judith Butler: Körper von Gewicht. Die diskursiven Grenzen des Geschlechts, Berlin 1995.

Butler 1998   Judith Butler: Hass spricht. Zur Politik des Performativen, Berlin 1998.

Butler 2001   Judith Butler: Antigones Verlangen. Verwandtschaft zwischen Leben und Tod, Frankfurt a. M. 2001.

Butler 2003   Judith Butler: Imitation und die Aufsässigkeit der Geschlechtsidentität, in: Andreas Kraß (Hg.), Queer denken. Gegen die Ordnung der Sexualität. Queer Studies, Frankfurt a. M. 2003, S. 144–168.

Cixous 1976   Hélène Cixous: Schreiben, Feminität, Veränderung, in: Das Lächeln der Medusa. Alternative 108 / 109 (1976), S. 134–154.

Connell 2005   Robert W. Connell: Masculinities. Second Edition, Cambridge 2005.

Delgado / Stefancic 1997   Richard Delgado / Jean Stefancic (Hg.): Critical White Studies. Looking behind the Mirror, Philadelphia 1997.

Derrida 1986   Jacques Derrida: Sporen. Die Stile Nietzsches, in: Werner Hamacher (Hg.), Nietzsche aus Frankreich, Frankfurt a. M. / Berlin 1986, S. 129–168.

Derrida 1995   Jacques Derrida: Limited inc., Wien 1995.

Doane 1994   Mary Ann Doane: Film und Maskerade: Zur Theorie des weiblichen Zuschauers, in: Liliane Weissberg (Hg.), Weiblichkeit als Maskerade, Frankfurt a. M. 1994, S. 66–89.

Duden 1993   Barbara Duden: „Die Frau ohne Unterleib". Zu Judith Butlers Entkörperung. Ein Zeitdokument, in: Feministische Studien 11 / 2 (1993): Kritik der Kategorie *Geschlecht*, S. 24–33.

Eagleton 1994   Terry Eagleton: Einführung in die Literaturtheorie, Stuttgart 1994.

Ellis 1982   John Ellis: Visible Fictions, London 1982.

Elsaghe 1995   Yahya Elsaghe: Wilhelm Meisters letzter Brief. Homosexualität und Nekrophilie bei Goethe. Mit einem Auszug aus Goethes *Wilhelm Meisters Wanderjahre*, in: Forum Homosexualität und Literatur 24 (1995), S. 5–36.

Engel 2002   Antke Engel: Wider die Eindeutigkeit. Sexualität und Geschlecht im Fokus queerer Politik der Repräsentation, Frankfurt a. M. 2002.

Erhart 2001   Walter Erhart: Familienmänner. Über den literarischen Ursprung moderner Männlichkeit, München 2001.

Erhart / Herrmann 1996   Walter Erhart / Britta Herrmann: Feministische Zugänge – ‚Gender Studies', in: Heinz Ludwig Arnold / Heinrich Detering (Hg.), Grundzüge der Literaturwissenschaft, München 1996, S. 498–515.

Erhart / Herrmann 1997   Walter Erhart / Britta Herrmann: Der erforschte Mann?, in: dies. (Hg.), Wann ist der Mann ein Mann? Zur Geschichte der Männlichkeit, Stuttgart / Weimar 1997, S. 3–31.

Erll / Seibel 2004   Astrid Erll / Klaudia Seibel: Gattungen, Formtraditionen und kulturelles Gedächtnis, in: Vera Nünning / Ansgar Nünning (Hg.), Erzählanalyse und Gender Studies, Stuttgart / Weimar 2004.

Eschebach / Jacobeit / Wenk 2002   Insa Eschebach / Sigrid Jacobeit / Silke Wenk (Hg.): Gedächtnis und Geschlecht. Deutungsmuster in Darstellungen des nationalsozialistischen Genozids, Frankfurt a. M. / New York 2002.

Fausto-Sterling 1985   Anne Fausto-Sterling: Myths of Gender, New York 1985.

Felman 1992   Shoshana Felman: Weiblichkeit wiederlesen, in: Barbara Vinken (Hg.), Dekonstruktiver Feminismus. Literaturwissenschaft in Amerika, Frankfurt a. M. 1992, S. 33–61.

Fischer-Lichte 1997   Erika Fischer-Lichte: Die Entdeckung des Zuschauers. Paradigmenwechsel auf dem Theater des 20. Jahrhunderts, Tübingen 1997.

Fischer-Lichte 2004   Erika Fischer-Lichte: Ästhetik des Performativen, Frankfurt a. M. 2004.

Fischer-Lichte/Lehnert 2000   Erika Fischer-Lichte/Gertrud Lehnert: Der Sonderforschungsbereich „Kulturen des Performativen", in: Paragrana. Internationale Zeitschrift für Historische Anthropologie, hg. v. Interdisziplinäres Zentrum für Historische Anthropologie, Freie Universität Berlin, Band 9 (2000), S. 9–19.

Foucault 1974   Michel Foucault: Die Ordnung des Diskurses, München 1974.

Foucault 1976   Michel Foucault: Überwachen und Strafen. Die Geburt des Gefängnisses, Frankfurt a. M. 1976.

Foucault 1977   Michel Foucault: Sexualität und Wahrheit, Bd. 1: Der Wille zum Wissen, Frankfurt a. M. 1977.

Foucault 1998   Michel Foucault: Über Hermaphrodismus. Herculine Barbin, Frankfurt a. M. 1998.

Fox Keller 1995   Evelyn Fox Keller: Geschlecht und Wissenschaft: Eine Standortbestimmung, in: Barbara Orland/Elvira Scheich (Hg.), Das Geschlecht der Natur. Feministische Beiträge zur Geschichte und Theorie der Naturwissenschaften, Frankfurt a. M. 1995, S. 64–91.

Freud 1969   Sigmund Freud: Die Weiblichkeit, in: ders., Studienausgabe, hg. v. Alexander Mitscherlich, Angela Richards u. James Strachey, Bd. 1: Vorlesungen zur Einführung der Psychoanalyse, Frankfurt a. M. 1969, S. 544–565.

Freud 1994   Sigmund Freud: Das Unbehagen in der Kultur. Und andere kulturtheoretische Schriften, Frankfurt a. M. 1994.

Frevert 1996   Ute Frevert: Soldaten, Staatsbürger. Überlegungen zur historischen Konstruktion von Männlichkeit, in: Thomas Kühne (Hg.), Männergeschichte – Geschlechtergeschichte. Männlichkeit im Wandel der Moderne, Frankfurt a. M./New York 1996, S. 69–87.

Friedrichsmeyer/Lennox/Zantop 1998   Sara Friedrichsmeyer/Sara Lennox/Susanne Zantop: The Imperialist Imagination. German Colonialism and Its Legacy, Ann Arbor 1998.

Frisch 2003   Max Frisch: Stiller, Frankfurt a. M. 39. Aufl. 2003.

Gamman/Marshment 1988   Lorraine Gamman/Margaret Marshment (Hg.): The Female Gaze. Women as Viewers of Popular Culture, London 1988.

Gandhi 1998   Leela Gandhi: Postcolonial Theory. A critical Introduction, Edinburgh 1998.

Garber 1993   Marjorie Garber: Verhüllte Interessen. Transvestismus und kulturelle Angst, Frankfurt a. M. 1993.

Garber 2000   Marjorie Garber: Die Vielfalt des Begehrens. Bisexualität von der Antike bis heute, Frankfurt a. M. 2000.

Gardiner 2002   Judith Kegan Gardiner (Hg.): Masculinity Studies and Feminist Theory, New York 2002.

Gebauer/Wulf 1998   Gunter Gebauer/Christoph Wulf: Spiel, Ritual, Geste. Mimetisches Handeln in der sozialen Welt, Reinbek bei Hamburg 1998.

Gilman 1986   Sander L. Gilman: Jewish self-hatred. Anti-semitism and the hidden language of the Jews, Baltimore 1986.

Gilman 1994   Sander L. Gilman: Freud, Identität und Geschlecht, Frankfurt a. M. 1994.

Gnüg / Möhrmann 1989 Hiltrud Gnüg / Renate Möhrmann (Hg.): Frauen Literatur Geschichte. Schreibende Frauen vom Mittelalter bis zur Gegenwart, vollst. neubearb. u. erw. Aufl., Stuttgart 1989.

Gölter 2003 Waltraud Gölter: Langage tangage. Schriften zur feministischen Psychoanalyse, zur Autobiographie und zu Michel Leiris, hg. v. Claudia Liebrand u. Ursula Renner, Freiburg 2003.

Gombrich 1992 Ernst H. Gombrich: Aby Warburg. Eine intellektuelle Biographie, Hamburg 1992.

Greenblatt 1993 Stephen Greenblatt: Verhandlungen mit Shakespeare. Innenansichten der englischen Renaissance, Frankfurt a. M. 1993.

Günter 2006 Manuela Günter: Im Vorhof der Kunst. Mediengeschichten der Literatur im 19. Jahrhundert. Habilitationsschrift (Manuskript), Köln 2006.

Hahn 1991 Barbara Hahn: Unter falschem Namen. Von der schwierigen Autorschaft der Frauen, Frankfurt a. M. 1991.

Hahn 1994 Barbara Hahn: Brief und Werk. Zur Konstitution von Autorschaft um 1800, in: Ina Schabert / Barbara Schaff (Hg.), Autorschaft. Genus und Genie in der Zeit um 1800, Berlin 1994, S. 145–156.

Halbwachs 1967 Maurice Halbwachs: Das kollektive Gedächtnis, Stuttgart 1967.

Hall / Whannel 1964 Stuart Hall / Paddy Whannel: The Popular Arts, London u. a. 1964.

Hammer / Stieß 1995 Carmen Hammer / Immanuel Stieß: Einleitung, in: Donna Haraway, Die Neuerfindung der Natur. Primaten, Cyborgs und Frauen, hg. u. eingeleitet v. Carmen Hammer u. Immanuel Stieß, Frankfurt a. M. / New York 1995, S. 9–31.

Haraway 1995a Donna Haraway: Die Neuerfindung der Natur. Primaten, Cyborgs und Frauen, hg. und eingeleitet v. Carmen Hammer u. Immanuel Stieß, Frankfurt a. M. / New York 1995.

Haraway 1995b Donna Haraway: Primatologie ist Politik mit anderen Mitteln, in: Barbara Orland / Elvira Scheich (Hg.), Das Geschlecht der Natur. Feministische Beiträge zur Geschichte und Theorie der Naturwissenschaften, Frankfurt a. M. 1995, S. 136–198.

Haraway 1995c Donna Haraway: Monströse Versprechen. Coyote-Geschichten zu Feminismus und Technowissenschaft, Hamburg, Berlin 1995.

Harding 1994 Sandra Harding: Das Geschlecht des Wissens. Frauen denken die Wissenschaft neu, Frankfurt a. M. / New York 1994.

Hark 1993 Ina Rae Hark: Animals or Romans. Looking at masculinity in *Spartacus*, in: Steven Cohan / dies. (Hg.), Screening the male. Exploring masculinities in Hollywood cinema, London / New York 1993, S. 151–172.

Hark 1996 Sabine Hark (Hg.): Grenzen lesbischer Identitäten, Berlin 1996.

Hausen 1978 Karin Hausen: Die Polarisierung der „Geschlechtscharaktere" – Eine Spiegelung der Dissoziation von Erwerbs- und Familienleben, in: Werner Conze (Hg.), Sozialgeschichte der Familie in der Neuzeit Europas, Stuttgart 1978, S. 363–393.

Hecker 2000 Kristine Hecker: Die Frauen in den frühen Commedia dell'Arte-Truppen, in: Renate Möhrmann (Hg.), Die Schauspielerin. Zur Kulturgeschichte der weiblichen Bühnenkunst, Frankfurt a. M. / Leipzig 2000, S. 33–67.

Heydebrand 1998 Renate von Heydebrand: Kanon Macht Kultur – Versuch einer Zusammenfassung, in: dies. (Hg.), Kanon Macht Kultur. Theoretische, historische und soziale Aspekte ästhetischer Kanonbildung, Stuttgart 1998, S. 612–626.

Hill 1997 Mike Hill (Hg.): Whiteness. A Critical Reader, New York / London 1997.

Hille 2005 Almut Hille: Identitätskonstruktionen. Die „Zigeunerin" in der deutschsprachigen Literatur des 20. Jahrhunderts, Würzburg 2005.

Hofmann 2006   Michael Hofmann: Interkulturelle Literaturwissenschaft. Eine Einführung, Paderborn 2006.

Honegger 1991   Claudia Honegger: Die Ordnung der Geschlechter. Die Wissenschaften vom Menschen und das Weib 1750–1850, Frankfurt a. M. / New York 1991.

Honold / Scherpe 2004   Alexander Honold / Klaus R. Scherpe: Mit Deutschland um die Welt. Eine Kulturgeschichte des Fremden in der Kolonialzeit, Stuttgart / Weimar 2004.

Hooks 1981   Bell Hooks: Ain't I a Woman. Black Women and Feminism, Boston 1981.

Hooks 1990   Bell Hooks: Yearning: Race, Gender, and cultural politics, Boston 1990.

Horkheimer / Adorno 1947   Max Horkheimer / Theodor W. Adorno: Dialektik der Aufklärung, Amsterdam 1947.

Irigaray 1980   Luce Irigaray: Speculum. Spiegel des anderen Geschlechts, Frankfurt a. M. 1980.

Irigaray 1989   Luce Irigaray: Körper an Körper mit der Mutter, in: dies., Genealogie der Geschlechter, Freiburg 1989, S. 25–46.

Jagose 2001   Annamarie Jagose: Queer Theory. Eine Einführung, Berlin 2001.

Jeffords 1994   Susan Jeffords: Hard Bodies. Hollywood Masculinity in the Reagan Era, New Brunswick / New Jersey 1994.

Kaiser / Kittler 1978   Gerhard Kaiser / Friedrich A. Kittler: Dichtung als Sozialisationsspiel. Studien zu Goethe und Gottfried Keller, Göttingen 1978.

Kaltenecker 1996   Siegfried Kaltenecker: Spiegelformen. Männlichkeit und Differenz im Kino, Basel 1996.

Kammler 1986   Clemens Kammler: Michel Foucault. Eine kritische Analyse seines Werks, Bonn 1986.

Kant 1784   Immanuel Kant: Beantwortung der Frage: Was ist Aufklärung?, in: Berlinische Monatsschrift 4 (1784), S. 481–494.

Kaplan 1997   E. Ann Kaplan: Looking for the Other. Feminism, Film, and the Imperial Gaze, New York / London 1997.

Kimmich 2003   Dorothee Kimmich: Kultur statt Frauen? Zum Verhältnis von Gender Studies und Kulturwissenschaften, in: Freiburger Frauenstudien 12 (2003), S. 31–47.

Kittler 1986   Friedrich A. Kittler: Grammophon, Film, Typewriter, Berlin 1986.

Klinger 1998   Cornelia Klinger: Liberalismus – Marxismus – Postmoderne. Der Feminismus und seine glücklichen oder unglücklichen „Ehen" mit verschiedenen Theorieströmungen im 20. Jahrhundert, in: Antje Hornscheidt / Gabriele Jähnert / Annette Schlichter (Hg.), Kritische Differenzen – geteilte Perspektiven. Zum Verhältnis von Feminismus und Postmoderne, Opladen 1998, S. 18–41.

Korte 2002   Hermann Korte: Historische Kanonforschung und Verfahren der Textauswahl, in: Klaus-Michael Bogdal / ders. (Hg.), Grundzüge der Literaturdidaktik, München 2002, S. 61–77.

Koschorke 1998   Albrecht Koschorke: Geschlechterpolitik und Zeichenökonomie. Zur Geschichte der deutschen Klassik vor ihrer Entstehung, in: Renate von Heydebrand (Hg.), Kanon Macht Kultur. Theoretische, historische und soziale Aspekte ästhetischer Kanonbildung, Stuttgart 1998, S. 581–599.

Kraß 2003   Andreas Kraß (Hg.): Queer Denken. Gegen die Ordnung der Sexualität. Queer Studies, Frankfurt a. M. 2003.

Kristeva 1978   Julia Kristeva: Die Revolution der poetischen Sprache, Frankfurt a. M. 1978.

Krobb 1993   Florian Krobb: Die schöne Jüdin. Jüdische Frauengestalten in der deutschsprachigen Erzählliteratur vom 17. Jahrhundert bis zum Ersten Weltkrieg, Tübingen 1993.

Kublitz-Kramer / Neuland 1996   Maria Kublitz-Kramer / Eva Neuland: Einleitung, in: Der Deutsch-unterricht 1 (1996), Differenzen – diesseits und jenseits von Geschlechterfixierungen, S. 5–8.

Kühne 1996   Thomas Kühne: Männergeschichte als Geschlechtergeschichte, in: ders. (Hg.), Männer-geschichte – Geschlechtergeschichte. Männlichkeit im Wandel der Moderne, Frankfurt a. M. / New York 1996, S. 7–30.

Kugler 2004   Stefani Kugler: Kunst-Zigeuner. Konstruktionen des „Zigeuners" in der deutschen Lite-ratur der ersten Hälfte des 19. Jahrhunderts, Trier 2004.

Kundrus 2003   Birthe Kundrus (Hg.): Phantasiereiche. Zur Kulturgeschichte des deutschen Kolonialis-mus, Frankfurt a. M. / New York 2003.

Lacan 1991   Jacques Lacan: Das Spiegelstadium als Bildner der Ichfunktion, in: ders., Schriften I, hg. v. Norbert Haas, Weinheim / Berlin 1991, S. 61–70.

Lamott 2001   Franziska Lamott: Die vermessene Frau. Hysterien um 1900, München 2001.

Landweer 1994   Hilge Landweer: Jenseits des Geschlechts? Zum Phänomen der theoretischen und politischen Fehleinschätzung von Travestie und Transsexualität, in: Institut für Sozialforschung Frank-furt (Hg.), Geschlechterverhältnisse und Politik, Frankfurt a. M. 1994, S. 139–167.

Laqueur 1992   Thomas Laqueur: Auf den Leib geschrieben. Die Inszenierung der Geschlechter von der Antike bis Freud, Frankfurt a. M. / New York 1992.

Lauretis 1996   Teresa de Lauretis: Die andere Szene. Psychoanalyse und lesbische Sexualität, Berlin 1996.

Lauretis 2003:   Teresa de Lauretis: Sexuelle Indifferenz und lesbische Repräsentation, in: Andreas Kraß (Hg.), Queer denken. Gegen die Ordnung der Sexualität. Queer Studies, Frankfurt a. M. 2003, S. 80–112.

Lehmann 1999   Hans-Thies Lehmann: Postdramatisches Theater. Essay, Frankfurt a. M. 1999.

Lehmstedt 2001   Mark Lehmstedt: Deutsche Literatur von Frauen. Von Catharina von Greiffenberg bis Franziska von Reventlow, Digitale Bibliothek, Berlin 2001.

Lehnert 1997   Gertrud Lehnert: Wenn Frauen Männerkleider tragen. Geschlecht und Maskerade in Literatur und Geschichte, München 1997.

Liebrand 1999a   Claudia Liebrand: „Als Frau lesen?", in: Heinrich Bosse / Ursula Renner (Hg.), Lite-raturwissenschaft. Einführung in ein Sprachspiel, Freiburg 1999, S. 385–400.

Liebrand 1999b   Claudia Liebrand: Prolegomena zu *cross-dressing* und Maskerade. Zu Konzepten Joan Rivieres, Judith Butlers und Marjorie Garbers – mit einem Seitenblick auf David Cronenbergs Film *M. Butterfly*, in: Freiburger Frauenstudien 5 (1999), S. 17–31.

Liebrand 2001   Claudia Liebrand: Jahrhundertproblem im Jahrhundertroman. Die ‚Frauenfrage' in Elias Canettis *Die Blendung*, in: Thomas Mann Jahrbuch 14 (2001), S. 27–48.

Liebrand 2003   Claudia Liebrand: Gender-Topographien. Kulturwissenschaftliche Lektüren von Hol-lywoodfilmen der Jahrhundertwende, Köln 2003.

Liebrand / Steiner 2004   Claudia Liebrand / Ines Steiner (Hg.): Hollywood Hybrid. Genre und Gender im zeitgenössischen Mainstream-Film, Marburg 2004.

Lindemann 1993   Gesa Lindemann: Das paradoxe Geschlecht. Transsexualität im Spannungsfeld von Körper, Leib und Gefühl, Frankfurt a. M. 1993.

Lindhoff 1995   Lena Lindhoff: Einführung in die feministische Literaturtheorie, Stuttgart 1995.

Liska 2002   Vivian Liska: Eine kritische Bestandsaufnahme: Von feministischer Literaturwissenschaft zu kulturwissenschaftlichen Gender Studies, in: Katharina Baisch / Ines Kappert / Marianne Schuller /

Elisabeth Strowick/Ortrud Gutjahr (Hg.), Gender Revisited. Subjekt- und Politikbegriffe in Kultur und Medien, Stuttgart/Weimar 2002, S. 3–29.

Lorey 1995 Isabell Lorey: Immer Ärger mit dem Subjekt. Warum Judith Butler provoziert, in: Erika Haas (Hg.), Verwirrung der Geschlechter. Dekonstruktion und Feminismus, München/Wien 1995, S. 19–34.

Loster-Schneider/Pailer 2006 Gudrun Loster-Schneider/Gaby Pailer (Hg.): Lexikon deutschsprachiger Epik und Dramatik von Autorinnen (1730–1900), Tübingen 2006.

Lott 1997 Eric Lott: The Whiteness of Film Noir, in: Mike Hill (Hg.), Whiteness. A Critical Reader, New York/London 1997, S. 81–101.

Lubkoll 1991 Christine Lubkoll: In den Kasten gesteckt: Goethes *Neue Melusine*, in: Irmgard Roebling (Hg.), Sehnsucht und Sirene, Pfaffenweiler 1991, S. 49–64.

Marti 1988 Urs Marti: Michel Foucault, München 1988.

Martschukat/Stieglitz 2005 Jürgen Martschukat/Olaf Stieglitz: „Es ist ein Junge!". Einführung in die Geschichte der Männlichkeit in der Neuzeit, Tübingen 2005.

Meuser 1998 Michael Meuser: Geschlecht und Männlichkeit. Soziologische Theorie und kulturelle Deutungsmuster, Opladen 1998.

Meuser 2000 Michael Meuser: Perspektiven einer Soziologie der Männlichkeit, in: Doris Janshen (Hg.), Blickwechsel. Der neue Dialog zwischen Frauen- und Männerforschung, Frankfurt a. M./New York 2000, S. 47–78.

Milich 1998 Klaus J. Milich: Feminismus und Postmoderne. Zur Notwendigkeit einer kulturhistorischen Verortung, in: Antje Hornscheidt/Gabriele Jähnert/Annette Schlichter (Hg.), Kritische Differenzen – geteilte Perspektiven. Zum Verhältnis von Feminismus und Postmoderne, Opladen 1998, S. 42–73.

Millett 1971 Kate Millett: Sexus und Herrschaft. Die Tyrannei des Mannes in der Gesellschaft, München 1971.

Mitchell 1976 Juliet Mitchell: Psychoanalyse und Feminismus. Freud, Reich, Laing und die Frauenbewegung, Frankfurt a. M. 1976.

Möhrmann 2000 Renate Möhrmann (Hg.): Die Schauspielerin. Zur Kulturgeschichte der weiblichen Bühnenkunst, Frankfurt a. M./Leipzig 2000.

Moi 1996 Toril Moi: Simone de Beauvoir. Die Psychographie einer Intellektuellen, Frankfurt a. M. 1996.

Morrien 2001 Rita Morrien: Sinn und Sinnlichkeit. Der weibliche Körper in der deutschen Literatur der Bürgerzeit, Köln 2001.

Müller/Schütting 2006 Sabine Lucia Müller/Sabine Schütting (Hg.): Geschlechter-Revisionen. Zur Zukunft von Feminismus und Gender Studies in den Kultur- und Literaturwissenschaften, Königstein/Ts. 2006.

Mulvey 1994 Laura Mulvey: Visuelle Lust und narratives Kino, in: Liliane Weisberg (Hg.), Weiblichkeit als Maskerade, Frankfurt a. M. 1994, S. 48–65.

Neale 1993 Steve Neale: Masculinity as Spectacle. Reflections on Men and Mainstream Cinema, in: Steven Cohan/Ina Rae Hark (Hg.), Screening the Male. Exploring Masculinities in Hollywood Cinema, London/New York 1993, S. 9–20.

Neale 2000 Steve Neale: Genre and Hollywood, London/New York 2000.

Nieberle/Strowick 2006 Sigrid Nieberle/Elisabeth Strowick: Narration und Geschlecht. Texte – Medien – Episteme, Köln 2006.

Nünning / Nünning: 2004 Vera Nünning / Ansgar Nünning: Erzähltextanalyse und Gender Studies, Stuttgart / Weimar 2004.

Öhlschläger 2005 Claudia Öhlschläger: Gedächtnis, in: Christina von Braun / Inge Stephan (Hg.), Gender@Wissen. Ein Handbuch der Gender-Theorien, Köln / Weimar / Wien 2005, S. 239–260.

Orland / Scheich 1995 Barbara Orland / Elvira Scheich: Women in Science – Gender and Science. Ansätze feministischer Naturwissenschaftskritik im Überblick, in: dies. (Hg.), Das Geschlecht der Natur. Feministische Beiträge zur Geschichte und Theorie der Naturwissenschaften, Frankfurt a. M. 1995, S. 13–63.

Osinski 1998 Jutta Osinski: Einführung in die feministische Literaturwissenschaft, Berlin 1998.

Penkwitt 2006 Meike Penkwitt: Einleitung, in: dies. (Hg.): Freiburger Frauenstudien 19 (2006): Erinnern und Geschlecht Bd. 1, Freiburg 2006, S. 1–26.

Penkwitt 2006 / 07 Meike Penkwitt (Hg.): Freiburger Frauenstudien 19 / 20 (2006 / 07): Erinnern und Geschlecht, 2 Bde., Freiburg 2006, 2007.

Pfister 1982 Manfred Pfister: Das Drama. Theorie und Analyse, München 1982.

Riviere 1994 Joan Riviere: Weiblichkeit als Maskerade, in: Liliane Weissberg (Hg.), Weiblichkeit als Maskerade, Frankfurt a. M. 1994, S. 34–47.

Rohde-Dachser 1991 Christa Rohde-Dachser: Expedition in den dunklen Kontinent. Weiblichkeit im Diskurs der Psychoanalyse, Berlin / Heidelberg 1991.

Rousseau 1969 Jean-Jacques Rousseau: Julie oder Die neue Heloise. Briefe zweier Liebender aus einer kleinen Stadt am Fuße der Alpen, 2 Bde., Berlin 1969.

Rousseau 1970 Jean-Jacques Rousseau: Émile oder über die Erziehung, Stuttgart 1970.

Rubin 1975 Gayle S. Rubin: The traffic in women: notes on the „political economy" of sex, in: Rayna R. Reiter (Hg.), Toward an anthropology of women, New York 1975, S. 157–210.

Rubin 2003 Gayle S. Rubin: Sex denken: Anmerkungen zu einer radikalen Theorie der sexuellen Politik, in: Andreas Kraß (Hg.), Queer Denken. Gegen die Ordnung der Sexualität. Queer Studies, Frankfurt a. M. 2003, S. 31–79.

Runte 1996 Annette Runte: Biographische Operationen. Diskurse der Transsexualität, München 1996.

Runte 2006 Annette Runte: Über die Grenze. Zur Kulturpoetik der Geschlechter in Literatur und Kunst, Bielefeld 2006.

Said 1981 Edward W. Said: Orientalismus, Frankfurt a. M. / Berlin / Wien 1981.

Sauerland 1989 Karol Sauerland: Kann und darf das Volk herrschen? Bemerkungen zu Goethes, Schillers, Kants und Friedrich Schlegels Auffassungen von Volk und Volksherrschaft zwischen 1790 und 1800, in: Siegfried Streller (Hg.), Literatur zwischen Revolution und Restauration. Studien zu literarischen Wechselbeziehungen in Europa zwischen 1789 und 1835, Berlin / Weimar 1989, S. 12–28.

Schlaffer 1993 Hannelore Schlaffer: Poetik der Novelle, Stuttgart 1993.

Schlegel 1919 Friedrich Schlegel: Lucinde, Leipzig 1919.

Schlegel 1966 Friedrich Schlegel: Versuch über den Begriff des Republikanismus, veranlaßt durch die Kantische Schrift zum ewigen Frieden, in: Ernst Behler (Hg.), Kritische Friedrich-Schlegel-Ausgabe, Bd. 7: Studien zur Geschichte und Politik, München u. a. 1966, S. 11–25.

Schlesier 1981 Renate Schlesier: Konstruktionen der Weiblichkeit bei Sigmund Freud. Zum Problem von Entmythologisierung und Remythologisierung in der psychoanalytischen Theorie, Frankfurt a. M. 1981.

Schlüpmann 1990 Heide Schlüpmann: Unheimlichkeit des Blicks. Das Drama des frühen deutschen Kinos, Frankfurt a. M. 1990.

Schmale 1998 Wolfgang Schmale: Einleitung: *Gender Studies*, Männergeschichte, Körpergeschichte, in: ders. (Hg.), MannBilder. Ein Lese- und Quellenbuch zur historischen Männerforschung, Berlin 1998, S. 7–33.

Schmerl u. a. 2000 Christiane Schmerl / Stefanie Soine / Marlene Stein-Hilbers / Birgitta Wrede: Sexuelle Szenen. Inszenierungen von Geschlecht und Sexualität in modernen Gesellschaften, Opladen 2000.

Schößler 2004a Franziska Schößler: Augen-Blicke. Erinnerung, Zeit und Geschichte in Dramen der neunziger Jahre, Tübingen 2004.

Schößler 2004b Franziska Schößler: Max Frisch, Stiller. Ein Roman. Interpretationen, München 2004.

Schößler 2006a Franziska Schößler: Literaturwissenschaft als Kulturwissenschaft, Tübingen 2006.

Schößler 2006b Franziska Schößler: „Sinn egal. Körper zwecklos". Elfriede Jelineks Demontage des (männlichen) Theaterbetriebs, in: Der Deutschunterricht 4 (2006): Autorinnen, hg. v. Irmela von der Lühe, S. 46–55.

Schuller 1979 Marianne Schuller: Literarische Szenerien und ihre Schatten. Orte des ‚Weiblichen' in literarischen Produktionen, in: Ringvorlesung „Frau und Wissenschaft", Marburg 1979, S. 79–103.

Schuller 1994 Marianne Schuller: Fremdsein ist gut. Das Schreibprojekt Rahel Levin Varnhagens und die Frage der jüdischen Texttradition, in: Ingrid Lohmann / Wolfram Weiße (Hg.), Dialog zwischen den Kulturen. Erziehungshistorische und religionspädagogische Gesichtspunkte interkultureller Bildung, Bremen 1994, S. 117–125.

Scott 1994 Joan W. Scott: Gender: Eine nützliche Kategorie der historischen Analyse, in: Nancy Kaiser (Hg.), Selbst Bewusst. Frauen in den USA, Leipzig 1994, S. 27–75.

Searle 1977 John R. Searle: Reiterating the Differences. A Reply to Derrida, in: Glyph 1 (1977), S. 198–208.

Sedgwick 1985 Eve Kosofsky Sedgwick: Between Men. English Literature and Male Homosocial Desire, New York 1985.

Sedgwick 1990 Eve Kosofsky Sedgwick: Epistemology of the Closet, Berkeley 1990.

Sedgwick 1992 Eve Kosofsky Sedgwick: Das Tier in der Kammer: Henry James und das Schreiben homosexueller Angst, in: Barbara Vinken (Hg.), Dekonstruktiver Feminismus. Literaturwissenschaft in Amerika, Frankfurt a. M. 1992, S. 247–278.

Sedgwick 2003 Eve Kosofsky Sedgwick: Epistemologie des Verstecks, in: Andreas Kraß (Hg.), Queer denken. Gegen die Ordnung der Sexualität. Queer Studies, Frankfurt a. M. 2003, S. 113–143.

Silverman 1992 Kaja Silverman: Male Subjectivity at the Margins, New York / London 1992.

Simmel 1998 Georg Simmel: Das Relative und das Absolute im Geschlechterproblem, in: ders., Philosophische Kultur. Über das Abenteuer, die Geschlechter und die Krise der Moderne, Berlin 1983, S. 64–93.

Smith 1997 Paul Smith: *Vas*. Sexualität und Männlichkeit, in: Walter Erhart / Britta Herrmann (Hg.), Wann ist der Mann ein Mann? Zur Geschichte der Männlichkeit, Stuttgart / Weimar 1997, S. 58–85.

Sombart 1996 Nicolaus Sombart: Männerbund und Politische Kultur in Deutschland, in: Thomas Kühne (Hg.), Männergeschichte – Geschlechtergeschichte. Männlichkeit im Wandel der Moderne, Frankfurt a. M. / New York 1996, S. 136–155.

Spivak 1996 Gayatri Chakravorty Spivak: Echo, in: Die Philosophin. Forum für feministische Theorie und Philosophie 13 (1996), S. 68–96.

Staiger 2007 Michael Staiger: Medienbegriffe. Mediendiskurse. Medienkonzepte. Bausteine einer Deutschdidaktik als Medienkulturdidaktik, Baltmannsweiler 2007.

Stephan 1983 Inge Stephan: „Bilder und immer wieder Bilder ". Überlegungen zur Untersuchung von Frauenbildern in männlicher Literatur, in: dies./Sigrid Weigel (Hg.), Die verborgene Frau. Sechs Beiträge zu einer feministischen Literaturwissenschaft, Berlin 1983, S. 15–34.

Stephan 1997 Inge Stephan: Musen & Medusen. Mythos und Geschlecht in der Literatur des 20. Jahrhunderts, Köln/Weimar/Wien 1997.

Stephan 2000 Inge Stephan: Gender, Geschlecht und Theorie, in: Christina von Braun/dies. (Hg.), Gender Studien. Eine Einführung, Stuttgart/Weimar 2000, S. 58–96.

Stephan/Venske/Weigel 1987 Inge Stephan/Regula Venske/Sigrid Weigel: Frauenliteratur ohne Tradition? Neun Autorinnenportraits, Frankfurt a. M. 1987.

Stephan/Weigel 1983 Inge Stephan/Sigrid Weigel (Hg.): Die verborgene Frau. Sechs Beiträge zu einer feministischen Literaturwissenschaft, Berlin 1983.

Tasker 1993 Yvonne Tasker: Spectacular Bodies: Gender, Genre and the Action Cinema, London 1993.

Theweleit 1977/78 Klaus Theweleit: Männerphantasien, 2 Bde., München 1977, 1978.

Theweleit 1988/94 Klaus Theweleit: Buch der Könige. Zweiter Versuch im Schreiben ungebetener Biographien, 2 Bde., Basel 1988, 1994.

Tobin 2000 Robert Tobin: Warm Brothers. Queer Theory and the Age of Goethe, Philadelphia 2000.

Uerlings 1997 Herbert Uerlings: Poetiken der Interkulturalität. Haiti bei Kleist, Seghers, Müller, Buch und Fichte, Tübingen 1997.

Uerlings 2001 Herbert Uerlings: Das Subjekt und die Anderen. Zur Analyse sexueller und kultureller Differenz, in: ders./Karl Hölz/Viktoria Schmidt-Linsenhoff (Hg.), Das Subjekt und die Anderen. Interkulturalität und Geschlechterdifferenz vom 18. Jahrhundert bis zur Gegenwart, Berlin 2001, S. 19–53.

Uerlings 2006 Herbert Uerlings: „Ich bin von niedriger Rasse". (Post-)Kolonialismus und Geschlechterdifferenz in der deutschen Literatur, Köln/Weimar/Wien 2006.

Varela/Dhawan 2005 María do Mar Castro Varela/Nikita Dhawan: Postkoloniale Theorie. Eine kritische Einführung, Bielefeld 2005.

Vellusig 2000 Robert Vellusig: Schriftliche Gespräche. Briefkultur im 18. Jahrhundert, Wien u. a. 2000.

Vinken 1992 Barbara Vinken (Hg.): Dekonstruktiver Feminismus. Literaturwissenschaft in Amerika, Frankfurt a. M. 1992.

Wagner-Egelhaaf 2006 Martina Wagner-Egelhaaf: Autobiographie und Geschlecht, in: Freiburger Frauenstudien 19 (2006): Erinnern und Geschlecht, Bd. 1, S. 49–64.

Walter 1996 Willi Walter: Männer entdecken ihr Geschlecht. Zu Inhalten, Zielen, Fragen und Motiven von Kritischer Männerforschung, in: BauSteineMänner (Hg.), Kritische Männerforschung. Neue Ansätze in der Geschlechtertheorie, Berlin/Hamburg 1996, S. 13–26.

Weigel 1983a Sigrid Weigel: Wider die romantische Mode. Zur ästhetischen Funktion des Weiblichen in Friedrich Schlegels *Lucinde*, in: Inge Stephan/dies. (Hg.), Die verborgene Frau. Sechs Beiträge zu einer feministischen Literaturwissenschaft, Berlin 1983, S. 67–82.

Weigel 1983b Sigrid Weigel: Der schielende Blick. Thesen zur Geschichte weiblicher Schreibpraxis, in: Inge Stephan/dies. (Hg.), Die verborgene Frau. Sechs Beiträge zu einer feministischen Literaturwissenschaft, Berlin 1983, S. 83–137.

Weigel 1990   Sigrid Weigel: Topographien der Geschlechter. Kulturgeschichtliche Studien zur Literatur, Reinbek bei Hamburg 1990.

Weininger 1997   Otto Weininger: Geschlecht und Charakter. Eine prinzipielle Untersuchung, München 1997.

White 1986   Hayden V. White: Auch Klio dichtet oder die Fiktion des Faktischen, Stuttgart 1986.

White 1991   Hayden V. White: Metahistory. Die historische Einbildungskraft im 19. Jahrhundert in Europa, Frankfurt a. M. 1991.

Widdig 1997   Bernd Widdig: „Ein herber Kultus des Männlichen": Männerbünde um 1900, in: Walter Erhart/Britta Herrmann (Hg.), Wann ist der Mann ein Mann? Zur Geschichte der Männlichkeit, Stuttgart/Weimar 1997, S. 235–248.

Wildenthal 2001   Lora Wildenthal: German Women for Empire, 1884–1945, Durham/London 2001.

Wildenthal 2003   Lora Wildenthal: Rasse und Kultur. Koloniale Frauenorganisationen in der deutschen Kolonialbewegung des Kaiserreichs, in: Birthe Kundrus (Hg.), Phantasiereiche. Zur Kulturgeschichte des deutschen Kolonialismus, Frankfurt a. M./New York 2003, S. 172–219.

Wirth 2002   Uwe Wirth (Hg.): Performanz. Zwischen Sprachphilosophie und Kulturwissenschaften, Frankfurt a. M. 2002.

Woolf 1981   Virginia Woolf: Ein Zimmer für sich allein, Frankfurt a. M. 1981.

Zantop 1999   Susanne M. Zantop: Kolonialphantasien im vorkolonialen Deutschland (1770–1870), Berlin 1999.

→ ASB

Akademie Studienbücher, auf die der vorliegende Band verweist

ASB BRUHN   Matthias Bruhn: Das Bild. Theorie – Geschichte – Praxis, Berlin 2008.

ASB D'APRILE/SIEBERS   Iwan-Michelangelo D'Aprile/Winfried Siebers: Das 18. Jahrhundert. Zeitalter der Aufklärung, Berlin 2008.

ASB JOCH/WERKMEISTER   Markus Joch/Sven Werkmeister: Postkolonialismus, Berlin 2009.

ASB JOISTEN   Karen Joisten: Philosophische Hermeneutik, Berlin 2008.

Informationen zu weiteren Bänden finden Sie unter www.akademie-studienbuch.de

16.2 Abbildungsverzeichnis

Abbildung 1: Gustave Moreau: *Ödipus und die Sphinx* (1864). bpk / Hermann Buresch.

Abbildung 2: Feminismus und Gender Studies im Vergleich, aus: Marie-Luise Angerer / Johanna Dorer (Hg.): Gender und Medien. Theoretische Ansätze, empirische Befunde und Praxis der Massenkommunikation. Ein Textbuch zur Einführung, Wien 1994, S. 11.

Abbildung 3: Paul Régnard: Fotografie der Hysterie-Patientin Augustine, *Beginn der Attacke, Schrei* (1876/77), aus: Désiré M. Bourneville/Paul Régnard: Iconographie photographique de la Salpêtrière, Band II, Paris 1878.

Abbildung 4: Virginia Woolf [1882–1941], Englische Schriftstellerin (um 1918). bpk / G. C. Beresford.

Abbildung 5: Simone de Beauvoir / Foto 1945. akg-images / Denise Bellon.

Abbildung 6: Salvador Dalí: *Meine nackte Frau beim Betrachten ihres eigenen Körpers, der sich in Treppen, drei Wirbel einer Säule, Himmel und Architektur verwandelt* (1945), Fundació Gala-Salvador Dalí. VG Bild-Kunst, Bonn 2008.

Abbildung 7: EVA&ADELE: Close-Up (1998), Ölpastellzeichnung, 50x104 cm. Bilddatei: EVA&ADELE. Courtesy Galerie Jérôme de Noirmont, Paris. – Rechte: VG Bild-Kunst, Bonn 2008.

Abbildung 8: Edouard Manet: *Olympia* (1863). akg-images.

Abbildung 9: Filmstill aus *Gladiator* (2000). akg-images / album.

Abbildung 10: Albert Edelfeldt: *Lady Writing a Letter* (1887). The National Museum of Fine Arts Stockholm.

(Der Verlag hat sich um die Einholung der Abbildungsrechte bemüht. Da in einigen Fällen die Inhaber der Rechte nicht zu ermitteln waren, werden rechtmäßige Ansprüche nach Geltendmachung abgegolten.)

16.3 Personenverzeichnis

16.4 Glossar

Androgynie Bezeichnung für die Vereinigung einer männlichen und einer weiblichen Geschlechterrolle in einem Individuum. → KAPITEL 8.3, 12.1

Aura Im Sinne Walter Benjamins (*Das Kunstwerk im Zeitalter seiner technischen Reproduzierbarkeit*, 1936/63) wird die Aura durch die dem Kunstwerk zugeschriebene Authentizität und Echtheit evoziert. → KAPITEL 7.1 Das auratische literarische Werk ist eng mit der Genie-Poetik und dem Konzept einer autonomen Hochliteratur verbunden, wie es im Verlauf des 19. Jahrhunderts entsteht (u. a. durch die Kanonisierung von ‚Nationalautoren‘ wie Goethe und Schiller).

Binär / Binarismus / Binarität Als binär ist die Zuordnung zweier einander entgegengesetzter, sich gegenseitig ausschließender Einheiten oder Werte (zum Beispiel 0/1; hell/dunkel; wahr/falsch; Mann/Frau) zu bezeichnen, mittels derer Bedeutung hergestellt werden kann. Die → poststrukturalistischen Ansätze wie auch die Gender Studies weisen darauf hin, dass es sich bei binären Systemen um kulturelle Konstrukte handelt, und stellen deren Realitätsanspruch in Frage. → KAPITEL 1.1–2, 5.1, 6.3–4

Class Der englische Ausdruck bezeichnet die Klassenzugehörigkeit von Akteuren, die die Geschlechterrollen (neben → Race) wesentlich mitbestimmt. → KAPITEL 1.2, 9.1

Close reading Lektüreverfahren, das den sprachlichen und formalen Merkmalen eines Textes detailliert nachgeht. Der Fokus liegt, unter weitgehendem Ausschluss kontextueller Bezüge, auf dem jeweiligen Werk, das als autonomes gedacht wird. Sowohl der New Criticism und die Werkästhetik als auch die → Dekonstruktion (→ KAPITEL 6.3) bedienen sich dieser Methode, jeweils von unterschiedlichen Prämissen ausgehend (Homogenität der Bedeutung versus Widersprüchlichkeit).

Cross-dressing bezeichnet den Kleidertausch zwischen den Geschlechtern, der den → performativen Status von Gender fassbar werden lässt und insbesondere im Zusammenhang mit der transvestitischen Kultur untersucht wird (vgl. Judith Butler). → KAPITEL 7.2, 11.3

Dekonstruktion Maßgeblich auf Jacques Derrida und Paul de Man zurückgehende Lektürestrategie, die zwei Richtungen verfolgt: das Nachvollziehen der Konstruktion des Textes und die Auflösung dieser Strukturen, indem widersprüchliche und sich verschiebende Bedeutungen verfolgt werden. → KAPITEL 6.3 Dekonstruktivistische Lektüren richten ihre Aufmerksamkeit auf die Heterogenität bedeutungstragender Elemente, das heißt auf die Diskontinuitäten der auf Ausschlussverfahren beruhenden Sinnkonstitution. → KAPITEL 6.4 Der Gedanke der Differenz, der für diesen Ansatz grundlegend ist, bringt die Absage an endgültige Sinnzuweisungen (beispielsweise Autorintention) sowie an Wahrheit, Bedeutung und Identität mit sich.

Diskurs Nach Michel Foucault definieren Diskurse, was als wahr/falsch, normal/wahnsinnig und sagbar/unsagbar gilt. Diskurse sind Regelsysteme, die den einzelnen Aussagen zugrunde liegen, diese kontrollieren, selektieren und kanalisieren. Diese Kontrolle wird durch Verbote sowie durch die Opposition von Vernunft/Wahnsinn und Wahrheit/Falschheit erreicht. Diskurse, die das Sagbare auf fundamentale Weise reglementieren, verhindern den Zufall und das Ereignis sprachlicher Äußerungen. → KAPITEL 7.1

Dyade (präödipale) In der psychoanalytischen Theorie Bezeichnung für die ursprüngliche symbiotische Beziehung zwischen Mutter und Kind, die nach Sigmund Freud dem ödipalen Stadium (→ KAPITEL 3.3), nach Jacques Lacan dem Eintritt in das intersubjektive → Symbolische vorausgeht (→ KAPITEL 6.1).

Essentialismus Die Wissenschaft hat dieser Auffassung gemäß nicht das Dasein der Dinge, deren Existenz, sondern die Wesenheit des Seienden, dessen Essenz, zu erfassen. Unter Ausblendung von Kontexten werden als unveränderbar angenommene Eigenschaften des Untersuchungsgegenstandes in den Blick genommen. → KAPITEL 2.2 Die Gender Studies entwerfen, dieser Auffassung entgegengesetzt, antiessentialistische Konzepte, die Geschlecht nicht als seiend, sondern als kulturelle Größe auffassen. → KAPITEL 4.2, 8.2

Ethnie   Bezeichnung für eine Gruppe von Menschen, deren Zusammengehörigkeit über die gemeinsame Situierung in einem bestimmten kulturellen, historischen und sprachlichen Raum hergestellt wird. → **KAPITEL 9.1**

Eurozentrismus   Position, die allein europäische Vorstellungen als Maßstab setzende Werte berücksichtigt. Die neuere kulturwissenschaftliche Forschung stellt beispielsweise den Eurozentrismus des Kanons in Frage, der sich allein an einer westlichen, männlichen, weißen Stilnorm orientiert. → **KAPITEL 13.1**

Gender / Sex   Der Ausdruck „Gender" bezeichnet das soziale Geschlecht, die kulturell vorgegebenen Geschlechterrollen, die eine Gesellschaft bereitstellt. Der Gegenbegriff ist „Sex" für das anatomische Geschlecht. Das Begriffspaar, das eine Entnaturalisierung der Geschlechterordnung ermöglicht und bis zur Infragestellung durch Judith Butler Geltung besitzt, entwickelt Gayle Rubin 1975. → **KAPITEL 1.1**

Gender coherence   bezeichnet die scheinbar selbstverständliche Kontinuität zwischen Sex, Gender und Begehren (→ Gender / Sex), die für die heterosexuelle Norm funktionalisiert und als substanziell-natürlicher Zusammenhang behauptet wird. → **KAPITEL 7.2**

Genre   Im literaturwissenschaftlichen Gebrauch meist Synonym für Untergattung als Bezeichnung einzelner Textgruppen (zum Beispiel Ode, Brief, Tragödie) innerhalb der (Haupt-)Gattungen Lyrik, Epik und Dramatik. → **KAPITEL 5.1** In den Medienwissenschaften klassifikatorischer Begriff, mit Hilfe dessen Medienangebote, insbesondere Filme, nach den für sie jeweils typischen Merkmalen (v. a. Thema oder Stoff) gruppiert werden (zum Beispiel Western, Krimi). → **KAPITEL 11.2** Eine differenzierende Unterscheidung zwischen „Genre" und „Gattung" findet oft nicht statt.

Geschlechtscharakter   Begriff des 18. Jahrhunderts, der physiologische mit psychischen Eigenschaften im Sinne von Charaktereigenschaften verbindet. Das Modell, nach dem die körperliche Ausstattung über seelische Eigenschaften und Fähigkeiten entscheidet, setzt sich im Laufe des 19. Jahrhunderts durch und lässt Anatomie zum Schicksal werden. → **KAPITEL 2.2**

Hegemonie   Dem italienischen Marxisten Antonio Gramsci nach bezeichnet der Begriff (der an sich Führerschaft, Herrschaft bedeutet) eine Form von Macht, die sich nicht primär als staatlich-politische Gewalt, sondern als kulturelle Kontrolle äußert, welche auf dem Einverständnis der Beteiligten basiert. → **KAPITEL 10.1**

Hermeneutik   Unter Hermeneutik versteht man im Allgemeinen die Lehre vom Verstehen, im Besonderen die geisteswissenschaftliche Theorie und Methodenlehre der Auslegung sowohl sprachlicher Äußerungen als auch nicht-sprachlicher Strukturen (z. B. Bilder, Gesten, Träume, Handlungen). Der Hermeneutik liegen bestimmte historische Prämissen (Kontinuität und Zusammenhang der Geschichte) sowie literaturwissenschaftliche Annahmen zugrunde (Einheit des Werkes, Homogenität der Bedeutung, Relevanz der Autorintention etc.). → **KAPITEL 13.1** Diese Prämissen werden von → poststrukturalistischen Ansätzen kritisiert. → **KAPITEL 1.2**

Homophobie   bezeichnet die massive Abwehr von Homosexualität, wie sie insbesondere in homosozialen Männerbünden festzustellen ist. → **KAPITEL 8.3**

Hybrid   heißt eine Konstellation, in der sich zwei oder mehr heterogene Elemente verbinden und eine neue Einheit bilden. → **KAPITEL 11.2** Hybridität bezeichnet die Verschiedenheiten innerhalb einer Kultur oder die Vermischung von Kulturen, ebenso die Mischung literarischer Gattungen, und verweist auf den Konstruktionscharakter von Geschlechtsidentitäten. → **KAPITEL 14.2** Das Konzept der Hybridisierung geht zurück auf die Theorie der Dialogizität des russischen Literaturwissenschaftlers und Kunsttheoretikers Michail Bachtin (1895–1975). Hier entstehen hybride Konstruktionen aus der Vermischung zweier Sprachstile, zweier ‚Stimmen' innerhalb einer sowohl grammatisch als auch stilistisch auf einen einzigen Sprecher rückführbaren Äußerung.

Impliziter Leser   In der seit Ende der 1960er-Jahre entwickelten Wirkungsästhetik Wolfgang Isers zentrales theoretisches Konzept, das den Leser – in Abgrenzung zum realen Leser einerseits, zum fiktiven Leser andererseits – als dem Text eingeschriebenes Rollenmodell beschreibt. Die Gender Studies markieren das Geschlecht dieses impliziten Lesers (als männlich) und beschreiben die Interaktion zwischen der realen Leserin und dem impliziten Leser. → **KAPITEL 12.1**

Inzest Sexuelles Verhältnis zwischen Geschwistern oder zwischen Eltern und ihren Kindern. In der psychoanalytischen Theorie Sigmund Freuds bildet der Wunsch des drei- bis achtjährigen Kindes nach der sexuellen Vereinigung mit dem gegengeschlechtlichen Elternteil ein Teilmoment des so genannten Ödipuskomplexes, zu dem auch das Hassgefühl gegenüber dem gleichgeschlechtlichen Elternteil gehört. → **KAPITEL 3.3**

Kastration In der psychoanalytischen Theorie Sigmund Freuds führt die Kastrationsdrohung beim Jungen, die dieser dem väterlichen Rivalen zuschreibt, zur Überwindung des Ödipuskomplexes und damit zur Durchsetzung des Inzestverbots (→ Inzest) und weiter zur Identifikation mit dem Vater. In Analogie zur Kastrationsangst des Jungen spricht Freud beim Mädchen vom Penisneid und von der Selbstidentifikation der Frau als ‚kastrierte‘ Frau. → **KAPITEL 3.3** Bei Jacques Lacan steht die für beide Geschlechter geltende symbolische Kastration für die Auflösung der präödipalen Mutter-Kind-Dyade (→ Dyade), wobei die Trennung vom mütterlichen Objekt durch die Anwesenheit des Vaters als Repräsentant der → symbolischen Ordnung, als Symbol des Gesetzes (das zunächst im Inzestverbot besteht), herbeigeführt wird. → **KAPITEL 6.1**

Libido In seiner Trieblehre postuliert Sigmund Freud zwei Triebimpulse, Libido (Sexualität) und Aggression, die als Movens jeglichen Verhaltens und Handelns des Menschen fungieren. Zunächst durch die elterlichen Restriktionen, dann durch deren verinnerlichte psychische Form des Über-Ichs und Ich-Ideals werden die Triebwünsche verdrängt, bleiben jedoch im Bereich des → Unbewussten wirksam. → **KAPITEL 3.3**

Narzissmus In der griechischen Mythologie ist Narziss ein schöner Jüngling, der sich in sein eigenes Spiegelbild verliebt, aus unerfüllter Sehnsucht stirbt und in eine Narzisse verwandelt wird. Im allgemeinen Sinn spricht man von narzisstischem Verhalten oder Auftreten, wenn dieses übermäßig selbstbezogen, geltungsbedürftig oder überheblich erscheint. Sigmund Freud spricht von primärem Narzissmus als der Phase, in der sich die sexuellen Triebe auf den eigenen Körper richten und bei der es sich um ein Vorstadium zur Objekt-Libido (→ Libido) handelt. → **KAPITEL 3.3, 6.4, 11.1**

Patriarchat Patriarchal sind solche Beziehungs- und Machtverhältnisse in Familie, Gesellschaft oder Politik, in denen der Mann die Herrschaftsposition innehat.

Performanz In Noam A. Chomskys Sprachtheorie, die der Linguist und Philosoph seit Ende der 1950er-Jahre entwickelte, bezeichnet der Terminus den konkreten individuellen Sprachgebrauch. Sein Komplement bildet der Kompetenz-Begriff, der die jedem Sprecher implizite Kenntnis der Strukturbeziehungen seiner Sprache, also die allgemeine Sprachfähigkeit meint. Das Begriffspaar entspricht weitestgehend Ferdinand de Saussures Dichotomie von Parole und Langue. In der Theorie von Judith Butler bezeichnet Performanz den kulturell-repetitiven Aspekt von Geschlecht, also den Umstand, dass Geschlecht durch Handeln (Sprechakte, Kleidung, Mimik und Gestik) produziert wird. → **KAPITEL 7.2**

Performance Interdisziplinär seit den 1950er-Jahren fruchtbar gemachtes Konzept, dessen Potenzial nicht zuletzt in der Doppelbedeutung von Aufführung und Ausführung gründet. Im Kontext von Theater und darstellenden Künsten bezieht sich der Begriff auf die szenische Realisation eines Textes im Gegensatz zu seiner schriftlichen Fixierung. → **KAPITEL 12.3** Performative Akte wie Feste, Umzüge, Rituale etc. werden zudem zum Gegenstand ethnologischer Untersuchungen von Kulturen. Sprachwissenschaft und Sprachphilosophie beschreiben Sprache unter dem Gesichtspunkt ihrer ‚Ausführung‘, betonen damit beispielsweise den situationsgebundenen Gebrauch (→ Performanz) oder den Handlungscharakter der Sprache (John L. Austins Sprechakttheorie, 1949/72; → **KAPITEL 7.2**).

Phallus (phallozentrisch) Nach Jacques Lacan symbolisiert der Phallus, der hier nicht den Penis bezeichnet, die männlich-väterliche Macht und die durch diese geprägte → symbolische Ordnung. → **KAPITEL 6.1** Aus Sicht der feministischen Literaturtheorie sind → Diskurse phallozentrisch strukturiert, wenn eine positive Repräsentation der Frau nicht vorgesehen ist.

Poetik, Poetologie Lehre von der Dichtkunst, wobei normative Poetiken (Regelpoetiken) konkrete Regelsysteme zur Herstellung von Dichtung vorgeben, deskriptive Poetiken sich hingegen auf die nachträgliche Beschreibung von ästhetischen Organisationsstrukturen beschränken. Mit immanenter Poetologie bezeichnet man diejenigen (systematischen) Aussagen über Ästhetik, die sich im literarischen Werk selbst auffinden lassen. Mit der Autonomisierung der Kunst (seit der Romantik) bestimmen literarische Werke ihre ästhetische Ordnung zunehmend über immanente Poetiken. Für die Gender Studies ist insbesondere der Zusammenhang von Weiblichkeitsrepräsentationen, weiblichem Schreiben und Poetik aufschlussreich. → **KAPITEL 5**

Polyphonie Begriff aus der Musik für Mehrstimmigkeit, im Gegensatz zu Homophonie. In einem polyphonen Text klingen verschiedene Stimmen zusammen, wobei sich die von ihnen vertretenen Standpunkte, Anschauungen und Perspektiven im widerstreitenden Nebeneinander gegenseitig relativieren. → **KAPITEL 6.2**

Poststrukturalismus bezeichnet eine wesentlich in Frankreich seit den späten 1960er-Jahren entstehende Forschungsperspektive, der unterschiedliche Autor / inn / en wie Michel Foucault, Gille Deleuze, Jacques Lacan, die Vertreterinnen der Écriture feminine etc. zugeordnet werden und die sich aus einer umdeutenden Auseinandersetzung mit dem → **Strukturalismus** ergibt (u. a. Ferdinand de Saussure). Gemeinsam ist den stark differierenden Ansätzen der Angriff auf das autonome aufklärerische Subjekt (auch als politischer Akteur), auf den autonomen Sprecher, der als Spielball von → diskursiven Mächten begriffen wird (Michel Foucault), auf das Gesetz des Vaters als Bedingung der Norm und auf jegliche Geschichtsutopie (François Lyotard). → **KAPITEL 1.2** Grundsätzlich in Frage gestellt werden → binäre Systeme wie Wahrheit / Lüge, Normalität / Wahnsinn etc., die als kulturelle, normalisierende Konstrukte begriffen werden. → **KAPITEL 7.1**

Queer ist ursprünglich ein abwertender Begriff, der mit „schräg", „quer zur herrschenden Norm" übersetzt werden kann. Er wurde in den 1990er-Jahren zum Sammelbegriff für Kulturen und Begehrensformen jenseits der heterosexuellen Norm, die ihrerseits als abgeleitetes Produkt marginalisierter Praktiken (wie Homosexualität) begriffen wurde. → **KAPITEL 8**

Race bezeichnet die ethnische Zugehörigkeit von Akteuren, die die Geschlechterrollen (neben → Class) wesentlich mitbestimmt. → **KAPITEL 9.1**

Rezeptionsästhetik Literaturtheoretischer Ansatz, der im deutschsprachigen Raum von Hans Robert Jauß und der Konstanzer Schule Mitte der 1960er-Jahre begründet wird. In Abgrenzung sowohl zu Produktionsästhetiken (textimmanente und → strukturalistische Analysen) als auch zu Darstellungsästhetiken (zum Beispiel marxistische Widerspiegelungstheorie) fokussiert die Rezeptionsästhetik die Rolle des Lesers (→ Impliziter Leser), der mit dem Text in einem dialogischen Verhältnis steht. Im Vorgang der Lektüre konkretisiert der Rezipient den Text, indem er die dem Text eingeschriebenen Unbestimmtheitsstellen füllt, die sich wiederum als Appellstruktur des Textes darstellen. → **KAPITEL 12.1**

Semiotik In einem weit gefassten Sinne die allgemeine Lehre von den sprachlichen und nichtsprachlichen Zeichen und allen Arten von Zeichenprozessen. Mit einer bis in die Antike zurückreichenden Tradition wird die Semiotik im 20. Jahrhundert zu einer eigenständigen Wissenschaft. Als Begründer der modernen Semiotik gilt Charles S. Peirce (1839–1914), der Zeichen unter besonderer Berücksichtigung ihres funktionalen und relationalen Charakters klassifiziert. Die Semiotik, die Filme und Bilder, selbst eine Stadt als Zeichenensemble auffassen kann, ermöglicht eine kulturwissenschaftliche Ausweitung des Textbegriffes. Die Gender Studies als semiotisch orientierte Wissenschaft untersuchen Werbung, Mode, Filme etc. → **KAPITEL 1.3**

Signifikant / Signifikat Nach dem Sprachwissenschaftler und Begründer der modernen Linguistik Ferdinand de Saussure (1857–1913) sind für das sprachliche Zeichen einerseits ein sinnlich wahrnehmbares Element, der Signifikant (frz. *signifiant*; Bezeichnendes), und andererseits eine Bedeutung, das Signifikat (frz. *signifié*; Bezeichnetes) konstitutiv. → **KAPITEL 6.1** Die Signifikation, also die Zuordnung von materialer Gestalt (Ausdrucksebene) und ideellem Gehalt (Bedeutungsebene) des Zeichens, ist arbiträr (beliebig) und beruht allein auf gesellschaftlichen Konventionen.

Strukturalismus Ausgangspunkt der strukturalistischen Konzepte in der Sprach- und Literaturwissenschaft, der Anthropologie, Psychologie etc. bildet die Sprachtheorie Ferdinand de Saussures (→ KAPITEL 6.1), der Sprache als ein abgeschlossenes → semiotisches System beschreibt, das nach dem Prinzip der Differenz organisiert ist: Die Bedeutung eines Zeichens stellt sich über seine Relation zu anderen Zeichen her und erweist sich damit als unmittelbar abhängig von der Struktur des Systems. Kennzeichnend für strukturalistische Beschreibungsmodelle ist das Verfahren der → binären Segmentierung.

Sublimierung Nach Sigmund Freud bezeichnet die Sublimation die Transformation sexueller Triebe in künstlerische oder intellektuelle Leistungen, das heißt eine konkrete Befriedigung wird durch eine abstrakte ersetzt. Voraussetzung der Sublimierung als Bedingung kultureller Aktivität ist der Kastrationskomplex, über den nach Freud die Frau aufgrund ihrer Entwicklungsgeschichte nicht verfügt. → KAPITEL 3.3

Subversion meint in einem weit gefassten Sinne die Infragestellung und das Unterlaufen einer bestehenden Ordnung (zum Beispiel der staatlichen Ordnung). Im Kontext → poststrukturalistischen Denkens, spezieller im Sinne Jacques Derridas, hat ein subversiver Umgang mit Begriffen der herrschenden Ordnung zum Ziel, deren Widersprüchlichkeiten freizulegen. Der Gegenbegriff zu Subversion ist Affirmation; Judith Butler denkt in ihren späteren Schriften beides zusammen. → KAPITEL 7.3

Symbolische Ordnung Nach der psychoanalytischen Theorie Jacques Lacans meint die symbolische Ordnung die → patriarchale, durch das Gesetz des Vaters strukturierte Ordnung der Sprache. Die Einführung des Kindes in die Sprache als Aneignung des Symbolischen geht einher mit der Überwindung der präödipalen Mutter-Kind-Beziehung (→ Dyade), die das Imaginäre als Ort des → narzisstischen Ichs im Spiegelstadium markiert. → KAPITEL 6.1

Topos / topisch Begriff aus der Rhetorik, der feststehende Argumentationsfiguren (Bescheidenheitstopoi, Landschaftstopoi etc.) bezeichnet. Die Gender Studies analysieren topische, also stereotype Geschlechterbilder. → KAPITEL 5.1

Unbewusstes Zentraler Begriff der Psychoanalyse, der bei Sigmund Freud den Ort des aus dem Bewusstsein Verdrängten bezeichnet, das in chiffrierter Form in Träumen, Fehlleistungen und neurotischen Symptomen Ausdruck finden kann. → KAPITEL 3.3 In Abgrenzung zu Freuds Konzept eines individuellen Unbewussten spricht Carl Gustav Jung vom kollektiven Unbewussten als phylogenetisch vererbtes Repertoire von symbolischen Urbildern, den so genannten Archetypen.

Danksagung

Ich danke Christine Bähr ganz herzlich für die konstruktive Zusammenarbeit und die fachliche Unterstützung, Christine Gebhardt, Claus Müllender, Julia Balogh sowie Claudia Kurz für die Fertigstellung des Manuskripts.

Franziska Schößler, Trier, Februar 2008